中小学生
心理发展与引导策略

赖日生　丁　洁/编著

吉林文史出版社

图书在版编目（CIP）数据

中小学心理发展与引导策略 / 赖日生，丁洁编著.
——长春：吉林文史出版社，2012. 11（2021. 6重印）
（引航家庭教育）
ISBN 978－7－5472－1317－9

Ⅰ. ①中… Ⅱ. ①赖… ②丁… Ⅲ. ①中小学生－心理发展－教师－继续教育－教材 Ⅳ. ①G479

中国版本图书馆 CIP 数据核字（2012）第 283641 号

引航家庭教育

中小学心理发展与引导策略

ZHONGXIAOXUEXINLIFAZHANYUYINDAOCELUE

作者/赖日生 丁洁
责任编辑/高冰若
封面设计/大禹
出版发行/吉林文史出版社
地址/长春市福祉大路5788号
邮编/130118
网址/www. jlws. com. cn
印刷/三河市燕春印务有限公司
开本/710mm×1000mm 1/16
印张/14 **字数**/150 千字
版次/2013 年 1 月第 1 版 2021年 6 月第 3 次印刷
书号/ISBN 978－7－5472－1317－9
定价/39. 80 元

前 言

颜如玉小朋友是一个集父母宠爱于一身的小女孩，为把她培养成为娴静的淑女，如玉妈妈听从老人的话，“女孩子不要像男孩子一样，天天到外面去，会把心给看野、玩野的”，所以一岁之前如玉小朋友每天出家门“放风”的时间不会超过两个小时；妈妈还听说，“灯光太强烈、太刺激会伤害孩子的视力”，所以从如玉出生开始，家里的灯都换成了亮度不高、柔和的灯，甚至卧室内就是夜灯！到了晚上，如玉小朋友更是不能踏出家门一步，因为妈妈害怕在路上行走可能会有强烈的刺眼的汽车灯光，会刺伤如玉的眼睛。三岁了，如玉小朋友要上幼儿园了，妈妈听了两天亲子班的课之后，说孩子年纪小、身子骨弱，担心幼儿园的老师对如玉不太关心，担心幼儿园的条件太差，担心如玉在幼儿园会受欺负，等等许多的担心，最后如玉妈妈决定把如玉小朋友留在家里，由自己亲自来教。如玉妈妈的确也是个能人、多面手，唱歌、跳舞、画画样样都不错，而且似乎把小如玉也教得还有模有样。转眼如玉小朋友要上学前班了，老师却发现这孩子太静了，没有一个五岁的小朋友应该表现出来的天真与活泼；知识面也比同龄的孩子狭窄。而最让老师担心的是，如玉与其他小朋友交流时，沟通往往显得非常的不畅，经常一个人孤独地坐在自己的小凳子上做自己的事情。

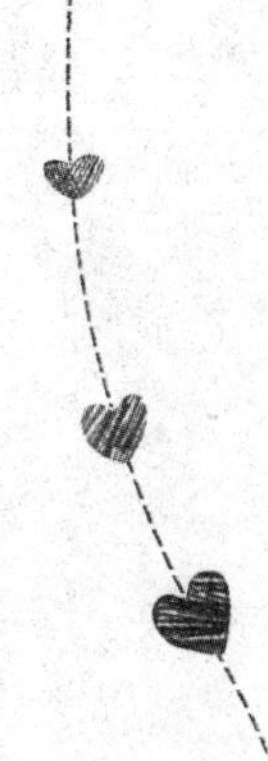

图图小朋友是一个任性的小男孩，无论什么事情都要合他的意，否则就会又哭又叫的闹个不停。如今已经上小学了，还是这个样子：下午上课前，班上有个男孩在吃雪糕，他也想吃。上课铃已经响了，老师告诉他下课后再买，他仍旧不依不饶一定要吃，居然直接在课堂上就哭闹起来。老师怎么哄也不行，无奈之下老师到学校附近的小卖店去给他买了一根雪糕。拿到雪糕，图图的脸立刻由阴转晴，抹干眼泪就吃起来，就像什么事情都没有发生过一样。

颜如玉和图图小朋友的故事都真实地时不时地发生在我们的周围，一个是比较特殊的个案，一个是比较典型的案例，却都反映出我们在教育孩子时的种种不良的状态，如：由于对孩子身心发展的认知不完整，而用错误的观念教育孩子，给孩子的发展带来不利影响；或即使认识还是较为清楚，但却因为种种现实或情感的原因在做法上有许多不可取之处，影响孩子的健康发展。先贤说过，每一个孩子都是一块白板，任由教育者在上面书写最美丽的图画。但这些白板是一个个活生生的、有血有肉、有思有想有感的个体。每天，有多少父母、老师在与孩子进行着斗智斗勇的“战斗”。所以，我国自古以来就有所谓“因材施教”的教育原则，我们应该根据孩子身心发展的特点和规律来进行教育。作为一名从事教育工作十几年，接触过各式各样、各种层次学生的普通教师来说，每一次的教育教学过程，都是在不断地验证和实践这一原则的过程。六岁女儿的每一个成长所带来的惊奇与惊喜，都让我体验到这一原则的效用，以及实施这一原则所需要花费的精力和才智。本书可以说是编著者教育教学经历的一次总结，也是我在教育教学工作新征程上的一个新的起点。

本书紧紧围绕中小学生心理发展这一主线，遵循中小学生心理发展的一般原理与规律，较为系统地阐释了中小学生个体心理发展的规律与特点。本书共分为三部分：第一部分基础理论篇，包括第一章绪论和第二章，涉及心理发展的基本原理；第二部分小学篇，从第三章至第八章共六章，主要介绍小学生心理发展及其引导；第三部分中学篇，从九章至第十五章共七章，主要介绍中学生心理发展及其引导；在内容上涵盖了中小学生的认知、情感、意志、个性和社会性的发展，以使中小学教师或家长能较为系统地把握中小学生个体心理发展的规律与特点。在确保内容的科学性和前沿性基础上，在写作体例上，一般以一至两个案例引出相关概念与原理，结合案例对相关概念与原理进行深入浅出的阐释，以保证教材的可读性。与一般的教育心理学或发展心理学著作不同，本教材特别强调相关心理学原理的应用，在阐明中小学生的某一心理发展的规律与特点之后，从中小学教师日常的教学和管理层面提出了促进学生心理发展的个体引导策略和团体辅导程序，因而具有较强的实用性与操作性。本书可作为心理学、教育学等邻近专业学生与教师教育的培训资料，还可作为关注中小学生成长的教师、家长及其他读者的推荐读物。

在本书的撰写过程中，编著者得到吉林文史出版社的大力支持，同时，还参考和引用了国内外许多研究者的研究成果和相关资料，在此一并表示衷心的感谢！

由于学识和时间的限制，书中谬误与不足在所难免，衷心希望同行专家及广大读者批评指正。

编著者

2012年10月于绍兴

目录
contents

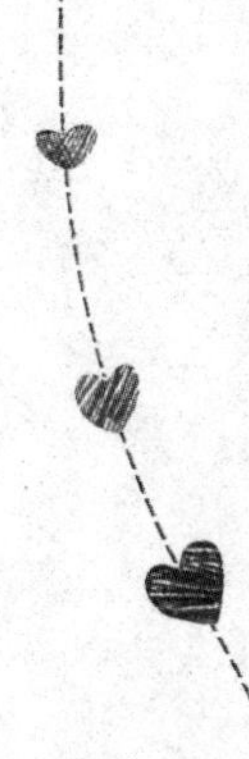

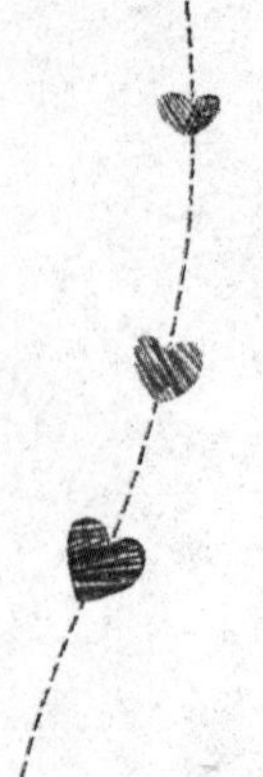

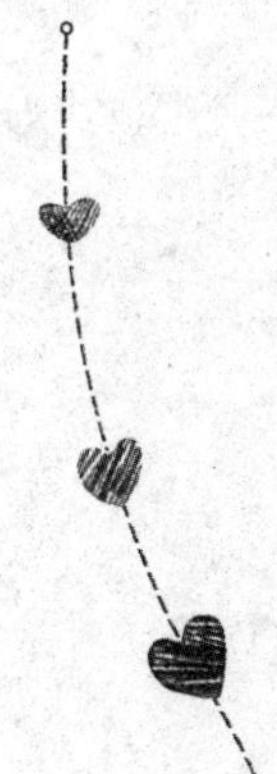

第一章 绪 论

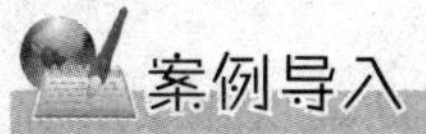

案例导入

一位新老师困惑

我是一名新教师，一名年轻的小学教师。刚刚走上工作岗位的我对工作有着极高的热情与向往。在我的感觉中，老师是一份充满人文与浪漫的职业，天天与天真的儿童相处，是快乐而充满诗意的。学生应该是聪明的，一点即透，那些浅显的知识只需要我轻轻一提，孩子们就会把头点得像小鸡啄米。学生应该是好学的，走进教室，学生们都会端端正正地坐在课桌前，用渴求的目光注视着我。学生应该是听话的，会认真地遵循我的教导，做我认为对的事情。可是当我走进教室，喧闹声轻一下，高一下，我的宽容被看作了纵容，我的忍耐被看作了软弱。那些被我认为一年级的学生就能懂的知识，却对三年级的学生讲了一次又一次，看到的依旧是迷茫的眼神。叮嘱了一次又一次，依然未完成的任务，让我感到深深的无奈。是我的反应太慢，还是这世界变化太快？为什么，我似乎做着与老教师一样的工作，上着同样内容的课，结果却有如此的不同？

作为教育者，我们在教育孩子的时候都可能在某个特殊时期产生像以上案例中的教师这样的困惑，“我说的话都是为了孩子好，为什么孩子要跟我对着干呢？”、“原来好好的孩子，现在为什么不听话呢？”……我们会感到气愤、失望、无力，甚至会感到绝望。但当我们心平气和、静心反思时，蓦然发现，我们的孩子身体已经长高了，他（她）的心理已经跟原来有很大

的变化了，而我们却浑然不觉，还在用我们原来的方式应对他（她）。教育孩子应该“与时俱进”，这个“时”就是孩子的身心发展特点。本章首先介绍了发展的实质、发展的基本问题、一般规律及其影响因素，并从总体上简单阐明了小学生和中学生心理发展的一般特征。最后，具体介绍了中小学生心理发展研究的各种研究方法及研究中应注意的问题，为我们阅读下面的内容做好理论准备。

⊙心理发展的概述

世界是不断运动、变化和发展的，人的心理也是在不断的变化发展着的。其中人的心理发展是人类发展的一个重要部分，研究心理发展是越来越多心理学家的共识。

一、发展与心理发展的实质

1．心理发展的含义

在心理科学中，一般是从心理的种系发展和个体心理发展两方面来研究心理发展的。前者指从动物到人类的演化过程中心理发展特点和变化规律。后者一般又包含广义和狭义之分，广义的个体心理发展主要指的是人的个体从出生到衰老的过程中心理产生、发展特点和变化规律；而狭义的心理发展是指个体从出生到心理成熟阶段所发生的积极的心理变化。

心理发展是一个从低级到高级、从简单到复杂、从量变到质变的不断发展、积极变化的过程。比如个体出生时只能对外部刺激做出简单被动的反应，成熟后可以对外界刺激做出各种积极主动的反应；从最初的愉快、恐惧、愤怒、悲伤等基本情绪，到后来有了理智感、道德感、美感等高级情绪。心理的发展同时也是一个包含着许多心理因素的多层次动态系统。表现为每一心理因素的形成和发展都是从量变到质变的动态过程，各种心理因素的发展变化是不同步的。同时，各心理因素之间又相互影响，形成错综复杂的交替变化。

2．心理发展与生理成长

虽然实践中我们经常把发展与成长混用，但严格说来二者有所区别。成长是指个体生理上的变化，而发展则指个体心理上的变化。相对而言，生

理成长要比心理发展简单。生理的发展一般表现为生理器官的体积变大、重量增加、机能完善等等这些可通过仪器测量出来的变化。心理发展则不然，它是无形的、内隐的，是在人的头脑中发生的内部过程，个体自身可以感受到，但其他人无法体验到。虽然目前我们也可以用一些量表和工具对心理进行测验，但其可靠性与准确性一直受到人们的怀疑。

虽然心理发展比生理成长复杂，但心理发展是在生理成长的基础上发展起来的。心理发展也会对生理产生一定的影响。因此生理成长与心理发展两者是相互影响、相互制约的，人的发展其实就是生理成长与心理发展的有机统一。

二、心理发展的基本问题

1．遗传与环境

到底发展是在出生之前就由遗传和生物因素预先决定的，还是由后天经验和环境因素决定的？关于这个问题形成了不同结论。

第一是绝对决定论：把遗传和环境完全对立起来，或者是强调遗传决定发展，完全否定环境的作用；或者是强调环境决定发展，完全否定遗传的作用。遗传决定论的代表高尔顿曾于1869年用家谱分析方法经数理统计证实天才是遗传的。环境决定论的代表人物华生的名言“给我一打健康的婴儿，让我在自己建构的特殊世界里把他们养大，我保证能随机地把他们训练成为任何一种类型的专家——医生、律师、艺术家、巨商甚至乞丐和盗贼”，成为遗传决定论的最经典的诠释。

第二是共同决定论：既承认环境影响又承认遗传作用。其代表人物是二因素论者斯腾（L.W.Stern）。二因素论认为，心理的发展不是单纯地靠天赋本能的逐渐显现，也不是单纯地对外界影响的接受或反映，而是其内在品质与外在环境合并发展的结果。当然，并不是所有的二因素论者都把遗传和环境看作同等重要，有的会对某一方面更偏重些。例如格塞尔在成熟和学习这两个因素中，更强调成熟的作用。根据其“双生子爬楼梯实验”，格赛尔认为儿童的学习取决于生理的成熟，生理成熟之前的早期学习与训练难有显著的效果。

第三是相互作用论：持相互作用论观点的心理学家认为，遗传与环境的

作用相互制约、相互依存，如环境对于某种特性的形成能否起到作用，起多大作用，往往依赖于这种特性的遗传基础；遗传与环境的作用相互渗透、相互转化；遗传与环境对发展的作用是动态的。

2．内因与外因

这是一个关于心理发展动力的问题，即心理对待环境是主动去改造还是被动去适应。也可以说在心理发展中，是内因更为重要还是外因更为重要。早期，研究者多持一种极端的观念，要么认为儿童心理发展中只有主动性（内因说），要么认为是完全被动的（外因说）。持内因说的研究者认为，儿童是一个能动的个体，促进儿童心理发展的真正原因是其内部矛盾的产生，是其主动改造自然的结果。在儿童心理发展过程中，环境与教育对儿童心理发展的作用是微乎其微的。而无论是遗传论者还是环境论者或成熟论者，都将儿童视为消极被动的个体，儿童心理的发展要么是受外部环境所驱使，要么是被内部生物学因子所规定，却都忽略了儿童自我的力量在发展中的作用。外因论者往往强调注入式教学，不重视启发式教学；不尊重儿童的个别差异，过分强调听话和服从等。

3．连续与阶段

人的心理的发展变化是连续的，还是分阶段的？是渐进式的，还是跳跃式的？对此发展心理学家们还存在分歧。连续论者认为，发展是一个平稳而连续的过程，不断地进行量的累积。形象地说，发展就像一个斜坡，没有特别凸显的地方。行为主义和社会学习理论都持这种观点。他们认为发展是儿童习得行为不断增加的过程。其理论的核心在于儿童心理的发展只有量变，没有质变。

阶段论者认为，发展是突然发生的，由不连续的阶段构成。儿童每到一个新的发展阶段就会发生快速的改变，而后又恢复常态。形象地说，发展就像爬楼梯，儿童每走一个台阶就成熟一点儿，经历着迅速的转变，每一阶段都有着不同的特征，直到达到人体机能和心理发展的顶峰。成熟论、皮亚杰认识发生论、弗洛伊德和埃里克森的新心理分析理论的核心都认为儿童心理的发展没有量变，只有质变。

4．发展的关键期

关键期的研究最早起源于奥地利动物心理学家洛伦兹（K.Z.Lorenz）对动物的“印刻”行为的研究。洛伦兹发现，小鸡或小鸭等小动物会把它们刚

刚孵化出来时遇到的其他种类的鸟或会活动的东西（如人、马、足球）当作自己的母亲紧跟其后，而对自己的同类“母亲”却没有任何依恋。这种无须强化的、在一定时期容易形成的反应，叫作“印刻”。洛伦兹认为这种现象只发生在极短暂的特定时刻，一旦错过了这个时机就无法再学会，因此又称关键期为“最佳学习期”。

人们把这种动物实验研究的结果应用到儿童心理发展的研究上，提出了儿童心理和行为发展的关键期问题。例如，有人认为0～2岁是亲子依恋关键期；1～3岁是口语学习关键期；4～5岁是学习书面语言的关键期；5岁左右是掌握数概念的关键期；10岁以前是动作机能掌握的关键年龄……但是，也有人质疑，由动物特有的行为特点，能否推及到人类。还有人认为，人的心理和行为发展，即使有关键期，也不一定像动物的那么短暂，而且也不一定是不可逆转的。

三、心理发展的一般规律

个体心理发展表现出一些带普遍性的特点，概括起来有以下几点：

1．心理发展的连续性与阶段性

发展的连续性是指心理发展是一个不可中断的过程，而且这一过程有其自身的逻辑发展顺序。发展的阶段性是指在心理发展的全过程中，表现出一些在本质上不同的年龄阶段特点，每一年龄阶段都有其最一般、最典型的特征，以区别于其他阶段。关于心理发展阶段的具体划分，心理学家依据不同的标准，提出了不同的方案。较为通用的划分形式是：胎儿期（受精卵到出生）、婴儿期（0～3岁）、幼儿期（3～6岁）、学龄期（6～11、12岁）、青春期（11、12～18岁）、青年期（18～25岁）、成年早期（25～40年）、成年中期（40～60岁）、老年期（60岁以后）。在这些不同的阶段，身心发展都具有一般的、典型的、本质的特征，这些特征称为年龄阶段特征。

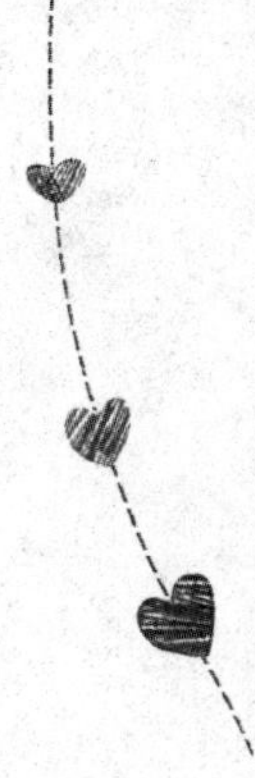

2．心理发展的定向性与顺序性

心理发展定向性与顺序性是指在正常条件下，身心的发展总是指向一定方向并遵循一定的先后顺序，而且这种顺序是不可逆的，也不可逾越。这种特点在不同的文化背景下和不同的个体身上都表现出较高的一致性。如身体的发展遵循从上至下法则（头尾法则）和从中心到边缘原则（近远法则）。

另外，心理发展水平和各种心理过程或心理机能，都是按照一定的顺序由低级向高级发展。例如心理机能一般遵循如下顺序：感知-运动-情绪-动机-社会能力（语言交往）-思维；个体思维发展的顺序一般是：直观行动思维-具体形象思维-形象抽象思维-以经验型为主的抽象逻辑思维-以理论型为主的抽象逻辑思维。

3．心理发展不平衡性

心理发展的不平衡性首先表现在整个身心的发展不是等速的，而是波浪式的，大约在幼儿前期出现第一个发育高峰，而青春期又出现第二个加速期，然后平稳发展，到中老年之后，各方面又呈现下降趋势。其次，不同心理机能的发展速度不完全一样，它们达到成熟的时期也各不相同。如感知觉、机械记忆等早在少年期之前就已发展到相当水平，而逻辑思维则需到青年期才有相当程度的发展。最后，同一心理机能在发展的不同时期呈现不同的发展速度。如语言能力的发展，在幼儿期和儿童期飞速发展，但到青年期之后发展就较为缓慢了。

4．心理发展的个别差异性

由于人们的环境和教育条件不尽相同，遗传素质也有差异，所从事的活动也不一样，心理发展的速度和心理各个方面的发展情况也是因人而异的。这就造成了同一年龄阶段上的不同儿童在心理上的差异。如有的儿童3岁才学说话，而有的儿童3岁已能识字算术；有的儿童数学能力强，但绘画能力差，而另一些儿童则正好相反。

四、影响心理发展的主要因素

影响个体心理发展的因素既有内在的，也有外在的；既有先天的，也有后天的，是它们之间交互作用的结果。

（一）遗传因素、生理成熟与心理发展

遗传是指祖先的生物特性传递给后代的现象。人的祖先的生物特性主要是指那些与生俱来的解剖生理特点。生理成熟是指个体身体生长发育的程度或水平。事实和实验都表明，遗传和成熟是幼儿心理发展的物质前提。良好的遗传素质和正常的生理成熟，是心理发展的优越基础，而遗传素质的缺陷，生理成熟的异常，是心理发展的重大障碍。没有先天遗传和生理成熟作

为基础，正常的心理是不可能产生和发展的。

（二）环境、教育与心理发展

先天的遗传素质为个体提供了心理发展的可能性，个体只有在后天的环境和教育的影响下，才能使遗传素质发挥作用，得到正常的发展。所谓环境就是指个体周围的客观世界，它包括自然环境和社会环境，在个体心理的发展中起着重要作用。狼孩等现象说明，离开了人类的社会环境，就不可能有人的心理，更谈不上心理的丰富与发展。环境对个体的影响往往带有偶然性，因此作为社会环境中最重要的因素的教育，尤其是学校教育在一定程度上对个体的心理发展水平起着主导作用。

（三）人的心理的内部矛盾与心理发展

环境和教育虽然对心理发展起着重要的作用，但它们的影响必须通过心理发展的内部矛盾即内因才能实现。个体心理发展的动力就是他们心理的内部矛盾，是个体与客观事物相互作用的过程中产生的。

需要是人的活动的基本源泉和动力，个体新的需要是不断产生的，它和已有的心理水平就会不断发生矛盾。随着矛盾的不断解决，他们的心理水平也就随之相应地提高了。在社会和学校教育的影响下，个体新的需要和他们已有的心理水平不断处于矛盾统一的运动过程中，推动着心理不断地向前发展。

⊙中小学生心理发展的基本特征

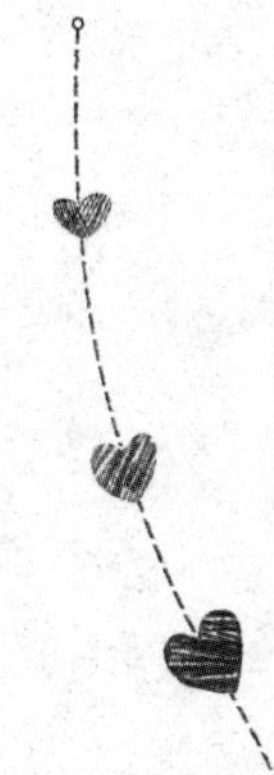

一、小学生心理发展的一般特征

（一）小学生的认知发展

小学生的认知发展是由具体向抽象、由低级向高级发展的过程，逐渐从直观的、形象的水平向词语的、抽象的水平发展。但整体而言，小学生的认知还带有很大的具体性和形象性；想象力丰富，但幻想的成分较大；注意水平有限。

1．感知觉充分发展。随年龄增长，小学生的感知觉已逐渐完善，其知觉的有意性、精确性逐渐增强。但受思维水平的制约，小学生的感知觉中也体现出具体运算思维的特点。

2．记忆力逐步提高，不随意记忆占主导地位。小学生的记忆能力无论在量和质上都得到显著而迅速的发展。从以机械识记、具体形象识记、不会使用记忆策略逐渐发展到以意义识记、抽象记忆、主动运用策略识记。但小学生很大程度上还是靠无意记忆来积累知识。

3．思维由具体向抽象发展，个体差异明显。小学生思维逐步从具体形象思维为主过渡到抽象逻辑思维为主，但整体而言，小学生的思维仍带有很大的具体性。小学生初步具备了人类思维发展的完整结构，在思维品质上表现出明显的个体差异。

4．言语能力的迅速发展。小学生已经能够比较熟练地掌握和运用口头言语，随着成熟和教育教学的影响下，逐渐掌握了书面语言，掌握了大量的词汇，学会了写字、阅读和写作。

（二）小学生的情感发展

随着年龄的增长，小学生情绪的稳定性在增长，情绪的内容在不断丰富，情感的深刻性在发展，道德情感逐步发展起来。

1．情绪体验更加丰富，社会性情感比重增加。随着经验的增加，小学生的情绪体验，特别是与学习活动和学校生活相联系的情绪体验逐渐丰富起来，同时，其他社会性情感的比重逐渐增加。

2．小学生的情绪表现比较外露，具有很大的冲动性。小学生情绪表现比较外露，他们还不善于掩饰。随着年龄的增长和对学校生活的适应，小学生情绪的自我调节能力有了明显的进步，其情绪逐渐稳定下来，总体上处于一种平静而愉快的状态。

（三）小学生社会性的发展

小学阶段是个体个性和社会性发展的一个重要时期，随学习、人际交往等社会性经验的增加和认知能力的发展，其对自我和社会认识水平都得到了极大的提高和发展。

1．社会性认知发展。由于思维的自我中心成分逐渐减少，小学生对他人和世界的认识逐渐趋于客观和深刻。随着社会交往的日益增加，小学生逐渐形成自身对社会的认识和观点，但这种社会观很不全面。

2．社会性交往的增加和更趋复杂化。随着在学校时间的日益增加，小学生与父母交往的时间明显减少，逐渐摆脱对父母的依赖而走向独立；与之同时，与同伴交往的时间更多，交往形式也更复杂，并开始形成同伴团体。对

教师的情感也趋于分化，对自己喜欢的教师给予积极的反应，对自己不喜欢的教师则往往做出消极的反应。

3．道德认识能力的逐渐发展。小学生道德认知的发展是从他律道德向自律道德转化的过程，即对行为的好坏评价从只注意行为的客观后果，逐步过渡到综合考虑行为的动机和结果的关系。其道德判断不再绝对化，越来越能从他人的角度客观、现实地看问题，道德情感体验日益深刻。

4．自我意识更加明确。随着其社会比较和观点采择能力的发展，小学生的自我意识从依赖权威人物如教师与家长的评价到更加独立的评价，从具体可见的行为评价到概括性评价，不太客观、片面的评价到更客观、全面的评价这样一个逐步发展的过程。但总体而言，其自我意识还是处于较低的水平，仍然不够客观、全面，带有主观色彩。

（四）学习动机与兴趣的发展

进入学校后，学习成为小学生的主导活动，也成为其社会义务。在学习过程中，小学生与之相关的个性特点随之发展起来。

1．学习的间接动机开始发展。一般地说，小学生的学习动机的发展趋势是从比较短近的、狭隘的学习动机逐步向比较自觉的、远大的学习动机发展；从具体的学习动机逐步向比较抽象的学习动机发展；从不稳定的学习动机逐步向比较稳定的学习动机发展。

2．学习兴趣分化。在整个小学时期内，小学生学习兴趣的发展是从对学习的过程和学习的外部活动兴趣逐渐向对学习的内容或需要独立思考的学习作业兴趣发展；一般从三年级开始，学习兴趣从不分化到逐渐对各不同学科内容产生初步的分化性兴趣，但分化还很不稳定，易受到任课教师等因素影响而发生变化。

二、中学生心理发展的一般特征

中学时期被人喻为多事的季节，心理学上谓之“心理断乳期”，其年龄范围大体为13至18岁，属于少年期和青年早期，俗称为青春期。急剧而又呈弥散性的身体和激素变化对他们的心理产生重要的影响，整个中学阶段，学生的心理具有过渡性、闭锁性、社会性和动荡性等四个特点。具体来说，处于这个时期的中学生心理发展主要表现为如下特点：

1．智力的迅速发展。中学时期的感觉、知觉、记忆力、思维能力都得到了较大的发展，逻辑抽象思维能力逐步占据主导地位。其思维具有很大的批判性，开始用批判的眼光来看待和评论周围事物，喜欢质疑和争论。这个时期，他们开始思考人生和世界问题，由于这些问题的解决是个充满矛盾的过程，所以他们常常会为此感到苦恼、迷茫、沮丧与不安。

2．自我意识日趋成熟。随着认知能力的提高、知识经验的积累以及独立生活能力的要求，中学生的自我意识日趋成熟。他们特别关注自身的身心发展及其意义，更加独立地评价自己和别人，并形成概括水平更高和更全面的自我认识，并初步形成了稳定的性格特征。

3．情绪、情感日趋成熟。由于生理和自我意识上的急剧变化，情绪、情感更加强烈，具有冲动性和爆发性，情绪不稳定，两极化倾向明显；但由于对情感的自我调节和自我控制的能力提高，中学生的情感逐渐稳定，其情绪的外流和表达已趋于理性化，情绪情感更加丰富，发展了多样性的自我情感，而且两性的情感与社会性情感也日益丰富。

4．意志的迅速发展。随着年龄的增长，由于神经系统功能尤其是内抑制功能的发达，以及动机的深刻性和目的水平的提高，中学生在目的的确定、行动手段的选择、行为动机的取舍等环节上，主动性和计划性不断增强。在意志的品质上，由依赖逐渐趋向独立发展，由冲动、优柔寡断逐渐趋向果断，由任性、怯懦逐渐趋向自制，由顽固执拗、动摇逐渐趋向坚持。

5．言行趋于成熟。言行特征是中学生心理成熟状况的重要标志。中学阶段学生词语的日益丰富和深刻；其听说能力极大发展，能对说话者的意图进行初步推断，并做出初步的鉴别和评价，语言的表现力和感染力较强，独白言语的水平迅速提高；其书面语言的表达基本成熟；内部语言已达到完全简约化的水平。中学生独立性增强，要求完全摆脱成人干预，独立行事，积极进行两性交往，甚至进入恋爱关系等。中学生虽有强烈的独立性要求，但往往不善于控制自己的行为，特别是在情感受到触动的时候容易冲动。

6．性意识的发展。随着中学生性生理的逐渐成熟，第二性征开始出现，性意识开始觉醒。中学生性意识的发展是一个持续的过程，大致可分为疏远异性阶段、接近异性阶段、恋爱阶段三个阶段。

⊙中小学生心理发展研究的基本方法

心理学研究的方法有很多，下面介绍在发展与教育心理学领域常用的几种方法。这些方法各有其优缺点。在确定使用哪一种方法来进行研究时，应考虑到其适用性。

一、观察法

观察法，是研究者有计划地用自己的感官或借助科学的观察仪器与装置，对所要研究的对象进行系统的观察和考察，以获取研究资料的一种方法。使用观察法首先要明确所要观察的行为及其范围，还要尽量避免对观察对象的干扰，即所谓的实验者效应，一般可采用无干扰观察的方法。

观察法的优点是可以比较及时地获得生动而真实的资料，搜集到一些无法言表的材料。缺点是受时间、观察对象、观察者本身的限制只能观察外表现象，不能直接观察到事物的本质和人们的思想意识；也不适宜于大面积调查等。

二、访谈法

访谈法，又称晤谈法，是指是通过访员和受访人面对面地交谈来了解受访人的心理和行为的心理学基本研究方法。访谈有结构型访谈和非结构型访谈，有正式的，也有非正式的；有逐一采访询问，即个别访谈，也可以开小型座谈会，进行团体访谈。实施访谈要求创设良好的谈话环境，访员应具备相关预备知识和相关技能，并如实记录访谈资料。

访谈法能有针对性地收集研究数据，适用于一切具有口头表达能力的不同文化程度的访谈对象，具有较问卷法更高的效率。访谈法的缺点是访谈结果的准确性、可靠性受访谈者自身的素质影响较大；较为费时费力；所得资料不易量化；也受环境、时间和访谈对象特点的限制。

三、实验法

实验法是在严格控制无关变量的条件下，通过系统地改变自变量（行为的原因）的水平，观察因变量（所研究的行为）相应变化的一种严谨方法。

采用实验研究，必须要做好实验设计。最简单的实验设计是实验者在控制其他条件不变的情况下操纵一个自变量，以观测其对一个因变量的影响。但心理学的研究往往不是一因一果，而是多因一果，需要操纵几个自变量。

实验室实验的最大优点是对无关变量能进行严格控制，对自变量和因变量能作准确测定，精确度高。其主要缺点是研究情境的人为性，难以将结论推广到日常生活中去。

四、测验法

测验法，就是采用标准化的心理测验量表或精密的测验仪器，来测量被试有关的心理品质的研究方法。常用的测验主要是成就测验、智力测验、人格测验等。心理测验必须符合三个标准：标准化、信度和效度。

测验法的优点主要表现在：测验量表的编制十分严谨，结果处理方便，量表有现成的常模，可以直接进行对比研究；量表的种类较多，可以适应不同研究目的的需要。测验法的不足是使用灵活性差，对主试的要求较高，结果难以进行定性分析，被试的成绩也可能受练习、测验经验的影响等。

五、问卷法

问卷法是通过由一系列问题构成的调查表收集资料以测量人的行为和态度的心理学基本研究方法之一。运用问卷法时，问题是问卷的核心。在设计问卷时，设计者除了考虑问题的类别外，还要注意研究对象的年龄特征；问卷中试题的内容应是研究对象熟悉的，以使其愿意积极配合，认真回答；还应注意社会称评效应，即研究对象在填写问卷时不是按照自己的真实情况填写，而是根据社会的赞许性来填写。

问卷法的主要优点是：问卷内容客观统一，处理分析比较方便；样本量大，节省人力、时间和经费；匿名性强，主试和被试间的相互作用小。问卷法主要缺点是，被调查者由于各种原因（如自我防卫、理解和记忆错误等）可能对问题做出虚假或错误的回答；在许多场合对于这种回答要想加以确证又几乎是不可能的。

陈鹤琴：变成小孩教小孩

陈鹤琴（1892—1982）是我国现代著名的教育家、儿童心理学家和儿童教育专家，是我国现代幼儿教育的奠基人，被誉为“中国儿童心理研究的开创者和奠基人”、“中国幼教之父”和“中国的福禄贝尔”。他全面系统地论述幼儿教育问题，探索和创造了适合中国国情又符合幼儿心理发展特点的中国化、科学化的幼儿教育，形成了自己独特的幼儿教育理论和思想体系。

陈鹤琴1919年离美回国，在南京高等师范学校和东南大学任教授，开始了对儿童心理与教育的科学实验和研究。通过逐日对其孩子和侄儿们身心发展进行周密的观察、实验和文字与摄影记录，在积累了丰富的资料后，陈鹤琴发表了系列关于儿童心理及教育的论文，并于1925年出版《儿童心理之研究》和《家庭教育》两本著作。其中《家庭教育》一书论述了家庭教育的101条原则和教育孩子的具体方法，堪称为一部影响了中国几代人的家教经典，陶行知先生发表书评《愿与天下父母共读之》，称著者“以科学的头脑、母亲的心肠做成此书，系近今中国出版教育专书中最有价值之著作。”陈鹤琴曾请陶行知作了中华儿童教育研究社社歌。这个社歌体现他在儿童教育上的一贯主张。歌中所谓“发现小孩”、“了解小孩”、“解放小孩”、“信仰小孩”、“变成小孩”，才能教育小孩，是一套完整的儿童教育原则。

“中华儿童教育研究社”社歌歌词

陶行知

来！来！来！
来到小孩子的队伍里，
发现你的小孩。
你不能教导小孩，
除非是发现了你的小孩。

来！来！来！
来到小孩子的队伍里，
了解你的小孩。
你不能教导小孩，
除非是了解了你的小孩。
来！来！来！
来到小孩子的队伍里，
解放你的小孩。
你不能教导小孩，
除非是解放了你的小孩。

来！来！来！
来到小孩子的队伍里，
信仰你的小孩。
你不能教导小孩，
除非是信仰了你的小孩。

来！来！来！
来到小孩子的队伍里，
变成一个小孩。
你不能教导小孩，
除非是变成了一个小孩。
（载于《幼儿教育》 1985年12期）

第二章　中小学生心理发展的理论基础

案例导入

郑家豪，初二学生，成绩中等偏上，经常不按时交作业，在课堂上表现出类似多动症的情况——与同桌打闹，回头跟后排的同学交谈。有一天，上课时，郑家豪趁陈老师在黑板上写板书之机，偷偷地折了架纸飞机，在教室里放起了纸飞机，引得全班同学哄堂大笑。老师发现之后，郑家豪否认是自己折的飞机。

以上情况是每一位教师都可能碰到的问题，不同的教师有不同的处理方法，但是，你处理的依据是什么？为什么我这种处理就有效呢？这涉及到中小学生心理发展的相关理论假设。

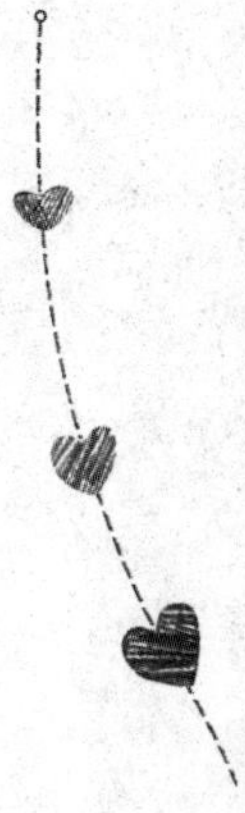

人的心理发展存在许多基本的理论问题，如个体知识经验是如何获得的？个体的心理发展如何划分？心理发展的内部机制是什么？本章主要介绍了生物学取向的发展理论、精神分析学派的发展理论、行为主义的发展理论、认知学派的发展理论和生态系统学派的发展理论对这些基本问题的不同回答。通过本章的学习，可以加深我们对发展的基本理论问题的认识，从而提高我们分析发展的基本问题的理论能力。

⊙生物学取向的发展理论

该理论流派从个体生理的发生发展过程出发，认为人的心理发展是生理成熟的结果。个体发展表现出的类型差异和年龄差异是由生物遗传因素决定的，不受或极少受环境的影响。认为个体生理和心理成熟所经历的阶段对每个人来说具有普遍性。

一、霍尔的复演说（recapitulation theory）

（一）基本观点

受19世纪末20世纪初的达尔文进化论的影响，霍尔提出了心理学的复演说（theory of psychological recapitulation）。该学说认为，个体心理的发展不过是一系列或多或少复演种系进化的历史。如个体在出生以前即胎儿期复演了动物进化的过程；出生后个体的心理发展则复演了人类进化的过程。如婴幼儿期（出生～4岁）复演了动物到人的进化；童年期（4～8岁）复演了原始人的渔猎时代；少年期（8～12岁）复演着人类从蒙昧时代向文明时代的过渡时期；青年期（12～25岁）则复演着人类的浪漫主义时代。

此外，人类的活动方面也表现了复演规律，比如儿童的追逐活动是狩猎本能的复演。霍尔也因此被认为是“心理学上的达尔文”。

（二）关于青少年心理发展的观点

霍尔认为，青少年正处于一个“疾风怒涛”、充满了内部和外部冲突的时期，而他们正是在经历了各种的冲突与更替之后，才最终复演成为人类文明中充满“个性感”的一员。也就是说，按照复演说的观点，青少年期正是与人类种族发展过程中的动荡、转型的时期相对应，是一个新阶段的开始，这时更高级、更完善的人的特征开始产生，个体开始获得“个性”、“人类化”和“文明化”。霍尔在1904年发表的经典著作《青年期》（也译作《青少年心理学》）中对这个时期的“疾风怒涛”的特征做了较详细的描述。他认为青少年的心理发展表现为一种两极化的波动，好似荡着秋千。

（三）简评

霍尔的复演说开启了青少年心理学研究的先河，用复演理论解释个体心理发展的阶段性是有一定理论价值的。然而人作为社会关系的总和，既是生物实体更是社会实体。所以，将个体心理发展史同动物和人类心理发展史简单的完全等同起来是不正确的。

二、格塞尔的成熟论（theory of maturation-potency）

（一）成熟势力说的基本观点

格塞尔认为，支配儿童心理发展的因素有两个：成熟和学习。个体的生

理与心理发展，都是按基因规定的顺序有规律、有次序进行的（基因指导发展过程的机制就称为成熟）。成熟是通过发展的一个水平向另一个水平突然转变而得以实现的，个体发展变化的本质是结构性的，结构的变化是行为发展变化的基础，环境只是起着支持和沟通各发展阶段的作用，而不能产生或改变发展的基本形式和顺序。没有足够的成熟就没有真正的发展变化，在结构得以发展之前，特殊的训练是没有多少成效的。儿童的发展过程有一定的发展关键期或敏感期，在一个特定的时间内发展更具敏感性或感染力。儿童的发展有一定的生物内在进度表，它与一定的年龄相对应，据此他制定出了婴儿“行为发展常模”。

（二）发展的原则

格塞尔在通过对大量的婴儿观察之后发现的生物机能的基础上提出了发展的几大原则，包括发展方向原则、相互交织原则、机能不对称原则、个体成熟的原则、自我调节波动的原则等。这些原则对他的发展观点起着说明和支持的作用，对于揭示儿童心理发展的规律，尤其是对于作为心理发展基础的生物学规律很有意义。

（三）简评

格塞尔从机体内部的过程出发，提出发展的成熟论，尤其是其经典的实验，使我们认识到生理成熟对个体心理发展的重要作用，为研究青少年发展提供了宝贵的资料。其理论在二十世纪四五十年代的西方曾盛极一时，被许多家长奉为育儿“圣经”，对当时的青少年教育产生过极大的影响。

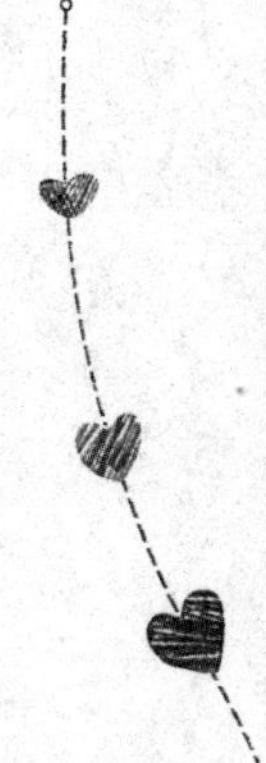

但是，格塞尔理论片面强调生物因素而抹杀了个别差异和环境教育在青少年心理发展中的作用显然是不正确的，或者说是不完善的。

⊙精神分析学派的发展理论

一、弗洛伊德的发展理论

（一）人格的结构

弗洛伊德认为人格有三个层次，分别是本我、自我和超我。本我按快乐原则行事，处在潜意识层面。自我处在意识层面，按现实原则行事。超我则是意识层面中的道德成分，体现在根据情境对自我进行约束和决策选择。

（二）心理发展阶段论

1．口唇期（0~1岁）

这时期性本能通过口腔活动得到满足，如咀嚼、吸吮或咬东西。若母亲对婴儿的口腔活动不加限制，儿童长大后的性格将倾向于开放、慷慨及乐观；若其口腔需要受到挫折，则未来性格发展可能偏向悲观、依赖和退缩。可见，弗洛伊德认为早期的经验对人格的发展会有长期的影响。

2．肛门期（1~3岁）

按自己的意志大小便是满足婴儿性本能的最主要的方式。但这一时期也正是成人对婴儿进行大小便训练的时期，这与婴儿的本能产生了冲突。弗洛伊德认为母亲在训练婴儿大小便时的情绪气氛对其未来人格发展影响重大。过分严格的训练可能会形成顽固、吝啬的性格；而过于宽松又可能形成浪费的习性。

3．性器期（3~6岁）

这一时期的儿童开始对自己的性器官产生兴趣，性器官成为全身最敏感的部位，儿童常以抚摸性器官获得快感。弗洛伊德认为这一时期的儿童都会产生所谓恋母情结或恋父情结。在正常发展的情况下，恋母情结或恋父情结会通过儿童对同性父母的认同，吸取他们的行为、态度和特质进而发展出相应的性别角色而获得解决。

4．潜伏期（6~11岁）

儿童的性本能是相当安静的，有关性的和侵犯的幻想大部分都潜伏起来，埋藏在无意识当中。性器期时性的创伤已被遗忘，一切危险的冲动和幻想都潜伏起来，儿童不再受到它们的干扰。儿童可以自由地将能量消耗在为社会所接受的具体活动当中去，如运动、游戏和智力活动等。因此，潜伏期是一个相当平静的时期。

5．两性期（11、12岁~17、18岁）

经过暂时的潜伏期，青春期的风暴就来到了，从年龄上讲，女孩约从11岁，男孩约从13岁开始进入青春期。青春期的个体的最重要的任务是要摆脱父母对自己的控制。这一时期的心理能量主要投注在形成友谊、生涯准备、恋爱及结婚等活动中，以完成生儿育女的终极目标，使成熟的性本能得到满足。

（三）简评

弗洛伊德的精神分析理论第一次强调了早期经验和家庭教养对学前儿童

心理和行为发展的影响，但由于其关于人格结构和发展阶段的假设不能被证实，带有很强的假设性，因此具有很大的局限。

二、埃里克森的心理社会发展理论

（一）心理社会发展理论

埃里克森认为人生发展可分为八个阶段，每个阶段都面临一对危机或冲突。要想顺利进入下一个发展阶段，人就必须要先解决好当前所面临的危机。在每一个心理社会发展阶段中，解决了核心问题之后所产生的人格特质，都包括了积极与消极两方面的品质，如果各个阶段都保持向积极品质发展，就算完成了这阶段的任务，逐渐实现了健全的人格，否则就会产生心理社会危机，出现情绪障碍，形成不健全的人格。

1．婴儿期（0~1岁）：基本信任和不信任的心理冲突

此阶段的发展任务是获得信任感，克服不信任感。此阶段，如果婴儿能够得到温暖、抚摸、爱和生理的关怀，获得满足，就会形成对他人的信任；如果父母对孩子不够关心，婴儿的需要得不到满足，父母的冷漠或感情上的拒绝，会使孩子形成对他人的不信任。这种对人和环境的基本信任感是以后各阶段发展的基础，尤其是青年期形成同一性的基础。

2．儿童早期（1~3岁）：自主与害羞和怀疑的冲突

这一时期，儿童产生触摸、探索和自己动手的愿望，是孩子自我意识开始发展，第一个反抗期出现的时期。这时孩子会反复应用“我”、“我们”、“不”来反抗外界控制，父母如果听之任之、放任自流，将不利于儿童的社会化。但若过分严厉，又会伤害儿童自主感和自我控制能力。如果父母对儿童的保护或惩罚不当，儿童就会产生怀疑，并感到害羞。因此，一方面，父母必须承担起控制儿童行为使之符合社会规范的任务，使其养成良好的习惯。另一方面，父母应通过鼓励孩子尝试新本领，以培养孩子的自主意识。

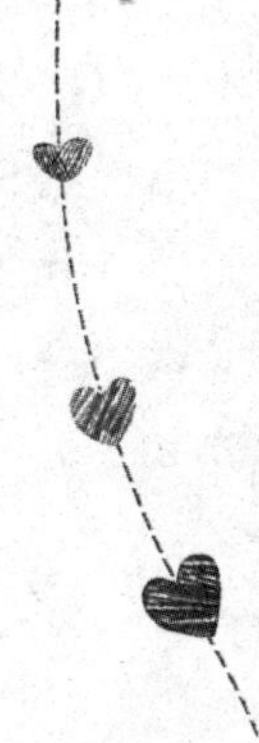

3．学前期（3~5岁）：主动对内疚的冲突

这一时期，如果幼儿表现出的主动探究行为受到鼓励，幼儿就会形成主动性，这为他将来成为一个有责任感、有创造力的人奠定了基础。如果成人严厉地批评儿童，不让他们玩游戏，讥笑幼儿的独创行为和想象力，不鼓励

他们提问，那么幼儿就会逐渐失去自信心，孩子会认为积极主动参与活动是错误的，从而产生内疚感。

4．学龄期（5～12岁）：勤奋对自卑的冲突

这一阶段的儿童一般都在学校接受教育。开始学习那些社会认为重要的技能。如果儿童在制作、绘画、阅读等学习中因为自己富有成效的活动得到赞扬，他们会获得勤奋感。如果儿童的努力被训斥为添乱、幼稚和胡搞，他们会形成自卑的倾向。

5．青春期（12～18岁）：自我同一性和角色混乱冲突

青少年期的主要任务是建立一个新的同一感或自己在别人眼中的形象，以及他在社会集体中所占的情感位置。青少年必须把自己所扮演的学生、子女、朋友、恋人等不同角色在自我感觉上整合，形成统一的自我，即同一性。如果无法形成这种角色认同，青少年会陷入同一性混乱的痛苦中。所谓的自我同一性是指个体对自己的本质、信念和重要特征前后一致及连续完整的意识，个人的内部状态和外部环境的整合和协调感。它既包括自我认识，也包括自我的情感体验。

6．成人早期（18～25岁）：亲密对孤独的冲突

这一阶段，个体开始进入亲密的恋爱和正式建立婚姻，开始真正承担社会义务。个体感到自己在生活上有亲近他人的需要。如果个体无法和他人建立亲密关系，会陷入深深的孤独中。埃里克森认为，只有具有牢固的自我同一性的青年人，才敢于冒与他人发生亲密关系的风险。

7．成人中期（25～50岁）：生育对自我专注的冲突

此一阶段，个体保持平衡的主要动力来自于指导下一代的兴趣。繁殖不仅指生育和照料孩子，而且指在工作中创造事物和思想。发展的任务是要形成创造力感，避免自我关注和停滞不前。

8．成人晚期（50岁以上）：自我调整与绝望期的冲突

这是一个反省的时期。一生充实和对自己负责的人会有一种完美感，自尊自重，这样他可以带着尊严面对衰老和死亡。如果带着遗憾看以前的生活，老年人会产生一种绝望感，觉得生活中失去了很多机会，自己失败了。老年人对死亡的态度直接影响下一代儿童时期信任感的形成。因此，第8阶段和第1阶段首尾相连，构成一个循环或生命的周期。

（二）简评

埃里克森把人的发展理解为生理、心理和社会的统一，把人的一生看作

是一个统一的发展过程，强调自我在发展中的作用，重视社会文化因素在人格发展中的作用，对我们理解人格的发展具有一定的价值；他对于各阶段的发展危机的描述，为儿童和青少年的教育工作提供了重要的理论基础，特别是他所提出的“自我同一性”和“自我同一性混乱”，对于我们研究和解决青春期问题有着很重要的启示作用。

但其也招致了一些质疑和批评，如理论思辨性和经验性较强，缺乏科学性和实证性；过分强调本能，相对忽视意识、理智的作用；其理论的生物学化的先天预成论观点；其理论建立于对男性的研究，对女性的适用性方面可能存在问题等。

⊙行为主义的发展理论

一、华生的行为主义的发展理论

（一）基本观点

华生认为心理的本质是行为。心理、意识被归结为行为。认为一切行为都是刺激（S）–反应（R）的学习过程。在心理发展问题上，华生突出的观点是环境决定论。即否认了行为的遗传作用，认为环境和教育是行为发展的唯一条件。

（二）对儿童情绪发展的研究

华生对心理发展的研究主要集中在情绪发展的课题上。华生把条件反射的理论应用到儿童行为的控制与塑造上，通过其进行的小艾尔伯特的条件性恐惧形成的实验，证实了通过条件作用可以使人习得恐惧反应。

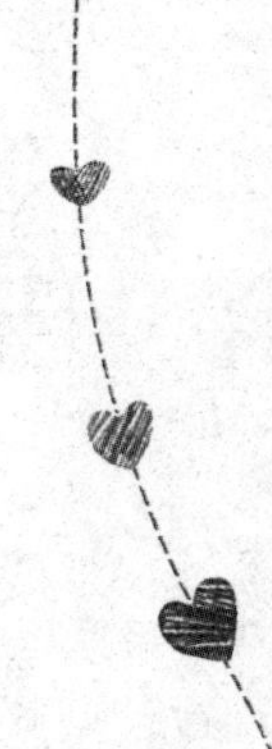

（三）简评

华生主张对儿童心理进行客观研究，使得心理学的科学意味更浓，这点是应当值得肯定的；但他忽视生物因素和认知因素对儿童心理发展的影响，否定意识、否定儿童主动性的机械唯物主义观点则是错误的。

二、斯金纳的操作条件反射理论

斯金纳继承了华生的行为主义理论的基本信条。但与华生的刺激–反应心理学不同，他区分出应答性行为和操作性行为。前一类行为是由经典条件反射中由刺激引发的行为；后一类行为是个体自发出现的行为，受强化作用支配的操作性行为。斯金纳的心理发展理论主要表现在下述几个方面：

（一）行为的强化控制原理

斯金纳的操作性条件反射，强调塑造、强化与消退、及时强化等原则。

塑造与强化：所谓塑造，就是通过小步强化最终达到目标。斯金纳认为，强化作用是塑造行为的基础。利用强化效应，可以控制儿童行为反应，从而能随意塑造出一个教育者所期望的儿童的行为。

行为的消退：行为不强化就会消退。依照斯金纳的看法，儿童所以要做某事“就是想得到成人的注意”。要使儿童的不良行为消退，如长时间的啼哭或发脾气等，可在这些行为发生的时候不予理睬，排除对他的注意，结果孩子就会不哭不闹了。

及时强化：斯金纳强调及时强化，他认为强化不及时是不利于人的行为发展的。教育者要及时强化希望在儿童身上看到的行为。

强化与惩罚：强化可分为积极强化作用和消极强化作用两类。积极强化是获得强化物以加强某个反应；消极强化是去掉可厌的刺激物，使由于刺激的退出而加强了那个行为。这两种强化都增加了反应再发生的可能性。斯金纳认为不能把消极强化与惩罚混为一谈。惩罚是企图呈现厌恶刺激或排除愉快刺激来降低反应发生的概率。斯金纳认为，惩罚只能暂时抑制行为，不能消除行为。因此，惩罚应慎用，惩罚一种不良行为应与强化一种良好行为结合起来，才能取得预期的效果。

（二）儿童行为的实际控制

斯金纳重视将其理论应用于实际。在实际中发展儿童的心理和提高儿童教育的质量方面，他做了不少贡献。如斯金纳把操作性条件作用的原理用于改进制作了一种新的能机械照料婴儿的斯金纳育婴箱；其强化原理在行为矫正领域获得了极大范围地使用；另外，斯金纳还基于操作性条件反射和积极强化的原理而设计的教学模式，并以此设计了教学机器。

（三）简评

斯金纳操作性行为主义理论体系对心理学产生了巨大影响，其理论广泛应用于学习和教育心理领域及行为治疗与行为矫正之中。但与早期行为主义者一样，斯金纳理论只注重描述行为，不注重解释行为；只注重外部行为及结果，不探讨内部心理机制，使其理论存在极大的缺陷。

三、社会学习理论

班杜拉提出的社会学习理论既反对人是由内在力量所驱使的观点，也反对人是由环境所决定的观点，认为“行为可以由个体与环境成因两者交互作用来解释”。

（一）观察学习及其过程

观察学习是班杜拉社会学习理论的一个基本概念。班杜拉认为，学习不仅仅发生在经典条件反射和操作条件反射中，我们也能通过看、读或听说别人怎样行为来学习，即通过观察环境中他人的行为及其结果而进行学习。观察学习包括注意过程、保持过程、运动再现过程和动机过程等四个组成部分。

班杜拉认为，行为的强化模式有三种，分别是直接强化、间接强化和自我强化。所谓直接强化是指观察者因表现出的观察行为而受到的强化。替代强化是指学习者通过观察榜样行为的结果而受到的强化；自我强化是指学习者对自已的行为表现满意而进行的自我奖励。

通过对他人自我表扬和自我批评的观察，以及对自己行为价值的评价，个体逐渐发展出自我效能感——认为自己的能力和个性能使自己能够获得成功的一种信念。

（二）社会学习在社会化中的作用

班杜拉特别重视社会学习在社会化过程中的作用——即社会引导成员用社会认可的方法去活动，为此，班杜拉通过实验证实了儿童的攻击性、性的发展和亲社会行为都可以通过观察学习和榜样模仿的方式习得。

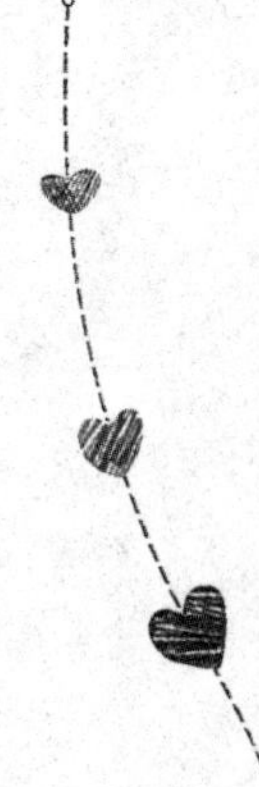

（三）简评

班杜拉的研究注重认知因素的影响，超越了行为主义的学习模式；其理论建立在严密实验研究基础上，并以人为研究对象，研究结果富有说服力；理论反映了人类学习的某些方面，具有一定的理论和实际价值。但其理论的内在逻辑体系还有待于完善。

⊙认知学派的心理发展理论

皮亚杰把心理学的研究同生物学、逻辑学以及认识论结合在一起，着重研究儿童的认知、智力、思维是怎样发展起来的，从而形成了“发生认识论”。

一、心理发展的本质和原因

皮亚杰认为，人的认识是主体与客体之间相互作用的产物。知识来源于动作（或者活动），这种动作的本质是主体对客体的适应。主体通过动作对客体的适应，乃是心理发展的真正原因。

皮亚杰认为，心理结构的发展涉及图式、同化、顺应和平衡。图式就是主体动作的认识结构，是人类认识事物的基本模式。最初的图式来源于遗传，是一些本能的动作。以后在环境的刺激下复杂化。低级的动作图式，经由同化、顺应、平衡而逐步建构出新的图式。同化和顺应是适应的两种形式。个体通过同化和顺应两种机能来达到机体与环境的平衡。如果机体和环境失去平衡，就需要改变行为以重建平衡。这种不断的平衡—不平衡—平衡……的过程就是适应的过程，也就是儿童智力发展的实质和原因。

二、认知发展阶段

1．感知运动阶段（0～2岁）

处于这一时期的儿童主要是靠感觉和动作来认识周围世界的；9～12个月开始获得客体永久性（当客体在眼前消失，儿童依然认为它是存在的）；这时处于思维萌芽。

2．前运算阶段（2～7岁）

这一时期，儿童对世界的认识抱有泛灵论的观点，即认为外界的一切事物都是有生命的。具有典型的自我中心取向。认知开始出现象征（或符号）功能，但在这个阶段，儿童还不能形成正确的概念，他们的判断受直觉思维支配。在这个时期，儿童思维呈现不可逆性（即只知道A>B，不知道B<A），因而也没有守恒性（不论事物的形态如何变化，儿童都知道其本质不变）。

3．具体运算阶段（7～11岁）

皮亚杰认为，7～11岁这个年龄一般是儿童的思维已具有真正的运算性质。“运算”是指一种内化了的动作，即能在头脑中进行的思维活动，从而使儿童在一定程度上能做出推论。因而，在具体运演阶段，儿童的思维已具有可逆性和守恒性，但这种思维运演还离不开具体事物的支持。

4．形式运算阶段（11～　）

又称命题运算阶段。儿童在11岁以后，开始不再依靠具体事物来运算，

而能对抽象的和表征性的材料进行逻辑运演。皮亚杰认为最高级的思维形式便是形式运算。形式运算的主要特征是它们有能力处理假设，而不只是单纯地处理客体。而且，儿童在这时已有能力将形式与内容分开，用运算符号来替代其他东西。

三、简评

皮亚杰对儿童认知发展理论的影响是划时代的。20世纪以来，有关认知发展的心理学研究课题，大多与皮亚杰所提出的问题有关。其理论对西方国家的教育观念和教学方法改革等方面产生了一定影响。但皮亚杰的理论也受到了一些挑战，如研究表明，皮亚杰可能低估了儿童的认知能力而高估了青少年的认知能力。

⊙生态系统学的发展理论

发展心理学的生态系统化倾向认为，发展心理学研究应当在自然环境和具体的社会背景下探讨个体发展问题。生态系统学的发展理论对人类发展的基本问题和争论做出了与众不同的解释，对环境对个体发展的影响提出了详细的分析，拓宽了个体心理发展的研究范围。生态系统学的发展理论主要包括布朗芬布伦纳生态系统理论、Lerner的发展情境理论、艾尔德的人类发展生活历程理论，在此主要介绍布朗芬布伦纳生态系统理论。

一、布朗芬布伦纳的生态系统理论的基本观点

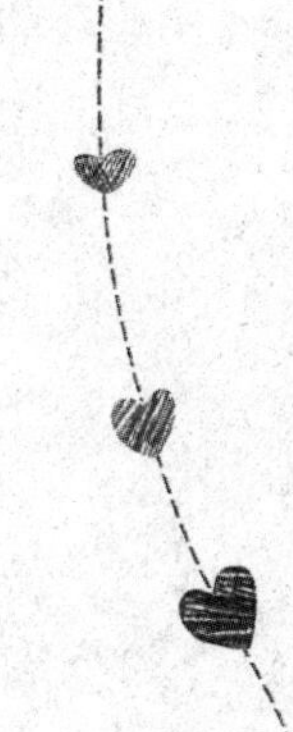

美国心理学家布朗芬布伦纳（Bronfenbrenner，1979）提出了一个颇有影响的儿童发展理论模型生态系统理论（ecological systems theory）。他强调研究“环境中的发展”或者说“发展的生态学”的重要意义。“生态”在这里是指有机体或个人存在经历着的，或者与个体有着直接或间接联系的环境。

布朗芬布伦纳在其理论模型中将人生活于其中并与之相互作用的不断变化的环境称为行为系统。该系统分为4个层次，由小到大分别是：微系统、中系统、外系统和宏系统。这4个层次是以行为系统对儿童发展的影响直接程度

分界的，从微系统到宏系统，对儿童的影响也从直接到间接。[1]

微系统（microsystem）处于中心点，是成长中的儿童最直接接触和产生体验的环境。在这个系统中，儿童自己主动接受和探索外部信息，属于一种相对封闭的自为系统。这个环境是不断变化和发展的。对大多数婴儿来说，微系统仅限于家庭。随着婴儿的不断成长，活动范围不断扩展，幼儿园、学校和同伴关系不断纳入到婴幼儿的微系统中来。

中系统（mesosystem）是指各微系统之间的联系或相互关系，相对于微系统它的交互作用范围更大一些，包括伙伴、父母、居家邻居、托幼学校、诊所、社区活动场所等即时环境。儿童和这些环境要因相互影响，每种状态都是双方共同作用的结果，儿童和大人以及伙伴一样都是主动的，直到建立一种氛围和价值的平衡。布朗芬布伦纳认为，如果微系统之间有较强的积极的联系，发展可能实现最优化。相反，微系统间的非积极的联系会产生消极的后果。

外系统（exosystem）在中系统的外围，是指那些儿童并未直接参与但却对他们的发展产生影响的系统。是儿童环境中那些正式组织和非正式组织要素，是儿童非即时性的环境。这些系统提供了儿童发展的制约和支持。外系统的衰弱会带来消极影响。由于个人或社团关系少，或受到失业影响而导致与社会隔离的家庭出现冲突和虐待儿童的比率在增加。包括父母单位、社区邻居、亲朋、各种媒体、机关、医疗机构等。

宏系统（macrosystem）处在第四层，指的是存在于以上3个系统中的文化、亚文化和社会环境。宏系统实际上是一个广阔的意识形态。它规定如何对待儿童，教给儿童什么以及儿童应该努力的目标。包括养育价值、社会习俗、教养法规及文化价值观、法律、文化和资源等，是儿童成长的大的环境保证。宏系统会间接影响儿童的微系统，进而影响他们的发展。

布朗芬布伦纳强调儿童的变化或者发展，将时间和环境相结合来考察儿童发展的动态过程。因此，他把时间作为研究个体成长中心理变化的参照体系，在他的模型中还提出了一个时间纬度，或称作历时系统。时间系统是这四个系统的状态属性，它更强调四个子系统的即时变化和非静止性。它是不断变化的。重要的生活事件，如同胞的出生、上学、搬入新的邻里环境或父

[1] 高秀萍．生态系统理论的创始人——布郎芬布伦纳[J]．大众心理学，2005（5）：46-47．

母离婚，都改变儿童和环境的关系，产生影响发展的新环境。

二、对布朗芬布伦纳生态系统的评价[1]

布朗芬布伦纳生态系统理论扩大了心理学研究中环境的概念。传统的发展心理学研究中关注的只是影响儿童的即时环境。布朗芬布伦纳生态系统理论将“环境”的范围拓展得更宽、更复杂。生态系统理论有利于从多方面促进儿童的发展。通过对环境影响的详细分析，可以找出影响儿童发展的因素，从而给予及时的干预。最后，布朗芬布伦纳生态系统理论强调发展的动态性。

但布朗芬布伦纳生态系统理论也存在着局限性：首先，过分强调环境对发展的作用，而忽略了生物性，即遗传对人类的影响。其次，布朗芬布伦纳并未提出一个人类发展的系统的理论模式。从这个角度来说，布朗芬布伦纳的生态系统理论还有待于更进一步的发展。

运用中小学生心理发展的理论来解释学生的行为

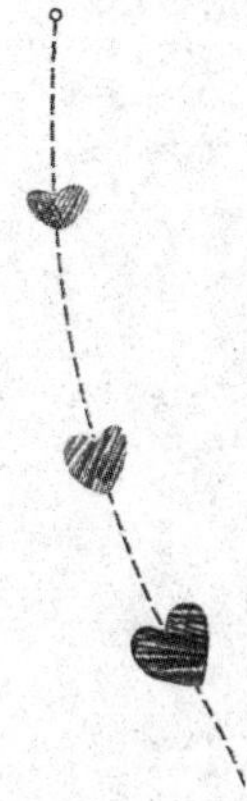

运用中小学生心理发展的相关理论来理解和处理教育中出现的问题，是现代教师专业化成长的必然要求。你对于学生行为的不同处理方法背后都是基于你对于学生的不同假设——即理论基础，不管你意识不意识到。作为一位有意识的中小学教师，不仅应该知道怎样做，还应该知道为什么这样做。以本章开头的案例为例，我们可以找出现实中处理这一学生行为问题的常见方式，这些方式都是基于不同的理论的。

处理一：训斥郑家豪。训斥是惩罚的一种形式，郑家豪为避免惩罚而规范自己的行为。

处理二：忽视郑家豪。关注可能是对郑家豪的一种奖励，忽视则意味着剥夺他的奖励。

[1] 刘杰，孟会敏．关于布郎芬布伦纳发展心理学生态系统理论[J]．中国健康心理学杂志，2009(2)：250−252．

处理三：让郑家豪去办公室。被带到办公室是一种惩罚，这也剥夺了同学们的（外在的）支持。

处理四：告诉全班人都有维持良好学习环境的责任，如果有人捣乱，则全班减少5分钟的休息时间。郑家豪的捣乱行为是为了得到全班的关注，如果全班同学因他而减少休息，则同学们会使他的行为得到收敛。

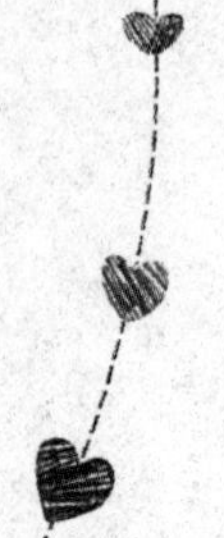

处理五：向全班解释郑家豪的行为干扰了正常的教学，破坏了全班制定的课堂规则。郑家豪的行为与班级行为标准相冲突，教师通过提醒可以使郑家豪明白全班同学不会支持他。

处理六：平时更多地关爱郑家豪。郑家豪的违纪行为反映了童年时期爱的缺乏，通过关爱可以弥补他的爱的缺乏。

第三章　小学生学习心理及其引导策略

案例导入

小刚今年8岁，平时上课爱站起来东张西望，或者将脚放在凳子上跪着玩，有时爱玩一些小玩意儿，与人交谈时很羞涩，听课时爱插嘴，但教师点他起来回答问题时，他却两眼茫然，教师将问题复述后，他依然如此。另外，在写生字时，他很容易将生字偏旁写颠倒，或者多笔画少笔画，听写时，不管怎么温习，几乎一个字不会写。通过家访与家长多次沟通后了解到：该生在家不怎么捣乱，但是每次回家都不知道家庭作业是什么，写作业时注意力不集中，最喜爱的活动是看电视。

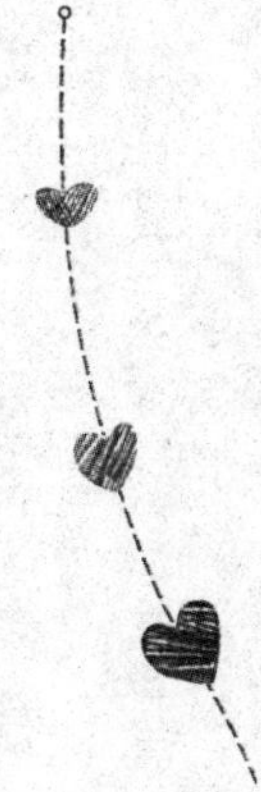

小学阶段的年龄范围是6、7岁～11、12岁，其生活从以前的游戏为主导转为以学习为主导。本章首先介绍小学生的学习特点；其次研究小学生的学习动机、学习习惯和学习策略，从根本上了解其形成的原因；最后概括介绍小学生学习策略的引导。

⊙小学生学习的特点

一、学生学习的特点

学生的学习既不同人类历史经验的积累过程，也不同于人们在日常生活环境中所进行的学习。学生学习的主要特点是：

（1）学生的学习是以掌握间接知识经验为主的；（2）学生的学习是在

教师有目的、有计划、有组织地指导下进行的；（3）学生的学习是在学校班集体中进行的；（4）学生学习的主要任务是掌握系统的科学知识、技能，形成科学的世界观和良好的道德品质。

二、小学生学习的特点

1．与学前期比较，学习性质有本质不同

小学儿童与学前儿童的学习性质不同。学前儿童的学习内容一般无明确规定，以听说运动等基本技能培养为主，形象生动；在形式上以游戏为主；一般不进行考试，学习成绩也不作为评价儿童的重要依据。小学儿童的学习内容以课程形式规定，一般是较抽象的“符号”；其方式以课堂学习为主；一般要进行学习考查和考试，并有升留级制度。

2．具体形象性

小学儿童正处于具体形象思维向抽象逻辑思维过渡的时期，但总的来说，其思维形式主要以具体形象思维为主，其认识活动在很大程度上仍直接与感性经验相联系，需要具体事物的支持。

3．好奇心强，兴趣广泛

儿童具有独特的审美感受，他们对于周围的事物都会感到非常新奇和有趣，尤其是生动、具体、新颖的事物，更容易引起他们的好奇和兴趣。这种好奇心和兴趣是调动一切感官积极参与各种学习活动的动力，是产生求知欲的前提。教育者应注意保护和引导，使之逐渐转向探求知识的轨道上来。

4．活泼好动，喜欢玩耍

小学儿童精力较为旺盛、活泼好动，他们集中精力快，但分心也快，喜爱玩耍、喜欢模仿他人。教育者应鼓励孩子多动手、多动脑，手脑结合，引导孩子在做中学，在玩中学，在动手操作中培养、发展其思维。

5．学习缺乏坚持性

由于自我调控能力的缺乏，小学儿童遇事易冲动，学习活动的自觉性较差，学习往往也不能持久坚持。随年龄的增长和活动的锻炼，其自我调控能力的增强，其活动的有意性、自觉性和持久性将得到很大的增强。

⊙小·学生的学习动机及其引导策略

一、何谓学习动机

在心理学中，动机是指引起和维持个体的活动并使活动朝向某一目标的内部心理过程或内部动力。学习动机就是推进、引导和维持人们进行学习活动的一种内部力量或内部机制。

尽管学习效果的好与差受多种主观与客观因素的影响，但是，要有效地进行长期的有意义学习，动机是绝对必要的，也是取得学习效果的直接动力。一般说来，动机并不是直接地卷入认知的相互作用过程之中，也不是通过同化机制发生作用，而是通过加强努力、集中注意和对学习的立即准备去影响认知的相互作用过程。

二、小学生学习动机形成和发展的基本特点

儿童的学习动机是在儿童参与学校生活，接受教育影响，随着儿童掌握知识经验的水平的发展而发展的。我们可以把小学儿童的学习动机的发展历程划分为三个阶段。[1]

（一）入学初期儿童朴素的学习动机的发生

儿童初入学时，尽管对于学习的内容和意义都还不了解，但是他们已经有了对学校生活的向往和入学的愿望，形成为一种朴素的学习动机。这种学习动机的特点是：第一，儿童对于自己活动（入学学习） 的这些动机因素还缺乏自觉性，都是引用他人的提示，或是受别人行为的影响暗示，并没有自己的主张；其次，目标都是指向于学习的外部情境和外表形式，还未触及学习活动过程本身。

（二）低中年级生浅近的学习动机的形成

一年级的后期，儿童在教师的指导和教学影响下，原先的那些朴素的学习动机基本上消失，逐渐由那些与学习活动过程本身相联系的学习动机所取代。由于这一类动机主要是指向于学习活动的较浅近的具体目标，所以叫作浅近的学习动机。内容有：对于获得新知识的兴趣（求知欲）；取得优良成

[1] 李长岷．小学生学习动机的分析[J]．西南师范学院学报，1984(3)：72-76．

绩，做三好生时的荣誉感；体验到家长的殷切期望和教师的诱导勉励；学生的责任感（学生就应该好好学习）等等。

（三）中高年级生远大的学习动机逐渐发展

中年级及以后时期里，学生在学校生活和教育教学的影响下，逐渐明确了学习的社会意义，于是便在原有的浅近学习动机的基础上，继续发展了与学习的社会意义相联系的、指向远大目标的学习动机。这一时期的学生已经较明确地体验到学生的学习是社会义务；认识到当前的学习是为了将来参加社会主义建设事业的需要；他们立志勤奋学习，振兴中华等等。

从小学生的学习动机的内容表现特点来看，调查发现，整个小学阶段主导的学习动机是“为了好分数，不落人后，或为了得到表扬和奖励而学习”和“为履行组织交给自己的任务，或为荣誉而学习”；低年级以第一类学习动机居多。而“为个人前途而学习”和“为祖国的前途、人民的利益而学习”的动机相对较少。这表明小学儿童不善于把学习与社会需要联系起来，其学习动机往往是直接与学习活动联系在一起的。研究表明：小学1～5年级学生学习动机发展的共同趋势是由近景性动机向远景性动机、由实用性动机向社会性动机过渡，其中正确的近景性的低水平学习动机占主导地位。

（四）学习动机的引导策略

1．进行学习目的教育

学习目的教育在于使学生正确认识学习的社会意义，把学习同社会和理想联系起来，从而形成长远的间接的学习动机。应结合教学内容和社会实际，采用适合小学生心理发展水平的生动的方式，使其感受到学习的重要，以培养学习动机。

2．控制动机水平

耶克斯—多德森定律表明，中等程度的动机水平最有利于学习效果的提高。同时，动机强度的最佳水平与课题的难度有关。课题难度越大，动机强度的最佳水平越低，而比较容易的课题则动机强度的最佳水平就相对高。因此，教师进行教学设计时教育内容要深浅适度，使学生每次学习都能接受并有所提高，从而体验到获得新知识的乐趣，使原有的学习动机得以强化。

3．培养外部学习动机

可以采用多种方式，来培养激发学生的外部动机：（1）利用“皮革马利翁效应”，教师通过关心、尊重学生，对学生抱积极的期望，来激发外部

的学习动机；[1]（2）有效地进行表扬和批评。首先，要多表扬，少批评；其次，评价要客观公正；第三，运用表扬和批评要注意学生的年龄特征和个别差异；最后，应及时了解表扬和批评在学生心理上的反应，根据反应做恰如其分的表扬和批评。（3）适当安排竞赛。小学生具有较强的好胜心和表现自己的欲望，适当开展学习竞争，可增强其竞争意识，使上进心和荣誉感得到满足，激发起学习动机。（4）对学习结果进行及时准确反馈。反馈可使学生及时了解自己学习的结果，激发努力学习的动机。

4．激发内部学习动机

教师应采取多种有效措施去诱发、强化和稳定学生的学习兴趣，激发其内部学习动机：（1）丰富教学内容，培养学习积极性。丰富、新颖、逻辑性强的教学内容，可使学生得到精神上的满足，进一步激发学生的求知欲。（2）发挥教学的艺术性，采取一些生动有趣的教学方法，可大大激发学生的学习兴趣。（3）创设“问题情境”，激起小学生思维的积极性和求知需要，培养学习积极性。（4）利用原有积极性迁移，培养学习积极性。可利用小学生对某学科的兴趣加以引导，使之原有积极性产生迁移，激发对其他学科的兴趣，培养学习积极性。（5）广泛开展第二课堂和实践活动，培养学生建立正确的学习动机。

5．榜样示范，培养学习动机[2]

小学生好模仿，教师可利用先进人物的事迹或自身的楷模作用来引导学生树立远大的学习目标，养成良好的学习习惯，产生学习积极性。

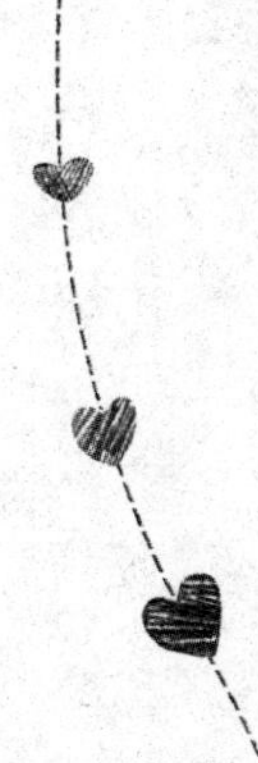

⊙小学生学习习惯及其引导策略

一、学习习惯及其类型

学习习惯是指在学习过程中，经有意识地训练或潜移默化地陶冶所形成的具有相对稳定性、自动重复的心理倾向或学习行为倾向。学习习惯有好坏之分，良好的学习习惯有利于提高学习效果，增强学生的学习意识，提升学生的意志力和非智力因素发展，其影响甚至是终身的。小学阶段是良好学习

[1] 于艳辉．谈小学生学习动机的特点与培养[J]．辽宁教育学院学报，1994(04)：57．

[2] 关紫阳．中小学生学习动机的培养与激发[J]．教育评论，1995(01)：62．

习惯形成的最佳时期。

学习习惯内容有很多，对小学阶段来说，主要包括以下三类：

（1）学习的卫生习惯。主要包括学习中的用脑习惯、用眼习惯、读书写字的习惯等。这些学习习惯不仅影响到学习的效果，还关系到学生的身体健康。

（2）学习的认知习惯。包括听讲的习惯、预习复习的习惯、做作业的习惯、阅读习惯等，它们直接影响到学习的认识过程能否顺利完成。

（3）学习的个性习惯。例如，学习的独立性、学习的意志力、学习的态度、学习的情绪等。

二、小学生良好的学习习惯

小学生主要的不良学习习惯包括：（1）被动学习、积极主动性差；（2）不热爱学习；（3）学习不刻苦、知难而退；（4）作业不独立、不能及时完成；（5）不仔细、不认真、不求甚解；（6）不求上进、不爱动脑筋；（7）不会利用时间；（8）不会读书和学习；（9）上课精力不集中、说话、做小动作；（10）无明确学习态度。

小学生需要哪些良好的学习习惯呢？根据小学生年龄特点和学习的需要，我们认为，首先应培养以下一些学习习惯。[1]

1．有规律地进行学习的习惯。做到一日起居、学习、休息、锻炼、活动有规律，基本做到有序进行。

2．整理和爱护学习用品的习惯。例如，上学前或临睡前会清理书包，准备上课需要的用品，会整理自己的书桌等。

3．预习的习惯。每次新课前自觉预习。

4．复习的习惯。每次上完新课后会自觉复习。

5．专心听讲的习惯。能集中思想，专心致志，不为别人或外界干扰所影响。

6．勤记笔记的习惯。不动笔墨不读书，听课、看书看报随时记笔记。

7．使用工具书的习惯。例如，碰到生字新词就查字典找答案。

8．认真做作业的习惯。做到先看书再做作业；按时完成；独立思考；书

[1] 陈林如．小学生良好学习习惯及其培养[J]．江西教育，1991(9):22−23．

写规范；做完认真检查；批改后认真阅读，错了及时订正等。

9. 勤学好问，爱动脑筋的习惯。遇事喜欢寻根问底，不弄懂弄通心不踏实。

10. 珍惜时间，今日事今日毕的习惯。

11. 严谨认真，一丝不苟的习惯。

12. 不怕困难，刻苦钻研的习惯。

13. 读书看报，勤奋自学的习惯。

三、小学生学习习惯的引导策略

小学生学习习惯引导既包括小学生良好学习习惯的培养，也包括学生不良学习习惯的矫正。

（一）榜样示范法

根据小学生善于模仿的特点，教师可通过榜样，如伟人名人、身边优秀学生的行为习惯，引导他们养成良好的行为习惯。特别要注意教师自身的榜样作用，教师是小学生，尤其是低年级小学生最经常、最直接的模仿对象。教师始终注重自己的行为习惯，给学生树立好的榜样。

（二）说服教育法

教师要让学生明白良好学习习惯的意义，使学生产生自觉形成良好学习习惯的愿望和要求，指出不良学习习惯的学生存在的认识偏差，并结合具体的、真实的事例向学生讲解学习习惯的具体要求。

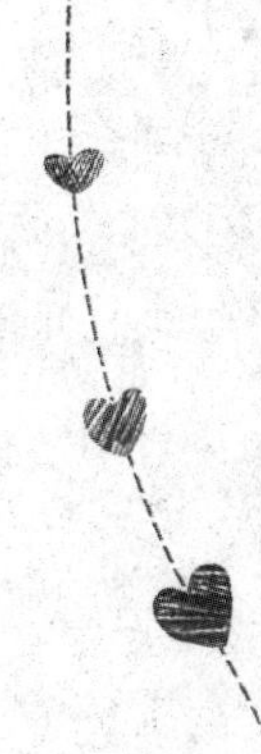

（三）行动锻炼法

行动锻炼法就是在各种常规的学习环节中，如课前准备、课前预习、专心听课、课后复习、认真作业、课外阅读，通过学生的操作练习，亲身感受，使学生掌握正确的规范行为，达到学习、巩固习惯的一种方法。在训练前要讲解和示范，并在必要时把具体动作或行为要求分解，尽量做到具体、明确、简单、容易操作。

（四）强化惩罚法

强化法是利用强化物对学生的良好的行为进行强化，以增强其行为概率，从而习得良好的学习习惯的方法；必要的惩罚对矫正学生的不良习惯是非常必要的，但在运用的时候要慎重。运用惩罚法要注意适时适度适量，要罚之有理，最好能与强化结合起来使用。此外，小学生学习习惯的养成中运用代币法也能取得较好的结果。如学生做出适宜的行为即取得代币，如印章、小红花、小帖纸，一定的代币可换取学生感兴趣的强化物（如糖果、玩具、出去玩等）。通过这种方法能较好地塑造新的适宜的行为，矫正异常的、不适宜的行为习惯。

（五）切断联系法

许多习惯都是由一系列的行为组成。坏习惯之前，往往有一个先导的事件或行为，它们对不良习惯有很大影响。只要切断和先行事件间的联系，不良习惯就会随之逐步消除。如要改变孩子边看电视边做作业，作业做得马虎潦草的毛病，就要切断电视与作业的联系，坚决不开电视。

（六）家校合作法

培养孩子养成好习惯时，要让家庭和学校协调一致，形成教育合力。家长在家里要留心观察孩子的表现，及时提醒他们保持良好的行为习惯，杜绝不良习惯的养成。教师也应经常通过电话、网络工具或家访等方式与家长联系，了解学生在家的表现，与家长采取同步教育。学校也可组织学生家长课堂，指导家长树立正确的教育思想，帮助学生养成良好的行为习惯，使学校与家长的联系经常化、制度化。

⊙小学生的学习策略及其引导

一、学习策略的概念与类型

自Bruner（1956）在其人工概念学习研究中提出“认知策略”概念之后，“学习策略”作为一个教育心理学的正式专用名词逐渐形成和确立起来到现在已经30多年了，但目前人们对学习策略的概念还没有形成统一的界定。

本书倾向于刘电芝对学习策略的定义，即学习策略是学习者为了提高学习效率和学习效果而有目的、有意识采用的有效学习的程序、规则、方法、技巧及调控方式等。[1]

全面理解学习策略的基本含义，应当把握以下三点：（1）凡是有助于提

[1] 刘电芝．学习策略研究[M]．北京：人民教育出版社，1999：3．

高学习质量、学习效率的程序、规则、方法、技巧及调控方式均属于学习策略范畴。（2）学习策略既有内隐、外显之分，又有水平层次之别。（3）学习策略是会不会学习的标志，是衡量个体学习能力的重要尺度，是制约学习效果的重要因素。

（一）认知策略

认知策略是指学生在学习过程中，为了达到一定的学习目标，利用一切可用资源，对自己的认知进行调控和对学习材料进行编码和加工的策略，包括复述策略、精细加工策略和组织策略。

（二）元认知策略

元认知是认知主体对自身心理状态、能力、任务目标、认知策略等方面的认识及对这些方面的计划、监视和调节，是"对认知的认知"，包括计划策略、监视策略和调节策略。

（三）资源管理策略

资源管理策略是辅助学生管理可用环境和资源的策略，有助于学生适应环境并调节环境以适应自己的需要，对学生的动机有重要的作用，包括时间管理策略、学习环境管理、努力管理和寻求支持。

二、小学生学习策略发展的特点

研究者认为，儿童学习策略的发展要经历以下三个阶段：(1)不能自发地产生策略，也不能有效地使用阶段。(2)虽不能自发地产生某种策略，但可以在他人的指导下学会某种策略阶段。(3)可以自发地产生并有效地使用策略阶段。一般来说，小学儿童学习策略的发展处于第二阶段——产生的缺乏阶段，他们能在教师的指导下使用策略。但也有人认为，这种观点低估了儿童学习策略的发展水平。如梅耶将学习策略能力的发展划分为三个过程：儿童学习策略早期(学前期)、过渡期(小学时期)、后期(初高中时期)。相关研究表明，儿童学习策略的发展可能介于第二阶段和第三阶段之间，即小学高年级儿童开始能自发地掌握了许多策略，但他们不能有效地应用这些策略。如有研究通过调查三四五年级学生的学习策略发现，小学生学习策略水平随年级增长，总体呈上升趋势，五年级小学生学习策略水平极其显著地优于三年级。另外，从三年级到五年级，男生学习策略水平均优于女生，但没有表现出显著性差异，且差异逐步减小。[1]

从总体上看，小学生的学习策略由一个从无到有，从自发使用、他人暗示使用到自觉使用的发展趋势；而且，小学生所使用的策略水平也不断地由低到高发展。但是总的来说，小学生的学习策略还是相对简单。

研究还发现，对小学生进行学习策略的训练开发能较好地提高其学习能力。张履祥等通过对小学四年级学生的学习策略训练，发现训练组的学生语文和数学能力得到显著性提高，训练效应值与学生的原有智能水平和学业成绩存在着交互作用，其一般趋势是智力中差生和学习中差生的训练效果较好。[2]这也证明，对小学生进行学习策略的训练是可行的，也是必要的。

三、小学生学习策略的引导

（一）常见的学习策略的训练模式

1．策略训练课程模式。指编制各种学习策略教学材料，开设专门的学习策略教学课，向学生传授学习策略，并让学生了解其使用价值和使用范围，从而使学生习得学习策略。如现有的各种各样的思维方法的专门训练等即是此模式。

2．学科教学渗透模式。指通过学科知识这一载体，将学习策略技能渗透在课堂教学过程之中，使学生在学习各种知识的同时，学习和掌握有关的学习策略知识和技能。如语文的阅读策略训练，数学的各类解题策略训练等是比较典型的方式。

3．自我训练模式。即自己在相关的学习过程中，结合学习策略训练的一些方法，进行学习策略的训练，如在解题过程中进行自我提问，以训练问题解决的思维策略。又如对当天的学习情况进行回顾、评价和反思，以训练自己的监控策略等。

4．个别辅导模式。对个别后进生、学习障碍学生和在学习策略上有偏差或有困难的学生进行个别辅导。

（二）培养小学生常用的学习策略

1．常用的认知策略

复述策略。可让学生在学习过程中采用逐字重复、抄写、做记录和重点

[1] 杜艳芳．小学生学习策略水平的发展研究[J]．内蒙古师范大学学报(教育科学版)，2010(08)：57-60．

[2] 张履祥，钱含芬．小学生学习策略训练效应的实验研究[J]．心理科学，2000(01)：103-104．

信息下画线等方式来保持相关信息。

组织策略。可让学生在学习过程中采用分类、组块、选择要点、列提纲、画地图等方式来对学习材料进行加工编码，以有助于对学习内容的理解，形成较为清晰的知识网络。

精加工策略。可让学生在学习过程中采用形象联想法、歌谣口诀法、谐音联想法、做摘录、画线、列提纲、提问、记笔记等方式对学习材料作充实意义性的添加、构建，以更好地记住所学内容。

2．小学生常用的元认知策略

在学习过程中通过设置目标、浏览、设疑等计划策略，自我测查、集中注意、领会监控等监控策略和调整阅读速度、重新阅读、复查、使用应试策略等调节策略，以主动地调控学习过程，掌握并灵活地应用各种学习策略，从而形成一般的学习技能和自学能力，主动独立地获取知识、运用知识。

3．常用的资源管理策略

在学习过程中通过建立时间表、设置目标等时间管理策略，寻找固定地方、安静地方、有组织的地方等学习环境管理，归因于努力、调整心境、自我谈话、坚持不懈、自我强化等努力管理和寻求教师帮助、伙伴帮助、家庭成员、使用伙伴、小组学习、获得个别指导等寻求支持等策略，以帮助学生适应环境并调节环境以适应自己的需要，提升学生的学习动机。

（三）小学生学习策略训练的措施

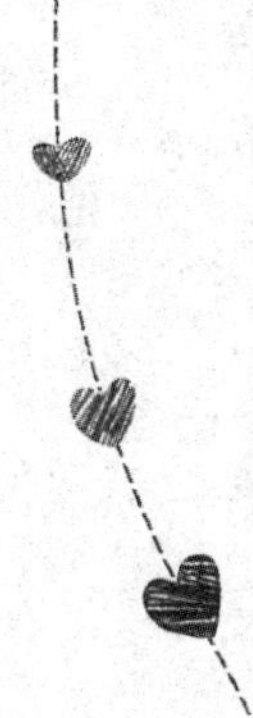

1．激发学生学习和使用学习策略需求。教师要让学生意识到，许多策略的掌握虽然费时劳神，但一旦掌握了则对后续学习具有极大的益处。在策略学习前，还应阐明训练的具体目标，让学生知道到底要学习什么策略，以及怎样才能学会这些策略。

2．科学设计学习策略训练的内容。准备训练的学习策略应是学生先时学习或后续学习中急需甚至必不可少的策略。结合学生的特点，提供多样化的训练策略；保障策略内容一定的开放性，让学生在训练中总结和归纳出更为详细具体的策略。

3．加强对训练的监控和反馈评价。学生只有在各种各样的学习情境中自始至终地不断审视和监察自己的学习方法，才能最终掌握教师所教授的学习策略，并不断改进和完善原有学习策略体系。为使策略训练取得良好效果，教师应除了要告知学生怎样使用所教授的学习策略外，还要让他们知道何时和如何检查学习策略的使用。此外，在训练中给学生增加明晰的反馈，也能促进策略训练的效果。

4. 保证适度适量的练习。学习策略的自动化和熟练程度，是衡量其掌握程度的主要指标。为此，教师首先要保证每个学生有充分的时间进行策略练习。此外，应布置适度适量的富于变化的学习情境，让学生运用所传授的策略，以确保策略的迁移效果。

操作链接

如何克服粗心大意

【活动目标】

1. 懂得粗心大意是学习、工作、生活中的敌人，要从小养成认真仔细的好习惯。

2. 使学生明白“专心致志、细心认真、一丝不苟”的精神是克服粗心大意的良药。

【活动准备】

1. 搜集一些因粗心大意而给国家与人民利益造成损失和危害的事例。

2. 调查本班同学在学习和日常生活中认真仔细或粗心大意的典型事例。

【活动过程】

1. 谈话揭题

同学们请看一下。××同学做的应用题哪儿错了？应该吗？（不应该）为什么会出这样的差错？（粗心大意）那么我们应该怎样对待“粗心大意”呢？下面我们就讨论一下，“怎样克服粗心大意”的毛病。（板书课题）

2. 听录音明理

（1）放录音内容。

A. 一“点”值16万元。

新疆乌鲁木齐一家食品厂要印刷价值16万元的食品包装袋。承接业务的厂家把“乌鲁木齐食品厂”几个字中的“乌”字印成“鸟”字，成了“鸟鲁木齐食品厂”，仅仅一点之差这16万元的包装袋全部作废。

B．一个减号等于千万美元。

1962年，美国发射一艘飞往金星的“航天者一号”太空飞船。预测时规定，在44分钟后9800个太阳能装置自动工作，80天后电脑矫正航向，100天后飞船绕金星飞行开始拍照。可事实是，飞船飞了40分钟后坠入大西洋。后来经过调查才知道，有一个数字的前面少了一个减号。就这个小小的减号使美国航天局白白损耗了一千万美元。

讨论：为什么会造成这样巨大的损失？

（2）小结：粗心大意危害真大！粗心大意也是我们学习、工作、生活中的大敌，我们不能掉以轻心。要坚决克服这一毛病。

3．辨一辨

（1）小明说：“这次数学考试我得了99分，只有一道应用题，忘了写单位名称，扣了1分，这没啥大不了的，我反正会算了。”他这种想法对吗？

（2）有一个病人，左肾长瘤，需要做左肾手术。但医师把“左”肾写成“右”肾。手术后将会出现什么后果？是什么原因造成的？

4．议一议

怎样做才能克服粗心大意的毛病呢？

（1）小组讨论后发言。

（2）小结：通过今天的学习，我们懂得了无论做什么事，只有专心致志、仔细检查、认真对待，才能减少出差错，避免不必要的失误。因此“专心”、“仔细”、“认真”的精神是克服粗心大意这一毛病的良药。

5．课后延伸

1．比一比，谁的作业做得认真，差错少。

2．搞一本错题备忘录，以免再出现同类差错。

第四章　小学生认知的发展与引导策略

案例导入

美术兴趣班正在上课，美术老师李老师说：“今天的美术课，希望你们每人画一张长有三只眼睛的人物图画。”听完李老师的话，9岁的东东叫开了：“怎么画呀？没有人长三只眼的。”11岁的露露自言自语地说：“我想让第三只眼在我口中，因为我想看到我吃的是什么。”

认知是个体获得知识或应用知识的过程，这是人的最基本的心理过程。小学生认知发展是小学生在理解和应对周围世界的过程中形成的一种智能发展能力。只有感知觉、注意、记忆、思维、想象和语言等认知过程得到发展，小学生才能具备理解和应对世界的能力。本章主要介绍了小学生感知觉（观察力）、注意、记忆、思维和想象的发展特征及针对性的引导策略。

⊙小学生感知觉和观察力的发展与引导策略

感觉是人脑对当前作用于感觉器官的客观事物的个别属性的反映，包括视觉、听觉、嗅觉、味觉、触觉等。知觉是客观事物直接作用于感官时人脑对事物整体的认识，知觉是在感觉的基础上形成的，是各种感觉的统合。

一、小学生感知觉的发展特点

感知觉是人的心理活动中较低级的形式，其突出特点是出现得早、发展得快，许多的感知觉在婴幼儿时期就已接近成人水平。小学阶段是感知觉发展的重要阶段，其发展表现为以下几方面特点：

1．各种感觉的感受性由低到高迅速发展

感受性是机体对刺激的感受能力，也即感觉的敏锐程度。随器官的成熟和各种训练，小学儿童各种感觉的感受性都获得了显著的提高。如在视觉上，10岁前视敏度不断提高；10岁时儿童的视觉调节能力的范围最大，远近物体都能看清楚；10岁以后，随着年龄增长，视力逐渐下降。另外，研究表明，10～12岁的儿童和7岁儿童相比，其颜色差别感受性的增长率可以提高60%。儿童的听觉能力也在逐年发展，到11～15岁时已基本达到成熟。

2．感知觉在儿童整个心理活动中的作用和影响由大变小

年龄越小的儿童，对感知觉的依赖性越强，反之，其依赖性越弱。小学低年级儿童以具体形象思维占主导，其思维在很大程度上依赖于感性经验，依赖于直观的、形象的材料，因此，感知在其整个心理活动中的作用和影响较大；随着儿童思维水平的提高，其对感性经验的依赖程度不断减弱，因此，感知在儿童的整个心理活动中的作用和影响逐渐减弱。

3．感知的目的性由弱变强

感知的目的性即有意性，小学儿童感知觉有意性的逐渐增强表现在感知觉的选择性逐步提高和感知觉的持续性不断增强两个方面。随着感知的目的性和持续性的发展，儿童越来越能排除无关刺激的干扰而自觉地支配其感知过程，也越来越能长时间地保持在感知对象之上。

4．感知的分析综合能力由弱变强

小学低年级儿童的感知往往是不丰富、不具体、笼统、不精确，内容也不深刻、不准确、分不清重要方面和次要方面。随着年龄的增长和学习训练，小学儿童感知觉的分析综合能力逐渐变强，这种模糊性会不断克服，其感知逐步向精确的方向发展。如研究表明，8岁儿童大部分可以做到知觉部分又知觉整体综合能力。[1]

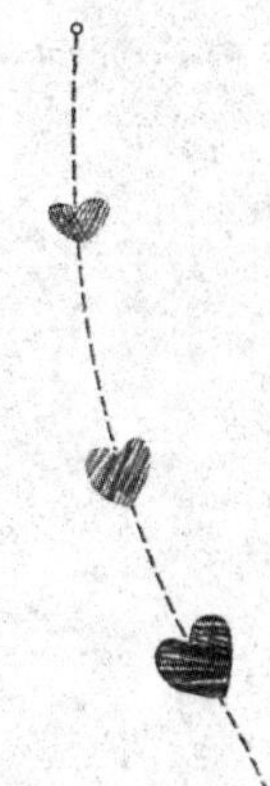

5．感知觉对形象的依赖性由多变少

受认知发展水平的限制，小学儿童的感知具有明显的具体形象性特点。年龄越小的儿童，对形象的依赖性越强，反之，其依赖性越弱。随着小学生抽象思维能力的发展，其对具体形象的依赖性逐渐减少。但整体而言，小学生的感知具有明显的具体形象性特点。

---

[1] 孟鸿伟等．4～8岁儿童对部分——整体图形知觉发展的实验研究[J]．心理学报，1982(02):184-189.

二、小学生观察力的发展

观察是一种有目的、有计划、比较持久的知觉，是知觉的高级形式。观察力是有目的、主动地去观察事物并善于全面准确地发现事物的各种典型特征的知觉能力，是个体在观察过程中表现出来的稳定品质和能力。观察力是小学生感知能力的综合体现，因此，培养感知能力的重点在于培养其观察力。

（一）小学生观察力的特征及其发展趋势

小学儿童的观察力具有以下几个特征：即无意观察多，有意观察少；观察对象多，观察背景少；笼统观察多，仔细观察少；无序观察多，有序观察少。

据研究，儿童观察力的发展大致呈以下趋势：（1）观察目的性、有意性逐渐发展。（2）观察持续性加强。（3）观察顺序性、精确性明显提高。（4）观察的分析、判断与综合能力有所提高。

（二）小学生观察力的培养

1．要让学生明确观察的目的任务。观察的目的任务明确与否直接影响观察的效果。教师应预先明确告知观察的目的任务及观察中应注意的问题。当然，更重要的是培养学生的观察兴趣，让他们自己能独立地提出观察的目的和任务。

2．根据小学生心理特点培养观察能力。如根据小学生具体形象思维为主的好问、好学、喜欢实践的特点，应通过实际操作、活动、游戏、劳动、艺术等方式培养儿童的观察力。此外，对不同的个体，应根据其年龄、性别、爱好和认知发展等不同特点，进行针对性的教育与引导。

3．观察前应给学生做好有关知识的准备。没有足够的知识准备，不仅不能理解所观察的事物，也很难觉察事物的某些特征。观察前，有关知识准备越充分，观察效果越好；反之，观察时就容易“视而不见”，其效果可想而知。

4．教会学生观察的程序和方法。如明确观察的目的任务，目的任务具体化，有步骤地进行观察：由近及远、由远到近、从上到下、从下到上、从左到右、由外到内、由整体到局部、由局部到整体、由表及内等。

5．指导学生积极思考，并对观察的结果进行总结。要鼓励学生对观察到

的对象从不同角度加以分析，并对观察结果进行总结，以引导学生透过现象看本质，把观察所得的感性材料上升到理性的水平，这样不仅可以提供观察力，还有助于培养儿童分析综合能力。

6．在学习生活中培养学生良好的观察习惯。如抱有明确的目标进行观察，运用多感官进行观察，观察后多写多记等。

⊙小学生注意力的发展特点与引导策略

注意是心理活动或意识对一定对象的指向和集中。注意是一切心理活动的共同特征，是学习活动的前提。一般来说，注意是通过影响智力活动而对中小学生的学习成绩产生重要影响。[1]但研究也发现，注意的不同品质对学习成绩的影响是不同的，注意广度、注意分配、注意稳定性与学习成绩都有明显的正相关，注意稳定性的分心程度与学习成绩呈显著性负相关，注意转移与学习成绩无关。[2]因此，培养锻炼小学生良好的注意品质，提高其注意力水平，对于提高小学生的学习成绩具有重要的意义。

一、小学生注意发展的一般特点

1．由无意注意占优势逐步发展到有意注意占主导

无意注意也称不随意注意，是没有预先目的、无须意志努力、不由自主地对一定事物所发生的注意，无意注意的总体发展曲线是：先随年龄增长而递增，当达到最高水平（小学二年级）后，又随年龄增长而缓慢下滑。有意注意也称随意注意，指预先有自觉的目的，必要时需要经过意志努力，主动对一定事物发生的注意，有意注意的发展曲线是递增的，即随年龄增长水平越来越高。[3]总体来说，低年级小学生无意注意仍占主导地位。随年龄的增长，小学生的有意注意飞速发展，到了四五年级，其有意注意基本已占主导地位。

2．选择性注意快速发展，并表现出与思维发展相应的特征

小学生对刺激的主动选择能力已比较成熟，但受思维具体性影响，其对

[1] 张灵聪．小学生注意稳定性的初步研究[J]．心理科学，1996(4):248-249.

[2] 张曼华，刘卿．注意力品质对小学生学习成绩的影响[J]．健康心理学．1999(03):335-336.

[3] 阴国恩，曾隶．关于中小学生无意注意发展的研究[J]．心理科学．1990(05):36-39.

具体生动、直观形象的事物的注意占优势，对抽象材料的注意在发展。但在整个小学时期内，材料的直观性都是引起小学生注意的重要条件。

3．注意有明显的情绪色彩

由于内抑制能力的不成熟，与学前儿童一样，小学生的注意表现出明显的情绪色彩。例如，学生在课堂上，如果听得入神，就会表现出庄重的样子；如果听得高兴，就会露出欣喜的笑脸，甚至会高兴得手舞足蹈，有经验的教师可以据此了解小学生听课的状态。

二、小学生注意品质发展的特点

1．注意的集中性和稳定性逐步发展

小学生注意稳定性随年龄增长而提高，其发展的速度超过幼儿期和中学阶段。在一定目的的引导下，7～10岁儿童可以连续集中注意20分钟左右，10～12岁儿童集中注意约25分钟，到12岁以后，其有意注意的时间可达30分钟左右。在组织良好的教学中，高年级小学生可以集中注意30～45分钟。此外，注意稳定性在小学生中也具有性别差异，女生的稳定性高于男生。[1]

2．注意的广度随年级的升高不断发展

小学生注意的广度随着年级的升高在不断发展。4～10岁的儿童注意广度，发展迅速，10～14岁儿童的注意广度基本无多大进展。[2]此外，小学生中注意广度存在着性别差异，女生的注意广度高于男生。

3．注意的分配和转移能力在逐步发展

刚入学的小学生，明显表现出不善于分配注意的现象。研究发现，一、二、三、四年级小学男生注意分配能力虽然平均成绩每年略有递增，但此阶段没有显著性变化。小学五、六年级学生注意分配的能力出现了快速发展，小学四年级与五年级、小学五年级与六年级学生注意分配能力呈现显著性差异。小学生注意的分配在各个年龄阶段男、女平均成绩都没有显著性差异。[3]

在注意的转移能力上，年级越低，转移速度越慢；年龄越高，注意力转移速度越快。其中，小学二至五年级为第一个转移发展高峰期，小学五年级

[1] 朱智贤．中国儿童青少年心理发展与教育[M]．中国卓越出版公司，1990：46．

[2] 陶惠芳等．4～14岁儿童注意广度发展的实验研究[J]．心理科学通讯，1989(1)：45-47．

[3] 侯东风．长春市中小学生注意品质特点的研究[D]．东北师范大学，2006．

到初二是第二个高峰期，而初二至高二为发展的停滞期，从高二到大二为注意力转移发展的第三个缓慢上升期。同时，同龄男女注意力转移性发展水平大体一致，无显著差异。[1]

三、小学生注意力发展引导策略

（一）充分利用无意注意，促进学生的发展

小学生，特别是低年级学生，其无意注意还占主导地位，在教育教学中，应充分利用这一特点，以促进学生的发展。首先，根据小学生的兴趣由学习过程到学习内容、由具体事物到抽象事物、由未分化到分化的特点，组织教育教学活动时应更多采取活动、直观方式；其次，根据小学生注意的情绪性特征，教师应讲究教学艺术，提高教学感染力；最后，根据无意注意易受干扰的特点，要积极防止可以分散儿童注意的因素。

（二）促进注意稳定性发展

教师可以在以下几方面促进小学生注意的稳定性发展：（1）养成良好的注意习惯，如学习尽量在独立的、不受干扰的房间，要积极思考，作息有规律，劳逸结合等；（2）增强活动的目的性；（3）利用鲜明生动、有趣的材料吸引其注意；（4）通过各种实践活动，如乒乓球、少儿健身拳来锻炼促进儿童注意稳定性的发展。[2]

（三）促进注意转移能力的发展

首先，根据其注意转移能力还有欠缺的特征，应把需要集中注意力的课程安排在其他课程之前；一堂课中应把活动的部分安排在后。其次，可以通过有意识的训练来促进其注意转移能力的发展。

（四）促进注意分配能力的发展

注意的分配需要个体至少对同时进行的一种活动达到自动化水平，因此应对小学生相关技能进行训练使之熟练，如要使学生能边听讲边做笔记，必须使之写字技能熟练。此外，可通过一些需要注意分配能力的活动，如演奏乐器等来训练其注意分配能力。

（五）提高学生选择性注意能力

在学习过程中，要逐渐让学生把握选择性注意策略。如教师可以有意识

[1] 林镜秋．大中小学生注意转移的实验研究[J]．天津师范大学学报，1996(6)：33−37.

[2] 孔久春．不同锻炼方式对儿童注意力稳定性影响的实验研究[D]．北京体育大学，2008.

地培养学生区别重要信息与次要信息的能力；教给学生专注于重要信息的策略，如画线或标着重号、写摘录、摘要、列标题、做笔记等；以学习目标为导向，引导学习者的选择性注意；以问题为导向，引导学生对重要信息的注意。

⊙小学生记忆力的发展及其引导策略

一、记忆的概念

所谓记忆是过去经验在人脑中的反映。从信息论的观点来说，记忆是对信息的输入、编码、存储和提取的过程。记忆包括识记、保持和再现或回忆三个环节。记忆是智力活动的基础，是整个心理生活的基本条件。

二、小学生记忆发展的特点

（一）小学生记忆量的发展

记忆量的发展主要表现在记忆广度和记忆保持时间两个方面。研究发现，小学生的记忆广度和保持时间都随年龄的增长而不断增长。小学二三年级期间和五六年级期间是数字记忆广度发展相对较快的时期，但男女生在数字记忆广度方面没有显著差异。[1]记忆保持时间在8岁、10岁、12岁有较大幅度的增长。

（二）小学生记忆质的发展

1．有意识记逐渐占主导地位

小学生的无意识记和有意识记的效果都随年龄的增长而递增，但有意识记的增长速度更为明显。刚入学时，小学生无意识记占主导地位。随年级的增长，有意识记效果赶上无意识记效果，小学四年级时有意识记逐渐取代无意识记占主导地位。

2．意义识记逐渐占主导

在记忆方法上，虽然小学生机械识记和意义识记的效果都随着年龄的增

---

[1] 吴卫国，苏彦捷．6～12岁小学生数字记忆广度的发展[J]．宁波大学学报(教育科学版)，2008(04)：62-67．

长而提高，但在小学三四年级时，其意义识记的效果逐渐超过了机械记忆的效果，在其学习中逐渐占主导地位。

3．在形象记忆的基础上抽象记忆迅速发展

在识记的内容上，小学生在形象记忆的基础上，对词的抽象记忆也在迅速发展。小学低年级学生，形象记忆占主导地位。到了中高年级，抽象记忆逐渐占主导地位。即使如此，中高年级小学生在记忆抽象的材料时，还是离不开具体形象的支持，即形象记忆仍起着重要作用。

4．记忆策略形成与发展

学前期的儿童是没有记忆策略的。随着年龄的增长和经验的增加，儿童变得更主动地在各种不同情境中使用不同的记忆策略。小学儿童开始逐渐有效地采用灵活而主动的复述策略，7岁左右是儿童由不进行复述到自发地进行复述的过渡期。小学五年级，儿童已经能够成熟运用组织策略。而精加工策略一般要到小学中高年级才能在教师的指导下逐步发展起来。

此外，随年龄的增长，小学生记忆的敏捷性、正确性和准备性等记忆的品质也在不断提高。

三、小学生记忆力培养策略

1．发展小学生有意识记的能力

首先，教师应向小学生提出明确、具体的记忆目的和任务，对记忆的结果给予正确的评价，以激发其识记的积极性、主动性和有意性；其次，要让小学生学会检查自己识记的效果，从而提高记忆的自觉性和能动性，从而促进其有意识记的发展。

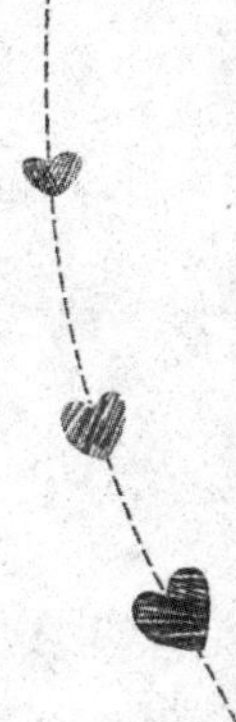

2．充分利用小学生机械识记能力，发展其意义识记的能力

低年级小学生机械识记能力占主导地位，应充分发挥这一优点，让其记住一些难以意义识记或无须意义识记的材料，这对小学生以后的学习和发展具有重要的价值。小学阶段又是意义识记飞速发展时期，教师应通过解释新旧知识联系、利用直观手段等方式来帮助小学生理解学习材料，促进其意义识记能力的发展。

3．重视小学生记忆品质的培养

良好的记忆品质表现在记忆的敏捷性、持久性、精确性、准备性四个方面的协调发展，这也是鉴别一个人记忆力好坏的指标。教师要有意识地培养小学生良好的记忆品质，以提高小学生的记忆力。

4. 发展小学生有效记忆的策略

首先，要及时复习，防止遗忘。根据遗忘先快后慢的规律，复习要及时，要合理安排时间，要恰当安排内容，还要注意方法的多样性。其次，应要求学生多感官参与记忆过程。最后，应结合教学，让学生掌握合适的记忆方法，如位置记忆法、谐音记忆法、联想记忆法等。

⊙小学生思维的发展及其培养策略

思维是借助于语言、表象或动作实现的，对客观事物间接的、概括的反映。它具有间接性和概括性的特点，是认识的高级形式，是人类智慧的核心和支柱。小学时期，是儿童思维发展的一个重要转折时期。

一、小学生思维发展的一般特点

小学生正处于由具体形象思维向一般形象思维和初级抽象逻辑思维发展的分流期和过渡期。所谓分流，就是说小学生的思维在原先具体形象思维的基础上开始明显地朝着抽象和形象两个方向发展；所谓过渡，是指小学生思维从以具体形象思维为主逐步过渡到以初级抽象逻辑思维和一般形象思维为主。

（一）从具体形象思维为主逐步过渡到以抽象逻辑思维为主

刚刚入学的小学生，思维带有明显的具体形象性。到中、高年级，小学生逐步掌握一些科学的概念，学会运用概念、判断和推理进行逻辑思维，但其还是必须借助事物的具体形象来实现抽象逻辑思维。一般认为，小学生的思维由具体形象思维向抽象逻辑思维过渡的转折时期在小学四年级（约10或11岁）。[1]

（二）抽象逻辑思维发展水平不平衡，其自觉性水平逐步发展

在整个小学阶段，小学生的抽象逻辑思维水平不断提高，但是在不同的学科、不同的教学内容中具体形象和抽象的成分是不同的，表现为不平衡性。一般的，对于熟悉的、难度小的学科，思维中抽象的成分较多；对于陌

[1] 林崇德．小学儿童数概念与运算能力发展的研究[J]．心理学报，1981(03)：43－52．

生的、难度大的学科，思维中的具体成分就多些。

小学低年级学生虽然已掌握一些概念，并能进行简单的判断、推理，但是他们还不能自觉地调节、监控自己的思维活动。到中高年级，由于内部言语的发育，小学生思维的自觉性才逐步发展起来。

（三）思维的基本过程日趋完善

小学生思维过程中的分析、综合、比较、抽象、概括、具体化和系统化等环节逐步完善，且水平日趋提高。如低年级小学生只能在直接感知的条件下进行分析与综合，随着知识的积累，小学中、高年级儿童已能在表象和概念的基础上进行抽象的分析与综合。

（四）思维的品质不断发展，但还不充分

小学生思维的品质随年龄增长不断发展，但其发展还不充分，表现在：受知识经验少和思维运作不成熟影响，小学生思维还较片面和肤浅；小学生的思维独立性和批判性水平还较低；灵活性和敏捷性还欠缺；逻辑性还显不够。随着年级、年龄的增长，知识经验的积累，到了中、高年级，小学生思维的品质有很大的发展。

二、小学生思维能力的培养

（一）提供直观材料，丰富小学生感性经验

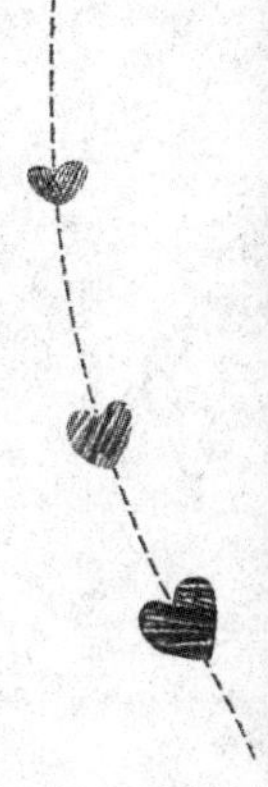

感知是思维发展的直接基础，儿童的认识是建立在感性认识基础上的。根据小学生思维发展的特点，教师可通过直观演示、感知活动和实地观察等方式提供直观材料，丰富其感性认识。此外，语言是思维的工具，因此要特别通过各种活动丰富小学生的语言，发挥其调节作用，使认识深刻化。

（二）重视表象作用，培养小学生形象思维

表象是从具体感知到抽象思维的过渡的桥梁，形象思维是小学生，特别是低年级小学生主要的思维方式，也是个体思维的一种重要形式，因此，教师在教育教学中应有意识地发扬其思维优势，促进小学生形象思维能力的发展。

（三）教给思维的方法，发展小学生抽象思维

抽象逻辑思维是个体认识和探究事物的本质和规律的基本思维方式，教师可通过以下方法来发展其抽象思维：借助直观手段培养抽象概括能力，如在直观活动中有意识让学生抽象出事物的本质特征；注意分析综合的训练，

分析综合是思维的基本过程，其他思维过程都是由此派生或通过分析综合来实现的；根据小学生思维最近发展区，在学科教学中或开设专门思维训练课程有意识地进行抽象思维的训练。

（四）培养小学生良好的思维品质

思维品质是个体思维发生和发展中表现出来的个性差异，思维品质包括深刻性、灵活性、敏捷性和独创性等四方面。教师教育教学中应根据学生思维品质差异进行个性化的教育辅导。

三、小学生创造性思维的发展

（一）什么是创造性思维

创造性思维是重新组织已有的知识经验，提出新的方案或程序，并创造出新的思维成果的思维活动。创造性思维是人类思维的最高形式，是创造活动的核心成分。创造性思维有流畅性、变通性和独特性的特点。

（二）小学生创造性思维发展的特点

小学生的创造性思维与一般所讲的创造性思维不同，它属于一种创造性思维，只要不是直接模仿或直接利用学习成果，或与常规不同的思维都属于创造性思维。具有与小学生身心发展相适应的一些特点，如比较简单和初级、具有具体形象性，主要表现为创造性想象。此外，研究发现，小学生创造性思维还存在着思维的独立性与依赖性、深刻性与肤浅性、流畅性与呆滞性、发散性与单一性、能动性与不随意性的矛盾。[1]

根据许多学者的研究结果发现，小学生创造性思维的发展是一个受各种因素制约的复杂动态过程，具有随年龄增长呈持续发展的趋势，但并非直线上升的，而呈犬齿形曲线，有起有落，有快有慢。[2]最有代表性的是美国的心理学家托兰斯的研究，他发现：小学一至三年级呈直线上升状态；四年级下跌；五年级又开始上升；小学六年级至初中一年级第二次下降；以后直至成人基本保持上升趋势。[3]对于小学生创造性思维发展过程中的“低潮”现象产生的原因，托兰斯认为主要是由于小学生在这一时期出现了明显的交友需

---

[1] 冯维．小学心理学[M]．重庆：西南师范大学出版社，2003:318．

[2] 董奇．儿童创造力发展心理[M]．杭州:浙江教育出版社，1993:93．

[3] 董奇．儿童创造力发展心理[M]．杭州:浙江教育出版社，1993:94．

要，为了与同伴保持一致而“压抑”了自己的创造力。有人认为是由于小学生生理上的发展导致了心理上的不平衡感所致；有人认为由于四年级时教学内容难度的改变对于思维层次的要求提高，使小学生一时无法适应所致。

（三）小学生创造性思维的培养

1．树立发展学生创造性思维的教育观

改变阻碍儿童创造力发展的传统观念和做法，如以知识传授为主的教学目标、以教师为中心的教学方法；鼓励学生创造性的学习；尊重学生的个性，正确对待创造型学生；建立新型师生关系，鼓励大胆质疑与创新；树立多元创造力观，发展学生多方面才能。

2．优化小学生创造性思维发展的环境和氛围

促进创造性提高的重要的环境特征是宽容、有节制以及资源丰富。创造性的环境包括有助于创造性发挥的民主开放的学校管理；安全自由的集体创造气氛；展示与激发学生创造力的学校布置；完善的、注重创造力的评估体系。

3．教给小学生创造性思维的方法

教师可以根据小学生的实际情况，对小学生进行一些创造性思维方法如原型启发、联想扩充、头脑风暴法、合理移植、逆向思维等的训练，培养小学生的创造力。其方式可采取以创造性思维训练课为载体，以创造性学科教学，创造性实践活动（创造活动课与课外的小发明、小制作活动的合称）为两翼的全方位、立体化的创造教育模式。[1]

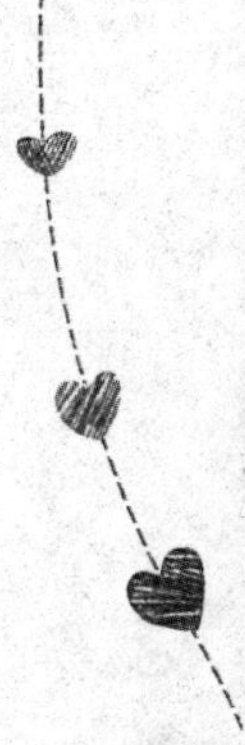

⊙小学生想象的发展及其引导策略

想象是对人脑中已有表象进行加工改造，形成新形象的过程。想象是一种高级的认识活动，形象性和新颖性是其基本特点。爱因斯坦指出，想象力比知识更重要，因为知识是有限的，而想象力概括着世界上的一切，推动进步，并且是知识进化的源泉。因而培养小学生的想象力具有重要而又深远的意义。

一、小学生想象力发展的特点

1．想象的有意性迅速发展

小学低年级学生的想象具有学前儿童想象的特点，仍以无意想象为主。

[1] 赵承福．对创造教育的几点认识[J]．教育研究，2002(06):35–37．

随着年龄的增长和知识、经验的不断积累，他们想象的有意性就迅速发展起来，从小学三四年级开始，有意想象逐渐占主导地位。但在整个小学时期，想象的主题易变性还比较明显，对于缺乏必要的知识经验或不熟悉的事物，他们的想象也显得简单贫乏。

2．想象更富于现实性

幼儿期是想象最活跃、最丰富时期，但想象往往与现实不符，突出表现为夸大事物的特征和混淆假想与真实两个特征。随年龄增长，小学生的想象越来越能真实地反映客观事物，其想象更富于现实性。表现在低年级学生的想象一般离不开看到的、听到的或亲身经历的事情；而高年级学生想象的内容就显得广阔和富有意义，情节上也较为复杂。

3．想象中的创造成分日益增多

小学低年级学生以再造想象为主，想象中富于模仿性和再现性，想象的内容常常是过去事物的简单复现。中高年级小学生的再造想象更富有创造性成分，而且以独创性为特色的创造想象日益发展起来。研究发现，小学四年级到六年级是小学生创造性想象快速发展期。[1]

二、小学生想象力的引导策略

1．丰富儿童的知识经验与表象储备

想象必须以丰富的知识经验和表象储备作为基础。知识经验和表象储备越丰富，想象就越广阔、越深刻，构成的形象就越逼真。因此，应该根据儿童的思维发展水平，通过教学和各种课外活动丰富儿童的知识经验与表象储备。

2．营造适宜儿童想象力发展的环境

首先，要培养和保护好学生的好奇心，好奇心是发展想象力的起点；其次，要尊重学生的想象，对学生简单幼稚的想象应多给予鼓励和引导；再次，提供小学生欣赏文学和艺术的条件，如幻想和想象类图书，绘画等；最后，组织丰富的具有启发想象力和幻想力的活动。

3．发展小学生的言语

小学生的想象是在言语的调节下进行的，并以言语的形式表达出来。没

[1] 李秀菊，陈玲，张会亮．我国青少年创造性想象的发展状况研究[J]．上海教育科研，2012(4)：44-46．

有丰富生动的言语，想象只能停留在直观形象的水平，而不能上升到词的思维水平上。因此，尽早发展儿童的言语能力，对提高儿童的想象力是十分有益的。

4.在学科教学和课外活动中培养小学生的想象力

教师可在学科教学中渗透想象力训练。例如，语文课上，鼓励学生通过想象体会作品的内容；音乐课上，引导小学生想象出一幅幅有声有色的画面。此外，还可通过课外阅读、写作、绘画、手工、雕刻、科技制作等课外活动来促进小学生想象力的发展。

5.进行想象训练

可通过专门的想象训练，如练习类比、比喻和联想等，来提高小学生想象和联想能力。

操作链接

留住我心——注意力训练

【活动目标】（1）引导学生学会集中注意力，提高学习效率；（2）帮助学生掌握注意力集中新方法，鼓励学生在日常生活中加以训练。

【活动准备】红牌1张，黄牌1张。

【活动方式】讲授法，活动，小组讨论。

【活动过程】

一、暖身活动：青蛙跳水（10分钟）

1. 全体围坐成圈（或者规定传递路线）。

2. 由老师开始说："一只青蛙"，第二人："一张嘴"，第三人："两只眼睛"，第四人："四条腿"，第五人："扑通！"第六人："跳下水"。

3. 继续从第一个人开始："两只青蛙"，第二人："两张嘴"，第三人："四只眼睛"，第四人："八条腿"，第五人："扑通！扑通！"第六人："跳下水"……

二、导入主题

三、活动一：红黄牌 （15分钟）

1. 找两个同学到教室前面，一人拿红牌，另一人拿黄牌。按照老师指令做动作。

2. 老师说：举起红牌 ————————举起红牌

老师说：放下黄牌 ———————放下黄牌

老师说：不要放下黄牌 —————举起黄牌 放下红牌

老师说：不要不放下红牌 ————放下红牌

老师说：不要不举起黄牌 ————举起黄牌

老师说：举起黄牌 ———————举起黄牌

老师说：千万不要不举起黄牌 ——举起黄牌

老师说：不要放下红牌 —————举起红牌

老师说：不要不放下黄牌 ————放下黄牌

老师说：千万不要不举起红牌 ——举起红牌

老师说：举起双手、原地跳一下、放下黄牌 ———放下黄牌、举起红牌

老师说：放下红牌 ———————放下红牌

老师说：不要放下黄牌 —————举起黄牌

老师说：不要不举起黄牌 ————举起黄牌

3. 老师可以打乱顺序说，可以先慢速说一遍，然后越来越快。一组完了后可以换另一组。如果之前有准备多套牌，可以多个同学一起做，进行比赛，做错的同学淘汰，最后看看哪组剩下的同学多。

4. 老师领导学生分享

（1）从刚才的活动中，大家觉得成功的关键是什么？

（2）在平时的学习中，大家是用什么方式保持注意力的？能保持多长时间？

四、注意力集中术（15分钟）

1. 老师先说明专心对上课及阅读时的重要性。

2. 练习注意力集中术（即视觉和听觉配合训练）

(1) 首先在空中描绘出一个点，此时让心中唯存有此点，并凝想此点。

(2) 慢慢将此点延伸为一直线，继续凝想此直线，并将凝想的时间拉长。

(3) 之后描绘出较复杂的星形或涡形，并凝想该图形一段时间，继续将图形复杂化，并保持凝想，同时拉长凝想的时间。

3. 同学分享练习的感受，分享之后再练二次或三次。

4. 老师鼓励同学每天做练习，并提醒同学每天练习时尽量避免受到外在声音的干扰。

五、总结（5分钟）

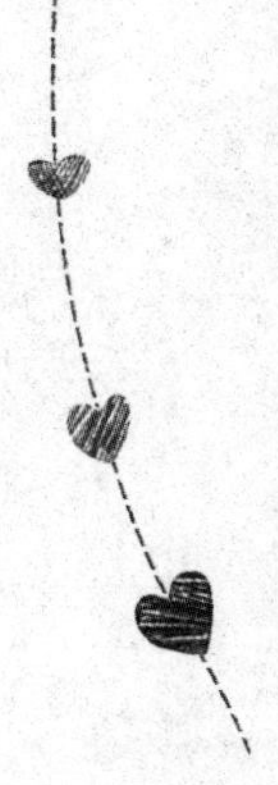

第五章　小学生的言语发展及其引导策略

案例导入

吴梅，8岁，小学二年级学生，自入学起，便表现出一定程度的言语迟缓。具体表现为上课从不举手发言，极少与同学交流。在回答问题和与同学交流的过程中常以身体语言如摇头、点头表示，并伴有吐字模糊，表达意思含混不清。说话时多为单音词，极少说出完整句子，但能理解别人的意思。上课时表情木然，极少主动看书、做作业。课后能参与同学的活动，但脾气较大，稍有不如意便生气。

现代社会需要人有良好的言语能力。幼儿已初步具备了口头言语表达能力，入小学后不仅口头言语能力得到了进一步的发展，而且书面言语和内部言语也迅速发展出来。本章主要介绍小学生口头言语和书面言语的各种形式的发展特征及其引导策略，并对近年来较热门的双语教育问题进行了探讨。

⊙小学生口头言语发展的特点及其引导

一、言语的概述

言语是指人们掌握和使用语言的活动。言语是思维的工具，对学生思维，特别是抽象思维的发展具有重要的意义。言语的形式包括用来进行交际的外部言语和伴随思维进行的、不出声的内部言语两种。外部言语又可分为口头言语和书面言语。儿童的对话、讲故事、交谈等都属于口头言语的发展，儿童识字、阅读和写作等方面属于书面言语的发展，儿童的默读、心算

就是内部言语的运用。不同形式的言语活动各有其特点。

二、小学生的口头言语的发展特点

口头言语是指人凭借发音器官发出语音来表达思想和情感的言语，主要包括对话言语和独白言语两种形式。小学生入学后，口头言语无论是质还是量都逐步得到了发展和提高。

学前儿童的口头言语已经有了很大的发展，他们掌握了一定数量的词汇。据研究，6岁儿童已掌握了2500～3500个口头词汇，这足以保证儿童清楚地表达自己的思维，与人进行正常的交际。

小学生口头言语在质的发展主要表现在：

1．言语发音朝着普通话的语音方向发展

学前期儿童的言语发音，主要是受父母和幼儿园教师的教育和影响，发音不准确、口音较重现象还存在。甚至有些儿童直到6岁仍有发音不合目标语的情况。[1]入学后，通过字母发音、读写拼音、识字教学等，小学生逐步掌握每个汉字的普通话读音。

2．口头词汇更加丰富和深刻

在小学阶段，儿童的口头词汇主要是通过对书面语言的逐步掌握而丰富和深刻起来的。小学低年级的识字量达1600～1800个，小学总识字量达3000字左右，[2]其中大量的词汇被扩充到小学生的口头词汇中。不仅表示具体意义的词的范围更加扩大，而且掌握了一批表示抽象意义的词。

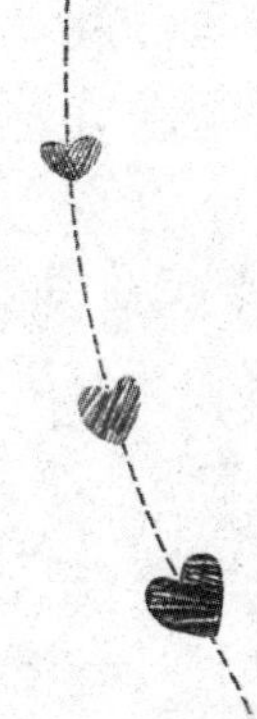

3．独白言语逐渐成为口头言语的主要形式

学前儿童以及初入学的儿童的口头言语受情境影响较大，以对话言语占主导地位，小学二、三年级时独白言语开始发展起来，并逐渐发展为主要形式，小学四、五年级时口头表达能力初步完善，能较完整地、连贯地表达自己的意思。

4．口语交际能力有很大发展，但不成熟

相较于学前期，小学生交际范围有很大的扩展，口语交际能力也有了很大发展，但还不够成熟，表现在：没有良好的倾听习惯，听话不知道抓住要领；口语表达存在规范、流畅度欠缺，口语词和态势词用得较少，内容简单、语词贫乏；应对、交往中存在害怕交往、不知如何交往的问题。

[1] 朱智贤．中国儿童青少年心理发展与教育[M]．北京：中国卓越出版公司，1990：99．

[2] 中华人民共和国教育部．全日制义务教育语文课程标准．

三、小学生口头言语发展的引导策略

（1）培养小学生正确的发音

正确的发音是口语发展的基础。成人尤其是教师的言语必须是清晰易懂的、精确的、连贯的、规范的；对那些发音不准的学生要及时加以纠正；要消除方言定势的影响，特别是要纠正用方言代替普通话的现象。

（2）丰富小学生的词汇

进入小学后，小学生口语词汇的发展更多的是由书面语言转化而来的，因此，教师应加强识字教学帮助小学生丰富词汇、理解词义、认识词性，并用恰当的词语进行表达；加强朗读、背诵训练，使小学生把规范的书面语言转化为规范的口头语言；通过教学和日常活动，使儿童的口头词汇不断扩大、精确、丰富和深刻。

（3）提高小学生的口语交际能力

学习语言最根本的目的在于能运用语言进行交际，口语交际能力包括倾听能力、表达能力和应对、交往能力。教师应通过教学和利用网络、多媒体等现代信息手段创设各种口语交际环境，使学生养成学会倾听、乐于表达、善于交往、举止得体的良好交际习惯。

（4）帮助小学生克服口语交际障碍

小学生口语交际障碍主要包括语言障碍、环境障碍、个性心理障碍。[1]教师应引导帮助学生克服这些口语交际障碍，促进其口语交际能力提高。创设宽松的交际氛围，贴近学生实际创设交际情境，尊重学生的交际特点，鼓励引导其养成良好的交际习惯。特别是对于口吃学生，教师应注意减轻其心理负担，帮助他们树立信心，提高勇气。

⊙小学生书面言语的发展及其引导

一、小学生书面言语发展的一般特点

书面言语是指个体借助文字来表达自己思想或借助阅读来接受别人思想的言语类型，它是在口头言语的基础上形成的一种看得到的和书写的言语。

[1] 曾雪丽．小学生口语交际障碍“对症下药”[J]．广西教育学院学报，2004(S2)：109-110．

书面言语具有随意性、开展性和计划性的特点。[1]与口头言语相比，书面言语发展要晚得多，其要求更高、更复杂，它可以超越时间和空间的限制，大大地扩展了言语交际的范围。书面言语和口头言语的发展是相辅相成、互相促进的。口头言语是书面言语的基础，而书面言语的发展又使口头言语的表达更严密，更连贯。

初入学的小学生一般只有运用口头言语的经验，还没有掌握书面言语，儿童真正掌握书面言语是从小学开始的。整个小学阶段，最初小学生书面言语落后于口头言语，在正确的教学影响下，从小学二三年级开始，书面叙述和口头叙述的差别减少，书面言语逐渐赶上口头言语的水平，约从四年级开始，小学生书面言语的发展超过了口头言语的水平。小学儿童学习和掌握书面言语，包括识字、阅读和写作三项内容。

二、小学生识字的特点及其引导策略

（一）小学生识字的特点

在整个小学阶段，识字始终是儿童学习的一项基本任务，而尤以低年级为重点。小学生识字的潜力是很大的，像我国传统教育中，一年内读完《三字经》、《百家姓》和《千字文》，就可以认识两千多个常用汉字。据统计，一般成人的识字量大约在3000～5000字左右，小学生也能掌握到这个范围，一般低年级学生识字1000左右，中年级学生识字1300左右，小学高年级识字3000左右。根据汉字效用递减率，3800个字总覆盖率为99．9%。由此可见，在小学阶段，儿童的识字量已经有了相当的发展。

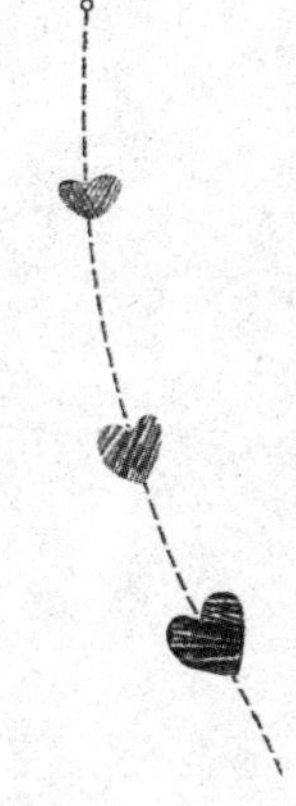

小学生识字发展的特点是：小学生各年级识字发展水平不平衡。年龄越小，分化越大，以小学一年级和三年级为最；小学生识字具有回生的现象。年级越低，回生率越高；小学生在识字过程往往会出现错别字现象。其发展趋势是随年龄增长而降低。[2]

小学儿童识字的认知特征：（1）儿童识字遵循由字音、字形至字义的阶段性特征。研究发现，初学阅读者更依赖于语音，而熟练者更依赖于字

[1] 张厚粲．普通心理学(修订版)[M]．北京：北京师范大学出版社，2004：295．

[2] 郭亨杰．童年期心理学[M]．南京：南京大学出版社，2000：227−229．

形。[1]（2）随年龄增长，小学生对汉字字形、音、义的规律不断深化。（3）小学生熟记字形要经历泛化（对汉字字形结构各组成部分及音形义的模糊联系）、初步分化（初步统一联系）至精细分化（统一而牢固联系）三个阶段。

（二）小学生识字引导策略

低年级的识字教学，应该充分考虑学生的身心特点，遵循汉字教学规律，采用多种形式激发学生主动识字的兴趣，培养学生自主识字的能力，养成自主识字的习惯。

1．指导方法，学会识字

（1）教会识字工具，为独立识字奠定基础。一是教好汉语拼音，让学生借助拼音准确掌握字音。二是教好汉字的笔画、笔顺、偏旁、部首、间架结构，使学生掌握自学字形的工具，培养学生运用汉字构字规律分析字形的能力。

（2）教会识字方法，为独立识字提供保证。教会孩子根据汉字的构字规律、字理识字。

2．激发兴趣，愉快识字

根据低年级学生注意力集中时间短、好动、爱玩等特点，可以采用生动、形象的趣味识字方法来激发学生的学习兴趣，帮助他们轻松愉快地识字。常见的方法有猜谜法、绘画法、故事法、编顺口溜法、比较法、联想法等等。

3．及时复习，巩固识字

小学生以形象记忆为主，记忆的特点是记得快，忘得也快。因此，应让学生回头复习，温故而知新。可以让小学生制作生字卡片，每天熟悉一遍。

4．创设情境，扩展识字

生活中处处有语文，生活中处处用语文，可以说，汉字无处不在。应引导学生平时留心观察，随时随地识字。可以通过创设和利用学校人文环境来增强识字氛围；在家庭中营造和谐的识字氛围；或者充分利用广阔的社会环境如街头的广告牌、商品的包装袋、电视等现代媒体来识字。

[1] 宋华，张厚粲，舒华．在中文阅读中字音、字形的作用及其发展转换[J]．心理学报，1995(02)．

三、小学生阅读的特点

阅读是把书面言语在头脑中加工消化进而获得有关言语内容与意义的心理过程。阅读的基本方式是朗读和默读。朗读是口头言语和书面言语的结合，默读是内部言语和书面言语的结合。

（一）小学生阅读能力发展的特点

儿童掌握阅读一般要经历三个阶段：（1）分析阶段：受识字熟练程度和知识经验的限制，一个字一个词地读，而不是整句地读，停顿很多。（2）综合阶段：忙于读出整个的词或句子，对词或句的感知和发音不能和对词或句子的理解完全结合起来，常发生断词、断句或理解错误。（3）分析综合阶段：分析和综合逐渐平衡，读出的音和词句的理解逐渐统一起来，可进行流畅地阅读。

1．朗读

朗读是从写的或印刷的言语符号中通过有声地读取得意义的过程。朗读是默读的前奏、写作的基础。

小学生的朗读随年级的升高而逐渐发展，其主要特征有：[1]（1）与材料的性质相关。材料越适合小学生的知识结构，成绩越好，反之则差。（2）小学生朗读水平与语文成绩高度相关。（3）各指标发展不平衡。朗读各指标中，小学生“亮度”最佳，“口齿”和“准确”其次，成绩较差的是“表情”和“技能”。（4）各年龄段发展不平衡，个体差异也较大。（5）存在性别差异，一般女生优于男生。

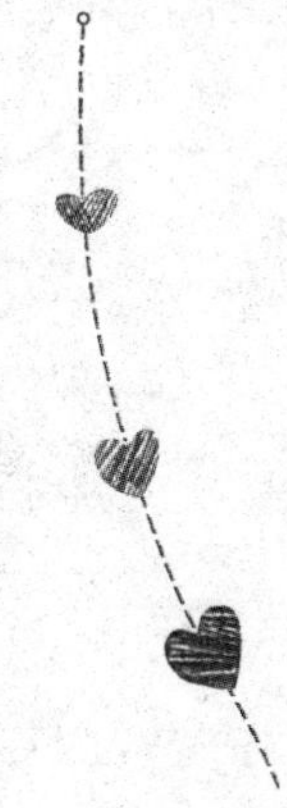

2．默读

默读是不出声的阅读，是仅凭视觉从书面语言符号中去取得意义的心理过程，比之朗读，默读更具应用范围广、阅读速度快、理解深刻、记忆牢固等优越性。默读是阅读的主要方式，又是写作的基础。

小学儿童默读能力发展经历两个阶段：一是小声的“默读”阶段。二是无声阶段，这时，阅读速度加快，能根据上下文的意思迅速看懂内容，记忆效果提高。

小学生默读的年龄特点：[2]（1）初入学的儿童处于低级的出声朗读阶

[1] 黄仁发．学龄儿童朗读技能发展的研究报告[J]．心理科学通讯，1986(06)：18－22．

[2] 李学铭．学龄儿童默读能力发展研究[J]．心理发展与教育，1988(01)：8－13．

段，到二年级开始由低级的出声朗读向默读过渡。小学生三年级开始，对自己学过的材料能够默读。小学四年级默读能力逐渐发展，到了五年级达到小学的高峰，但小学生总体默读水平不高，初步的完善要到初中。（2）小学生默读能力的发展，四年级是转折期。（3）默读发展中，复述优于理解，理解指标中，中心思想最佳，问答、段落次之。（4）性别差异不明显，一般复述女生略优于男生，理解则是男生明显优于女生。

3．阅读中的理解

儿童阅读课文一般有两种理解过程：第一种从形式到内容，即从部分到整体的理解过程。即经由字词到句，由句到段，由段到篇，逐步读懂，形成意义联系，最后理解材料。第二种从内容到形式，即从整体到部分的理解过程。即从文章中心思想出发，研究作者是怎样地围绕中心选择材料，如何布局谋篇，以及怎样根据所要表达的中心思想与描述事物的需要，准确地遣词造句，修饰文字。这两种理解过程的分析方向正好相反，但是密不可分，也是阅读中理解所必需的。

（二）小学生阅读能力的引导策略

阅读教学方法是多种多样的，教师要根据教材和学生的水平，指导学生采用多种阅读方法，以提高阅读的有效性。

1．营造轻松的阅读气氛

在阅读教学中要让学生处在一种无拘无束、自由宽松的环境中，教师要力求做到态度亲切，缩短教师与学生之间的距离，以更好地达到获得知识、体验情感、促进发展的目的。

2．激发兴趣，让学生喜爱阅读

教师要根据学生的年龄及学段特点的差异，努力激发学生阅读的兴趣，让他们愉悦地进行阅读。（1）阅读内容的选择应契合学生的年龄特征。低年级以阅读童话、小故事、短小诗词为主；中年以寓言、民间故事为主；高年级以小说、传奇故事为主。（2）要充分利用多媒体辅助教学，创设出必要的教学情境，从视、听等多方面给学生以多重的感官刺激，使学生能够在“乐中学，趣中获”。（3）设计课本剧、朗读比赛、手抄报、开展读书会、讲故事比赛、诗歌朗诵会竞赛等活动，培养阅读兴趣。

3．创设充分的阅读条件，调动学生阅读的积极性

可利用学校的图书以及学生的个人藏书建立班级图书角；可以利用自习

时间以及课间、中午休息的时间来鼓励学生阅读；可以将电视的故事讲给他们听，让学生评价，要求他们有自己的看法等等。

4．指导学生掌握良好的阅读方法和技巧，学会阅读

应根据学生的年龄特点，指导学生采用不同的阅读方法，如让低年级学生通过诵读、朗读，理解字词的意思；中年级学生通过朗读、默读理解句段的意思；高年级学生通过朗读、默读、速读理解段、篇的意思。此外，还可教授一些常用的阅读技巧以指导学生进行阅读，如编写提纲法、卡片摘录法、批语感受法、剪贴法等等。

四、小学生写作能力发展的特点及引导策略

写作是学生综合地、创造性地运用语言文字反映客观现实，表达思想感情的一种智力操作技能，是以口头表达能力和阅读能力为基础，同时反映了小学生的内部言语的发展。写作水平是衡量学生掌握语文知识、技能水平的尺度。

（一）小学生写作能力发展的特点

在教学实践中，小学生写作能力发展常被分为三个阶段：准备阶段，即口述阶段，如口头造句、看图说话等；过渡阶段，即由口述向笔述过渡、由阅读向写作过渡，如看图作文、模仿范文写作等；独立写作段，即能独立思考，组织材料，写出文章。有研究者通过系统观察发现，小学生写作能力的发展一般经历看图说话、看图写作、素描写实及范文仿作、丰富生活命题写作四个阶段。[1]

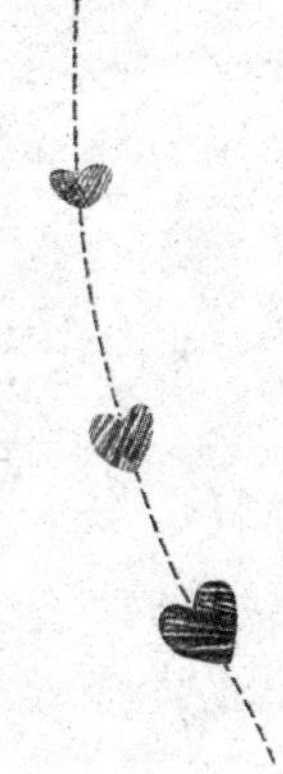

研究还发现，[2]在发展阶段的更替中，小学生作文能力发展呈现出的一般趋势是：主题思想逐渐切题；构思逐渐清晰、层次分明；内容逐渐具体、丰富，甚至生动；遣词造句更加准确、丰富和复杂等。具体表现为：

写作字数逐渐增多，四年级似乎出现一个暂时停滞的现象。作文用词日益丰富，语句逐渐完整、复杂化。写作内容由大同小异向大异小同前进，写作题材日益宽广，较多描述亲身经历的内容，具体而生动。写作体裁以记叙文为主，开始会写应用文、小议论文。写作能力发展快慢不一，写作水平差距很大。

[1] 万云英，任美玉．小学生(低中年级)写作特点初探．中国心理学会第五届学术会议文选集，1984．

[2] 万云英．小学生作文用词、造句和构思特点初析[J]．心理发展与教育．1988(02):9–16．

另有研究发现，[1]小学生掌握写作的各指标的次第是，中心思想—篇章结构、遣词造句、标点符号—修辞，形成三个档次；由于文化背景差异，城市儿童优于乡村儿童；男女生写作水平无差异。

（二）小学生写作能力发展引导策略

1．引导小学生养成观察的好习惯，在生活中积累写作素材，培养自信心和观察力，提高学生的写作兴趣。利用课堂教学、与学生交流的机会有意识地指导学生去观察身边的人、事、物、景，教给他们观察的方法，帮助他们养成观察的好习惯。

2．展开课外阅读，进一步丰富写作素材，积累好词佳句，接受潜移默化的写作熏陶，让学生乐于写作。分步骤、有计划地去指导学生展开课外阅读，让他们在阅读中去积累更多的写作素材，鼓励和指导学生将阅读中积累的写作素材、好词佳句运用到自己的习作中，为文章添彩增色。

3．在阅读教学中进行写作能力的培养，让学生轻松面对写作。在阅读教学中，教师可以通过加强词语教学，帮助学生丰富语汇，学会将书本语言转化为自己的语言，将方言表达转化为正确的书面语言表达等方式来为写作积累词汇；还可以根据课文内容展开片断练习，让学生经常练笔，养成勤动笔的习惯，或用好的片断引导学生去体会、想象，从中学习作者描述事物的方法；最后，在阅读教学中可按文章体裁的不同来指导学生的谋篇布局。

4．培养学生养成修改作文的好习惯，提高学生的写作技巧。对于正处于写作入门阶段的学生而言，在学习修改作文的方法上主要强调的是错别字、标点符号是否正确、用词是否恰当、语句是否通顺。对于高年级小学生而言，可以在选材是否恰当、内容是否具体、详略是否得当、条理是否清楚等方面修改能力进行指导。其方式可以采取同学自己修改自己的作文或相互修改的方式进行。

⊙双语教学与儿童的发展

一、双语者

1．什么是双语

学术界对双语界定还存在争议，但总体上将其分为狭义和广义两大类型。狭义双语，指个体较为熟练地使用两种不同的语言；广义双语，既指个

[1] 黄仁发．中小学生写作特征初探[J]．心理科学通讯．1990(01)：28-33．

体熟练地使用两种不同的语言，也可指他们熟练使用标准语言或某种地方语言。[1]

2．双语学习的关键年龄

对双语学习有无关键期的问题，也存在一些相对的证据和观点。有人根据对比研究和左右脑功能分化发展的理论出发，认为语言行为主要由大脑的左半球所控制，而人脑的功能分化现象从4～5岁开始出现，因此，这时期是儿童语言习得最快且最容易的阶段，而这一关键期只持续到青春期为止。[2]但也有人认为越早学习第二语言或外语不见得学习效果会越好，如针对美国学生学习法语的研究结果表明，六年级的学生比幼儿园学生学习效果好。[3]

现代神经语言学发现，幼年即习得两种或多种语言的双语或多语的儿童与较晚学习者的脑策略和神经心理机制是不一样的，前者更多依靠大脑左半球处理语言信息，而后者则比前者更多地依赖于大脑右半球。[4]因而其语言的学习效果也与第一语言的学习不一样。其影响结果表现为，早期双语者在语言的各方面掌握都比较好，若过了青春期以后才学习第二语言，则大都只能精熟某种较晚成熟的语言能力，如文法、阅读、写作，而较原始的听音、辨音能力难以达到母语学习者的程度。

二、双语教学与儿童的发展

1．双语教学

所谓双语教学，即用非母语进行部分或全部非语言学科的教学，在不同国家、地区其含义有所差别，如在加拿大，一般指在英语地区用法语授课的教学形式；而在美国，一般指用西班牙语进行的学科教学。我国及不少亚洲国家和地区的双语教学，一般是指用英语进行的教学。

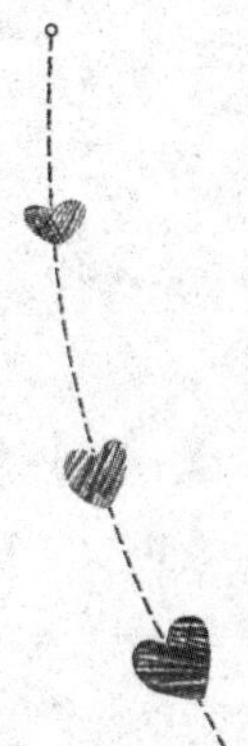

2．双语教学类型

按母语和非母语在教学中使用的时间和范围的差异，可把双语教学分为三种类型：（1）侵入式双语教学：学校直接使用一种非母语进行教学。

[1] 黄安余．双语教学理论与实践研究[M]．上海：上海人民出版社，2011：1．

[2] 余强．双语教育的心理学基础[M]．南京：江苏教育出版社，2002：147．

[3] 陈锦芬．信息融入国小英文教学对基本写作能力之效益评估．台北：国立台北教育大学[D]，2005．

[4] 余强．双语教育的心理学基础[M]．南京：江苏教育出版社，2002：148．

（2）维持式双语教学：刚入校时使用母语，然后逐渐地使用第二语言进行部分学科的教学，其他学科仍使用母语教学。（3）过渡式双语教学：进入学校以后部分或全部使用母语，然后逐步转变为只使用第二语言进行教学。

3．双语教学与儿童的发展

近期的心理学研究表明，双语者具有一些认知优势。当他们评估一个情境时，他们选择不同语言的可能性更多，其思维方式更加多样化，因而表现出较高的认知灵活性，解决问题时也更具创造性和多面性。双语者还具有较高的元语言意识，更能明确理解语言的规则，从而使他们能比较明确地理解使用语言的规则。某些研究还发现，双语者可能在智力测验中得分更高。一项对加拿大说法语和英语两种语言的学龄儿童的调查发现，双语学生在智力的言语和非言语测验中的得分，都显著高于那些只说一种语言的儿童。[1]

综合国内外的大量研究结果，我们认为：双语教学对提高学生的英语成绩、培养小学生英语学习的兴趣、初步形成英语思维习惯等产生积极影响；通过增强认知灵活性和元语言意识，提高了儿童在智力测验中的成绩。

关于英语学习是否干扰母语（中文）的学习的问题，大部分的研究都认为，第二语言为英语者，其汉语能力并没有出现被干扰的现象。[2]

三、我国双语教学存在的问题

1．双语教学的语言环境不良。与西方国家的双语教学有着得天独厚的语言环境的支撑不同，在我国，英语习得的环境几乎是不存在的。因此，有研究者认为，我国的双语教学主要是学得的因素，是习得加学得，在学得中创造习得的语言环境，促进学得。

2．双语教学的目标定位还不够清晰。在学界和实践中，对双语教学究竟是学科目标定位还是语言习得定位，还存在着争议。有人提出，双语教学主要目标是学科目标，语言的习得是附带的；也有人认为，我国小学双语教学的本质是拓宽英语教学的途径，根本目的是提高英语教学。[3]

3．专职教师的严重缺乏。我国现有的双语教师基本上是英语专业的毕业

[1] 余强．双语教育的心理学基础[M]．南京：江苏教育出版社，2002：80-84．

[2] 陈锦芬．信息融入国小英文教学对基本写作能力之效益评估．台北：国立台北教育大学[D]，2005．

[3] 钟启泉．“双语教学”之我见[J]．全球教育展望．2003(02)：5-7．

生，没有接受过专门的、系统的双语培训，仅是运用一贯的学科教学方法在实施双语教学，这显然存在极大的问题，不利于双语教学的开展。

4．适用教材的匮乏。由于双语教学仍处于摸索阶段，还没有很好的适合我国学生的英语学习特点、与学科教学并行、生动有趣的双语教学教材。

5．环境适应性良好的成熟教学理论和模式还未形成。现有的教学理论和模式基本都是源自西方，还没有形成符合我国的特殊教育环境的成熟教学理论和模式。

四、小学双语教学的有效方式

1．科学确定双语教学的目标和原则

根据现实情况，现阶段小学生双语教学的目标定得太高，终极目的是让学生同时使用双语进行思维，并能在两种语言之间熟练转化，从而具有跨文化交流的能力，并树立跨文化意识。在小学阶段的目标应该是作为提高英语教学质量的重要策略，提高学生的英语学习效果，获得初步的英语交流的能力。根据这一原则确定教学的原则，如不以牺牲母语为代价、与英语教学相辅相成、情境学习等原则。

2．科学选择开设科目及与此相适应的教学模式[1]

可先从自然学科、数学、技术、体育和综合实践等非语言学习领域入手，不要在语文学科中进行，以免干扰学生的语文学习，根据我国现状，教学模式可采用维持式双语教学模式，即以汉语教学为主体，英语教学逐渐渗透。

3．加强师资队伍建设和校本教材开发及处理

在加强师资队伍建设上，除了做好外语教师队伍建设之外，还应加强双语教师的在职自培机制，短期出国培训、与高校合作培训、专家指导、外教定期培训、观摩学习、加强教研等。[2]校本教材开发和处理要体现层次性、趣味性、直观性和人文性原则，在深入研究学科特点基础上，借鉴国外和国内教材，结合本地本校实际，在专家指导下，学科教师和英语教师协力合作，共同开发。

[1] 王晓丽．双语教学如何成功启航[J]．小学教学研究．2006(08):48．

[2] 郭瑞燕，陈泽诞．小学双语教学的实施与管理[J]．上海教育科研．2006(04):86-87．

4. 营造双语的教育环境

根据中小学生的心理发展特点，应以活动课程为主取代单纯的双语学科课程教学。强化双语活动课程，关键是要紧贴学生的生活实践经验和未来第二语言使用的需要，采取学生喜闻乐见的方式，激发学生的兴趣爱好，创造平等民主、宽松开放的课堂气氛，让学生能真正“活动”起来。此外，应全方位多层次地营造双语校园环境，如互唤英文名，创办校园英语广播，标志、警示、校训、通知等双语化，举办英语角，英语文化节，英语演讲等活动，扩大学生接触英语的时空和实践语言的机会。

“说说我自己”口语交际活动设计

【活动目标】(1) 通过口语交际训练，进一步让学生认识自己，增进同学间的相互了解；(2) 在具体的交际情境中，提高学生倾听、表达和应对的能力；(3) 要求学生在交流时做到态度热情大方，语言文明、礼貌。

【活动过程】

一、启发谈话，激趣导入

二、创设情境，引导交际

(一) 介绍自己

1. 听一听：教师播放几篇介绍自己的文章，学生仔细地听，要有所感悟，并从中吸取、借鉴。

2. 议一议：听了以上几篇介绍自己的文章，你觉得介绍自己一般可以从哪些方面入手？请把你发现的与小组里的同学交流一下。

3. 填一填：把最能反映自己特点的内容填在下面的表格中。要求语言精简，有条理。

说说我自己	
性格脾气	
爱好特点	
优点	
缺点	

4. 说一说：小组互说后，再推荐同学在班上作自我介绍。

5. 评一评：师生共评，看谁说的最像他本人？

（二）推荐自己

1. 全班讨论：我们班还有哪些事情要去做？根据需要做的事情成立相关的小团体，比如：爱心服务队、板报小组等，并选出团体的负责人。

2. 让学生根据自己的特长和爱好选择参加相应的团体，并写一份简单的应聘发言稿。

3. 由团体负责人扮演“考官”，应聘者与考官进行一场模拟面试。

4. 评一评：全体学生共评，哪位同学在这次应聘活动中表现最出色？

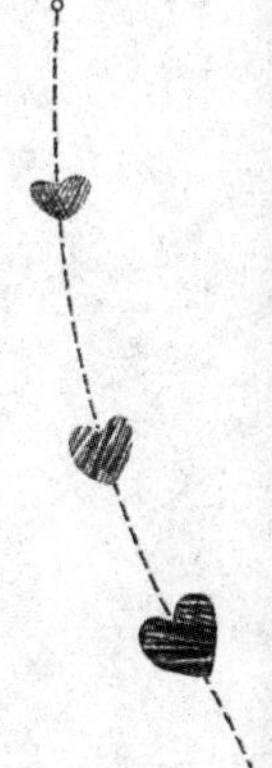

第六章　小学生的情绪、情感和意志的发展与引导策略

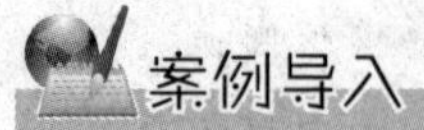

案例导入

别看梅梅今年才八岁，可大家都说她“人小脾气大”，因为梅梅动不动就爱发脾气。只要稍有不顺心的事，她就很难控制自己的情绪，总要拿哪个人或哪件东西来出出气。她上课迟到受批评，回家后拿妈妈出气，怪妈妈没有早一点儿叫她起床；在学校值日时打扫卫生，地扫得不干净，她怪扫帚破了不好扫，因此拿扫帚发脾气；考试成绩不理想，她生老师的气，说老师出题太怪太难太偏，弄得她做不出来……总而言之，梅梅就是喜欢发脾气。而且，梅梅发脾气还有个特点，那就是怪别人不好，怪东西不中用，因而总要骂人、摔东西，把他们当成“出气筒”。为此班上同学给她取了外号——“脾气大王”。

情绪和情感是以需要为中介的，个体对客观事物的态度体验及相应的行为反应。情绪和情感是小学生心理活动的一个重要方面，对其个性社会性的健全完善有重要的影响作用，因此，在教育过程中，教师应着力培养小学生健康、积极的情绪情感。

⊙小学生情绪、情感发展的一般特点

小学阶段是人的一生中情绪情感发展的极其重要的阶段。小学生情绪情感的良好发展对个体一生的情绪的有效调控和积极情感的发展起着奠基作用。

一、小学生情绪发展的一般特点

1．情绪的丰富性不断扩展

小学生情绪的丰富性，一方面表现为小学生情绪的内容，特别是大量与

学习活动和学校生活有关的高级情绪逐渐丰富起来。另一方面表现为小学生的情感分化逐渐趋于精细、准确，表现也更为丰富，如同是笑，除了大笑、微笑，还出现了羞涩地笑、冷笑、苦笑等。

2．情绪稳定性逐步增强

低年级小学生自我控制能力还很弱，情绪仍还很不稳定，表现为小学生情绪经常变化和反复无常及情绪易迅速转化。经过学习和活动的锻炼和大脑内抑制能力提高，小学生情绪的自我调节能力逐渐提高，他们的情绪开始逐渐内化，情绪的稳定性和平衡性日益增强。小学三年级是小学生情绪从易变到初步稳定的一个转折点。

3．情绪深刻性不断增加

小学生情绪的深刻性不断增加表现在：一方面，小学生的情绪体验由对个别具体事物产生的情感转化为对社会集体所产生的情感；另一方面，情绪体验由与事物外表相联系转化为体验与事物本质相联系。例如学前儿童常根据一个人的表面特征来评价其好坏，从而产生好恶感情，而小学生逐渐开始能根据一定的社会特征来评价好坏，从而产生相应的情绪情感。

4．情绪能力迅速发展

小学生情绪能力的发展表现在：（1）在情绪认知能力方面，小学生除了能准确识别各种基本表情外，逐渐能识别混合情绪，情绪的自我觉知能力日益增强；小学生情绪表达规则的理解能力迅速提高，对情绪调节功能的理解能力初步发展，对情绪的产生更多的采取心因性解释。[1]（2）在情绪表达能力方面，小学生就对情绪表现规则的理解从原先的片面的，发展到中高年级的全面理解情绪表现规则。[2]（3）在情绪调节能力方面，随着年龄的增长，儿童能更多地利用解决问题、寻求支持、远离、内化、寻求外在原因、情绪伪装等认知策略、以建设性的方式来调节自己的情绪。[3]

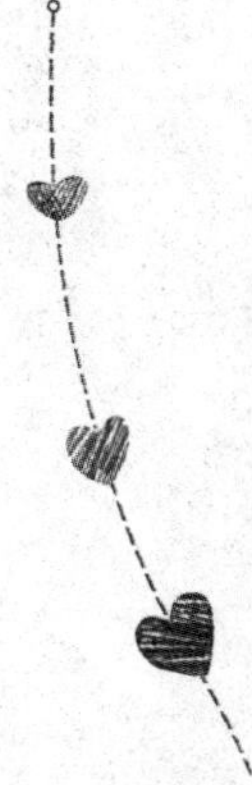

二、小学生情感的发展

情感是指与个体的社会性（心理性）需要相联系的主观体验，包括道德感、

[1] 陈琳，桑标，王振．小学儿童情绪认知发展研究[J]．心理科学，2007(3)：758-762．

[2] 侯瑞鹤，俞国良，林崇德．儿童对情绪表达规则的认知发展[J]．心理科学进展，2004(3)：387-394．

[3] 陆芳，陈国鹏．儿童情绪调节的发展研究[J]．心理科学，2003(5)：928-929．

理智感和美感等。学前儿童的情感还处于发展初期，进入小学以后，通过学校教育的影响以及社会交往的不断扩展，儿童的各种情感才进一步发展起来。

（一）小学生理智感的发展

理智感是个体在认识活动中，认识、探求和维护真理的需要是否得到满足而产生的主观体验。理智最初表现为对客观事物的一般好奇心，后来发展到求知欲，最终向兴趣发展。理智感是推动个体认识世界和改造世界的强大内在动力。小学生理智感表现在求知欲的扩展和加深上，由于知识经验的缺乏和思维的具体性特征，小学生的理智感较多地与具体的直观事物相联系，兴趣重点还在事实本身。总体趋势而言，小学生的学习兴趣随年级增长不断发展，小学三年级是学习兴趣开发的一个最好的时期，到小学六年级学习兴趣达到最高点，以后逐渐下降。[1]其具体特征表现如下：

1．从对学习的过程、具体事物和外部活动的兴趣，发展到对学习的内容、初步抽象和因果关系知识以及需要独立思考的作业更感兴趣；有研究表明，约从小学三年级开始，儿童就更加喜欢比较新颖、困难、需要开动脑筋、独立思考的学习作业。

2．从笼统的兴趣向不同学科内容的初步的分化性兴趣发展。但这种兴趣分化还不明显，也很不稳定，受到教师对儿童的态度、儿童对这门课程掌握的好坏等因素直接影响。

3．兴趣的发展一般要经过有趣——乐趣——志趣等三个阶段，从小学生来说，一般还处于有趣阶段。

为了发展小学生的理智感，应当注意：

（1）给小学生创设探究、求知的条件和机会，鼓励其多发问、多思考，耐心并艺术性地回答其问题，如启发提示、引导利用工具、类比回答等。

（2）及时发现小学生的特殊兴趣，尽量帮助其在自己的擅长之处有所发展。

（3）在小学生的学业或活动中获得成功时，要及时给予正面强化，以巩固他们的愉快体验，提高他们的自我满足感。

（二）小学生道德感的发展

道德感是人的道德需要和道德观念是否得到满足或实现所产生的内心体

[1] 张璟，李琪．心理健康教育指导，学习篇[M]．科学出版社，2003．

验。随认知发展和社会化进程，小学生的道德感开始丰富起来，产生了荣誉感、责任感、集体感、爱国主义情感，有初步的是非观念，但这种是非观具有较大的狭隘性和绝对性，即不是真的就是假的，不是对的就是错的。

与道德认知的发展紧密相连，道德感发展有三个水平：一是由对某种情境的直接感知而迅速发生的直觉性道德情感，这种道德感往往缺乏理性，作用可能积极也可能消极。二是由对某种道德形象的想象而产生的想象性道德情感，可使人更好地认识道德要求及其深刻的社会意义。三是在清楚地意识到道德准则及其意义的基础上产生伦理性道德情感，具有较大的自觉性和概括性，它是在教育的基础上产生的。

从发展水平来说，小学低年级的道德感还属于与具体的道德形象相联系的道德情感，其理性的、概括性的道德感还处于很初级的阶段；随着年龄的增长和教育的作用，他们的道德感的理性的概括性程度逐渐增加。具体而言，小学生的道德感发展具有如下特点：

1．道德评价标准由无原则向有原则发展。小学生情感体验的依据由以外部反应发展到以一定的道德、行为规范再到以内化的道德观念发展。

2．道德体验范围由小到大，由近及远。如低年级学生的爱的范围首先是父母、兄弟姐妹、同学，然后逐渐扩展到爱家乡、爱祖国。

3．道德体验程度从浅显、冲动到深刻、稳定。例如，同样对于善良的理解，低年级小学生认为不打人、不骂人就是善良的人，高年级的则认为还应包括拾金不昧、团结友爱等。

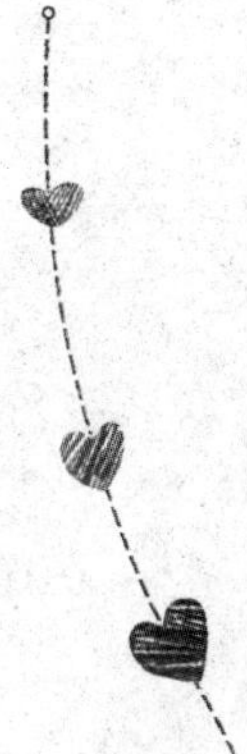

4．多水平、多层次、多维度。受不同的家庭教育、学校教育、特别是社会影响的作用，小学生道德情感的发展，并非在一个维度上线性展开，而是道德情感的不同侧面、不同水平上表现出多层次性及多水平的特征，而且随年龄的增高逐步趋于复杂化。

小学生道德感的发展在三年级是一个明显的转折期，具有明显的个体差异，这与家庭教育及环境的要求有密切关系，也与学生的个体心理差异有关。

根据儿童道德感的发展特点，在培养道德时应当注意：

①道德教育内容应注意直观性，教育手段要生动活泼，让儿童有切实可学习的榜样。

②道德教育时，要将提高道德认知和激发道德体验结合起来。

③道德行为的训练很重要。要有意识创设道德情境让小学生道德实践，并及时做出强化。

（三）小学生美感的发展

美感即审美感，是由人的审美需要是否得到满足所产生的内心体验。个体的审美标准、心理状态和审美能力影响其美感体验，而美感体验对审美标准和审美能力也产生影响。

小学生的美感体验有如下主要特点：

1．直接性。小学生的美感体验，相对较为简单，更多受审美对象的形式和内容的影响，经常接触的、具有明显美的外部特征的对象更易引起小学生的美感体验，所以，小学生的美感体验极易受社会时尚的影响。而那些接触较少的、内涵深刻的、体现于内在特征的对象，则不易引起他们的美感体验。但随着年级的增加，在教育的影响下，小学生的美感体验越来越丰富。

2．模仿性。小学生喜欢模仿，反映在美感上表现为审美体验的模仿性特点，如小学生看电视后喜欢模仿电视中的形象，而且更喜欢模仿反面的形象。这与小学生对新奇的事物易感兴趣有关系，需教育引导好。

总之，小学生的审美体验具有直接性和对新奇的事物模仿性，审美层次还处于较简单的阶段，格调还不高，需要经常性地给予教育引导。

⊙小学生情绪调节的一般方法

情绪是把双刃剑，良好的情绪可以转化为学习的动力，而低沉、郁闷的情绪则使学习效率降低。孩子有一个积极、健康的情绪对他一生都有重要的影响。小学阶段是基础教育的阶段，除打好知识基础之外，更要多关注孩子的情绪问题，使其情绪保持最佳状态。

一、保持愉快的情绪

愉快是最有益于健康的情绪，愉快能使人在紧张中得到松弛，产生满意感和满足感，对外界产生亲切感，使人更容易与人相处。学生在愉快的情绪状态下学习，会感到思维活跃，记忆敏捷，学习效率高。那么教师如何引导小学生保持愉快的情绪？

1．建立适当的需要。教师要帮助小学生确定符合他们实际情况的奋斗目

标，切忌期望过高；要引导他们实事求是、不作非分之想、不苛求自己，尤其是优等生或争强好胜的小学生，不要为小事而过于自责，凡事要放宽心、想得开。

2．寻找乐趣。教师要让小学生保持儿童天真烂漫的个性，对各种活动都倾注热情，积极参与，享受生活的乐趣。小学生还要培养自己广泛而稳定的兴趣，从中获得快乐。

3．自信。自信是保持愉快情绪的重要条件。教师要教会小学生看到自己的优点和长处，学会悦纳自己、欣赏自己、肯定自己，做到不自卑、不自怜、不自责。要相信每个学生都有他可爱和可造就的一面，要经常肯定他们，鼓励他们。

4．多与人交流。许多小学生还不善于与人交流，其实小学生多与家长、教师和好朋友交流，可以增长知识、受到启迪、增进友谊，能给自己带来意外的收获和快乐。

5．发展小学生的高级情感。在小学生的各种情绪活动中，令人瞩目的是小学生的各种高级情绪迅速发展，并在小学生的生活中明显地表现出来。高级情感与人的社会性需要相联系，在人的生活中起着重要作用。教师要注意鼓励儿童克服困难，坚持不懈，使儿童在学习活动中体会成功的快乐，激发起学习的动力。

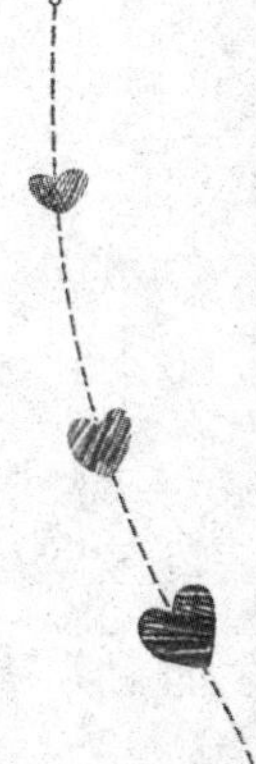

二、培养小学生控制和调节情绪的能力

善于控制和调节自己的情绪不仅有助于建立良好的人际关系，培养健全的人格，而且也是社会性成熟的一个重要标志。控制和调节情绪的策略是逐渐掌握的。帮助儿童学会一些具体控制方式，可使儿童保持心理平衡，使心理健康发展，主要有以下方法：

（1）宣泄调控。宣泄调控就是当人遇到不愉快的事情而产生消极情绪时，把它释放出来。有直接和间接两种方式。直接宣泄，即针对引发情绪的刺激来表达情感，间接宣泄是通过其他途径使情绪得到释放。教师要教会小学生在遇到不愉快的事情时，可以自己痛哭一场或把心中的不平事向教师、家长或好朋友说出来，请他们开导，也可以在他们面前哭一哭，以减轻心理压力。

（2）遗忘调控。遗忘调控就是当某种事情引起你的消极情绪时，最好能把这件事尽快地遗忘掉，不要老去想这件事。不愉快的情绪郁积于心，耿耿于怀，放不开，丢不下，只能使这种消极情绪不断蔓延且日益加重，久而久之会影响身心健康，影响学习。所以，教师要教会小学生善于遗忘消极情绪。

（3）转移调控。转移调控就是当人处于消极的情绪状态时，可做一些别的事情，通过注意力转移而使消极情绪得到缓解。教师要教会小学生在遇到不愉快的事情时，不要老想这件事，可以看电影、打球、下棋、唱歌、画画等，通过其他活动来缓解消极情绪。

⊙小学生意志的特点及培养

意志是人自觉地确定目的，并根据目的支配、调节行为，克服困难，以实现预定目的的心理过程。意志具有引发行为的动机作用，可把其看作是人类特有的高层次动机，但它比一般动机更具有选择性和坚持性。

一、小学生意志发展的一般特点

1．做决定的主动性不断提高，目标由近景、具体向长远、抽象发展

随着年龄的增长，小学生在意志行动中目的的确定、动机的取舍等方面主动性不断提高。表现在：小学低年级学生一般还不善于自觉地、独立地提出意志行动的动机和目的，即使提出一般也是比较短暂、具体、个体性的；到了小学三四年级之后，随知识经验的增加和思维的发展，小学生逐渐自觉地、独立地提出行动的动机和目的，并逐步具有了远景的、抽象的、有一定社会意义的动机和目的。

2．执行决定的计划性还不够，毅力尚欠缺

小学生意志行动比较简单，他们还不善于为了一件事去反复思考、计划和执行，表现在其意志行动任务的决定与执行之间的时间间隔不长，甚至往往是同时发生。此外，由于知识经验的贫乏和思维水平的低下，小学生意志行动的决策受其兴趣爱好、重要人物（教师或家长）的态度的影响较大，他们还不善于运用道德标准作为意志行动决策的依据。由于自控能力较低，小学生在执行决定时的毅力还不够，碰到困难容易退缩，也容易受其他无关因

素的干扰。

3．意志品质不断发展，但各因素发展不平衡

随着年龄的增长，小学生的意志的自觉性、果断性、坚持性和自制性都在不断发展，但各品质发展存在不平衡，一般来说，小学生意志的坚持性和自制性发展较为迅速和明显，而意志的自觉性、果断性也在不断发展，但不稳定。

二、小学生意志品质的发展

意志品质是构成意志力的稳定因素，也是衡量一个人意志发展水平的重要尺度。小学生的意志品质的发展，既表现出年龄特点，又表现出个别差异。

小学生意志的自觉性，是指他们能明确行动的目的，认识到行动目的的正确性和重要性，并有效地支配自己行动，使之符合该目的的意志品质。一方面，虽然随着年级的升高，小学生意志的自觉性有所增强，但总体而言，其自觉性较差，他们一般缺乏明确的目的性，也不能充分认识行动的意义，也不太考虑自己采取的决定和行动是否合理，不能很好地使自己的行动服从于一定的要求。易受外界影响。另一方面，小学生意志具有明显的受暗示性和独断性特征，尤其是受暗示性更为突出，这与小学生思维的独立批判性不足有关。随着年级的升高，受暗示性特征逐渐减弱，独断性特征则逐渐增强，这主要是因为其思维批判性开始出现但还不成熟。特别是小学六年级儿童，独断性的表现更加明显。

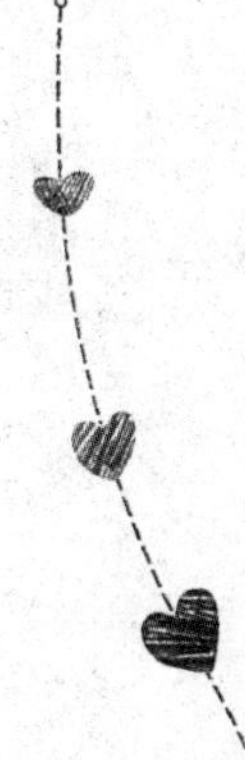

小学生意志的果断性，是指他们在行动中善于明辨是非，及时、合理且坚决地采取措施、执行决定的品质。一方面，随年龄的增长，由于思维的批判性和敏捷性品质开始出现并得到了发展，小学生越来越能预见和了解行动的可能结果，其果断性虽然还不稳定，但却不断得到发展。另一方面，优柔寡断和草率决定特征仍然比较明显，尤其是草率决定，比优柔寡断更为明显。优柔寡断主要是因为小学生克服心理矛盾的力量不足或担心行动可能会造成不良结果而怀疑自己所作决定的正确性所致；草率决定主要是因为自觉性较差，不善于仔细、全面地考虑问题，在作决定时往往具有冲动性和情绪性的特点所致。

小学生意志的自制性，是指他们善于控制自己的情绪、约束自己言行的意志品质。一方面，小学生意志的自制性品质随年级升高而逐步发展，其发展趋势为：1～3年级处于迅速发展时期，3～4年级处于平稳时期，4～5年级处于迅速发展时期，5～6年级再度处于平稳时期。[1]整个小学时期，小学生的自制力还是初步的、低水平的。另一方面，由于其情绪还不稳定，还不能自觉地、灵活地控制自己的情绪以约束其行为，小学低年级学生往往又表现出任性的特征。

小学生意志的坚持性，是指他们在行动中以充沛的精力和坚忍的毅力，不断克服困难以完成意志行动的品质。小学生的坚持性品质较好，即使是刚入学的小学一年级学生也能较长时间坚持困难。但由于其有意注意能力比较弱、情绪稳定性较差、意志自制性较弱，他们在遇到困难时还不能很好地控制自己的行动，较易放弃已开始的活动。小学生意志的坚持性品质随年级的升高而迅速发展，其中一年级至三年级发展最为迅速，年级间差异非常显著，三年级以后有一个缓慢发展的阶段，到了五年级又开始了一个新的发展阶段，年级间的差异也较显著。[2]

三、小学生常见意志行为问题

在小学生成长过程中，因意志行为问题而影响其交往、学业，影响其心理健康发展的不乏其人。意志行为问题表现形式多样，下面仅就小学生中三种常见的意志行为问题做些探讨。

(一) 自主能力差，过分依赖

依赖是指依靠别人或事物而不能自立或自给。应该说，小学生由于其自身能力较弱，还没有独立生活的能力，其对成年人的依赖具有其必然性。但如果过分依赖于别人，对小学生自身的发展是极其不利的。依赖实际上是意志缺乏的表现。如有的小学生在家里是“小皇帝”、“小公主”，衣来伸手饭来张口，啥事都不做也不能做；在学校学习和活动也事事依赖于老师或同学；还有的小学生总是要求别人注意他、称赞他。过分依赖会使小学生丧失独立生活的能力和精神，不能适应社会生活，造成人格上的缺陷，甚至危害社会和他人，走上违法犯罪的道路。小学生产生依赖的原因主要与教育失当有关，如父母的娇惯和过多管束。另外，还与小学生自信心不足有关。

[1] 傅安球．学龄初期儿童意志发展的实验研究[J]．心理发展与教育，1987(3):1–6.

[2] 傅安球．学龄初期儿童意志发展的实验研究[J]．心理发展与教育，1987(3):1–6.

（二）执拗

执拗就是固执任性，不听从别人的意见。执拗的人，只承认自己的意见，对自己的行动不做理性评价，执迷不悟。小学生的执拗，主要表现为犟脾气，谁说谁劝也不听，一定要按自己的意志办事。执拗的产生与儿童本身的某些个性特质有关，一岁以后的幼儿固执、任性开始萌芽，这时如果教育不当，受到不良榜样的影响，再加上这时期思维片面性的影响，很容易产生任性的行为。

（三）意志薄弱

意志薄弱是当前小学生中常见的一种意志缺陷。现在的许多小学生好像温室中的花朵，经不起风吹雨打，一遇到困难和挫折，就打退堂鼓；还有的人做事情都是三分钟热情，缺乏恒心毅力；或者做事容易受主客观因素的干扰，半途而废。究其原因，一是生活安逸，二是父母娇惯。意志薄弱不只影响孩子的学习成绩，还会影响他们一生的发展。克服与矫治小学生的意志薄弱问题，关键在于从小就培养他们具有坚强的意志。

四、小学生意志品质的培养

培养小学生的意志品质，主要应注意以下几方面：

1．从思想和情感方面激发培养小学生良好的意志品质

意志行动是与活动目的紧密相连的，并受情感体验的影响。要培养小学生良好的意志品质，首先应培养小学生明确的生活目的，树立远大的理想；其次，应提高其认识能力，以增强其行为的目的性；再次，应激发学生实现目标的强烈的责任感，提高自我控制、自我调节的能力，提升其信心，强化坚韧性和自制性；最后，调动学生在意志行动中积极健康的情绪情感，作为其意志活动的推动力。

2．在实践中锻炼培养学生良好的意志品质

意志品质必须通过实践的锻炼才能培养起来，教师可以在日常的学习生活中，有意识地通过各种实践活动来培养小学生的良好意志品质。如在教育教学中，教师要有意识地创设一定的困难环境，让学生克服困难，解决问题；还可以在实践活动中，如参加公益劳动、生产劳动、郊游、野炊和夏令营等活动来磨炼小学生的意志；另外，学校还要特别重视体育运动对培养小

学生良好的意志品质所起的作用，积极认真组织体育运动。当然，实践锻炼时，应针对不同学生不同的意志特点与弱点进行。

3．通过适当的挫折教育，锤炼小学生意志品质

意志行动是与克服困难相联系的活动，现在许多家长，对于独生子女过分溺爱，总是想方设法在其成长过程中排除一切困难，这对于磨炼小学生的意志品质是极为不利的。进行适当的挫折教育，首先，教育者要辩证地认识挫折给孩子的成长所带来的积极影响；其次，教育者在孩子遇到挫折时既不要马上包办，也不能漠不关心，更不能一味地埋怨、批评，而是鼓励孩子从中吸取一些教训，再试着去独立解决问题，在孩子需要时提供一些必要的帮助；最后，教育者要有意识地给小学生创设困难情境，或让小学生去完成一些需要他付出努力、克服一定困难才能完成的任务，使其意志得到锻炼。

4．培养小学生良好的行为习惯

良好的行为习惯可以使人不必付出太大的意志努力便能很好地完成任务，这是行为规则内化作用的具体表现。因此，加强养成教育，培养小学生良好的行为习惯，对其意志品质的培养具有较大的意义。培养小学生的行为习惯要科学安排，由易到难，逐步积累，注重差异；要讲点道理，激发学生养成好习惯的热情和主动性；要加强行为的练习与指导，并严格要求、反复练习；采用多种激励的方法，强化学生的良好行为；培养良好行为习惯要与矫正不良行为习惯相结合；另外，培养良好习惯或矫正不良习惯，需要家校紧密合作。只有这样，小学生在形成良好行为习惯的同时，才能培养意志品质。

操作链接

控制情绪温度

【活动目标】（1）带领学生发现自己情绪的变化，让学生初步了解情绪有哪些；（2）让学生认识各种情景下情绪的表现方式，并认识到情绪可能产生的影响。

【活动准备】表情脸谱，幻灯片

【活动方式】角色扮演，小组讨论

【活动过程】

1. 导入（10分钟）

教师拿出微笑的脸谱问大家是什么表情（生：高兴的表情），教师问大家喜不喜欢快乐（生：喜欢），教师便组织学生各自向自己的组员露出开心的微笑，然后让学生说出自己体验到的快乐感受。

2. 角色扮演（25分钟）

（1）教师播放幻灯片

幻灯片一：教室里，小芳经好朋友丽丽再三请求下借给她自己最心爱的圆珠笔，那支笔是小芳爸爸出差从香港带回来的，她一直不舍得用，但第二天丽丽还给她时却告诉她笔筒丢了，这时小芳……

幻灯片二：教室里，小强和同桌小明一起做当天的数学作业，小强发现一道上课老师讲过的但自己没弄明白的题目，便向小明请教，小明耐心地向小强讲了一遍，可小强没听懂，小明便又讲了一遍，于是就埋头做作业了。可是小强还是没弄明白，又向小明请教，这时小明……

（2）角色扮演

教师让每组学生讨论上述情景中可能会发生的事情，并由学生自由上台表演，设身处地去体验消极情绪或积极情绪。

（3）讨论

教师组织学生对上台表演的同学产生的情绪发表看法，让学生识别哪些是积极情绪，哪些是消极情绪；并对积极情绪体验加以及时的肯定；引导学生指出消极情绪带来的不快；让学生产生对积极情绪的追求的愿望。

3. 在活动中体验快乐（15分钟）

（1）分享快乐

教师把自己某一次愉快经历的照片传给大家看，并简单讲述经历，让快乐感染每一个同学。

组织学生回忆自己经历过的最开心的事情，讲述开心时的情景，大家共同分享，教师及时加以肯定。

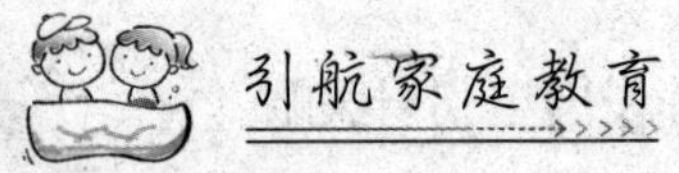

（2）放飞烦恼

组织学生用贮备好的彩纸折成纸飞机，将烦恼通通放飞。

备注：活动开始前，将学生分好组，以每组6～8人为宜。

第七章　小学生个性的发展与引导策略

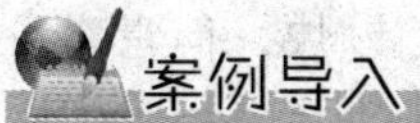
案例导入

高欣然，女，小学三年级，班级中等生，性格耿直，脾气倔强，有些以自我为中心。虽说是一个女孩子，可她的个性却一点不像女孩子，顽皮、好动，喜欢接老师的话，而且总在当面或背地给同学或老师起绰号。她不像有些同学基础扎实，但也不像一些同学对学习不感兴趣。她想学却不勤奋，有目标但缺乏毅力。

个性是决定人的独特的行为和思想的个人内部的身心系统的动力组织。良好的个性发展对人的心理发展和社会适应具有重要的意义。本章主要就小学生个性中比较根本性的方面如气质、性格和自我意识等方面的发展作一下介绍，并提出小学生个性发展的引导策略。

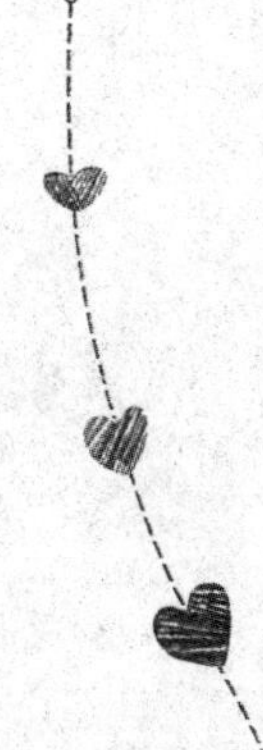

⊙小学生气质、性格的发展与引导策略

一、小学生气质的发展特征及其引导

气质是表现在个体心理活动的强度、速度、稳定性、灵活性与指向性等方面的一种稳定的心理特征。即我们平时常说的脾气、秉性。气质往往使一个人全部的心理活动染上了独特的色彩，具有某种气质特征的人，会在不同的场合、不同的活动中，表现出相同性质的心理活动动力特征。

由于受神经系统活动过程的特性所制约，气质具有极大的天赋性和稳定性。儿童刚出生，最先表现出的差异，如有的活泼好动，有的平稳安静，这些差异就是气质差异。新生儿的这些特点，在以后的游戏、学习和人际交往中都会有所表现，并直接影响其个性的形成和发展。

（一）小学生气质的发展特征

传统上，人们把气质分为多血质、胆汁质、抑郁质、黏液质四种类型。由于气质具有天赋性和稳定性，不同小学生可明显表现出气质的差异：

1．多血质的小学生的特征

该类型小学生活泼好动，赋有生气，情绪反应快而多变，但不强烈，情绪体验不深，但很敏感，思维语言活动敏捷，适应能力强，善于交往，亲切，但也表现出浮躁、轻率。在学习上什么都想学，领会问题快，但常常见异思迁，注意力不集中，遇到问题不求甚解，往往浅尝辄止，没有耐心，难以坚持到底。对这种类型的小学生，教师应培养他们的刻苦钻研的精神，做到有始有终，严格要求，养成合理的生活规律。

2．胆汁质的小学生的特征

该类型小学生兴奋热烈，精力充沛，情绪发生快而强，言语动作急速而难以自制，脾气像夏天的暴雨一样，来得快、去得也快，率真、热情、易怒、急躁、果敢，有锐利的眼光、强而有力的姿态和举动，有敏捷、主动的表情，做事易感情用事，风风火火，不顾后果。对这种类型的小学生，教师应着重培养他们的耐心、沉着和自制力等心理特征。

3．抑郁质的小学生的特征

该类型小学生情绪反应不易变化，比较平静，不易动情，情感生活贫乏。但有时情感体验也很强烈，经久不息，且体验深刻，强烈而持久，但不显露，把感受都埋在心里。言语动作迟缓、无力、胆小、忸怩，在任何活动中很少表现自己，尽量不抛头露面。在学习上反应迟缓，怕老师提问，举止张皇失措。对这种类型的小学生，教师应多加鼓励和支持，培养他们的自信心，养成紧张学习和活动的习惯。

4．黏液质的小学生的特征

该类型小学生缄默而沉静，情绪反应方面沉着、平静、迟缓，心境平稳不易激动，很少发脾气，情感很少外露。思维言语动作迟缓，兴奋性弱，对事冷淡，与人交往适度，情绪平稳，内向，坚忍，执拗，淡漠，自制力强，深思熟虑，行为刻板，因循守旧。在学习上遵守纪律，有时表现执拗、淡漠。对作业深思熟虑，反复检查，回答问题不慌不忙，想好才讲，说话缓

慢、平静而有条理。教师对这种类型的小学生，应培养他们的敏捷性，让他们经常参加各种活动。

在现实中，具有典型的某一气质特征并不太多，大部分人往往较多地具有某一气质类型的特点，同时又具有其他类型的一些特征，整体上属于中间型或混合型。如我们常说的活泼冷静、大胆谨慎、粗中有细等就是混合型气质。

（二）对小学生气质特征的说明

需要指出的是气质无好坏之分，任何一种气质既有积极的一面，又有消极的一面。教师不能主观地、片面地认为某种气质类型是好的，某种气质类型是坏的，要全面地认识不同气质类型的学生身上存在的优点和缺点。

关于气质类型对学习成绩是否有影响的问题，有人认为气质只影响个体的学习方式，对学习成绩影响不大。[1]也有人认为相当显著，多血质、多血-黏液质和多血-胆汁质是有利于学习的气质类型。[2]但这可能与学习材料的特征有关系，如有研究表明，在语文学习上，多血质和胆汁质表现出明显的学习优势，在数学上4种气质类型没有显著性差异。小学男生的成绩受气质维度影响较小，只有语文成绩与气质的内外倾维度有关，而与其他各维度无关；女生成绩较多受气质维度的影响，尤其是数学成绩与气质中的内向、情绪不稳定、精神质分高维度有显著性相关，即这些维度可能影响数学成绩。[3]

（三）小学生气质辅导的策略

1．针对不同气质类型的心理特点，因势利导

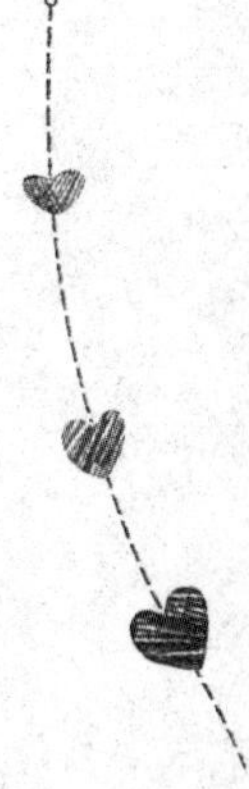

每一种气质类型的人都有各自的长处和短处，关键在于如何帮助每一个学生发挥气质优势，避免消极心理特点。如胆汁质的学生要引导他们发扬大胆、坦率、热情的优点，尽量克服易粗心、莽撞和刚愎自用等不良品质；多血质的学生应引导他们发扬活泼开朗、机敏灵活的优点，克服不够踏实、心思多变的缺陷；黏液质的学生应引导他们发扬比较稳定、踏实、有耐心的优点，克服不够活泼，比较固执、迟缓等缺点；抑郁质的学生应发扬细致、谨慎、多思多想优点，克服怯懦、孤僻、易退缩等缺点。

2．教育学生应根据学生不同气质类型的特点采取不同的教育方式

[1] 朱燕，叶奕乾．从学与教的角度看非智力因素[J]．华东师范大学学报，1993(1):65～66.

[2] 张履祥，钱含芬．气质与学业成就的相关及其机制的研究[M]．心理学报，1995(1):61～67.

[3] 张曼华，杨凤池，刘卿．气质对小学生学习成绩的影响[J]．健康心理学，2000(02):46～47.

气质具有相对的稳定性，不是一朝一夕就可改变的，而且也不一定都需要改变。在教学、教育过程中根据学生不同气质类型的特点采取不同的教育方式不仅必要，而且也更有成效。如对抑郁质的学生，由于他们比较敏感，不宜在公开场合点名指责；而对胆汁型的学生也要注意不宜针锋相对地去激怒他们，要加倍关怀、体贴他们；对多血质的学生不要放松要求或使他们感到无事可做，让他们在有意义的活动中养成扎实、专一的精神。

3．注意和防止一些极端气质类型小学生的病态倾向的发展

抑郁质和胆汁质的小学生，如果稳定性发展过差，不能很好地控制自己，便会表现出一些病态倾向。通常，抑郁质的容易发生紧张、胆怯、恐惧、强迫等具有神经症焦虑倾向的障碍，而胆汁质的则可能产生具有攻击性和破坏性的行为。教师应更多地关心这两种类型学生的情况和问题，采取一些特殊措施，如使胆汁质学生多得到工作与休息的交替机会，使抑郁质学生在集体中获得真正的友谊与生活乐趣。

二、小学生性格发展的特征

性格是指个体对现实的稳定的态度和习惯化了的行为方式，表现了个体对现实和周围世界的态度，是一个人区别于其他人的最显著、最集中的表现。如有的小学生，对学习认真，对他人友好，有的小学生学习马虎，和同学常闹小矛盾等等，都是各自对待事物及其行为方式上表现出的行为特征。性格是人的个性中的核心成分，性格特征是稳定的、经常性的特征，不是偶然性的，情景性的表现。

（一）小学生性格发展的一般特点

研究发现，儿童、青少年学生的性格发展水平随年龄的增长而逐渐升高，呈现出由低到高的发展趋势。但其发展速度表现出不平衡、不等速的特点。小学二年级至四年级发展较慢；四年级至六年级发展较快；小学六年级至初中二年级发展尤其缓慢，甚至出现相对停滞状态；初中二年级至高中一年级又出现快速发展趋势，并且，性格特征的各方面发展趋势也是有差异的。[1]

[1] 王顺兴，赵承福，刘明．我国中、小学生性格发展与教育研究[J]．心理发展与教育，1987(02)：10–19．

（二）小学生性格发展的具体特点

虽然小学儿童的性格在总趋势上是随年龄增加而呈上升趋势，但其具体特征的发展却有其各自独特的规律。

1．性格的情绪特征的发展。性格的情绪特征表现在情绪的强度、情绪的稳定性和主导心境等几个方面，小学生情绪特征是不断发展的，并在小学六年级出现高峰。小学低年级儿童正处在适应学校生活的过渡时期，繁重的课程和作业的压力使他们焦虑、紧张，感到力所不及，由此造成其主导心境不太好。从小学四年级到六年级，情绪的强度和持久性有了较快的发展，到小学六年级达到了高峰。但在整个小学阶段，儿童的情绪特征是稳定的，在各年级之间，小学生的情绪稳定性无显著差异。

2．性格的意志特征的发展。虽然研究发现，小学生意志特征的发展曲线比较平直，差异不显著，说明性格的意志特征尚未真正发展，但在具体的意志的独立性、果断性、自制力、持久性上，又存在着差异。具体表现为小学生的独立性在低年级学生中表现得并不显著，到小学四年级至六年级才有一个较快的发展，并在小学六年级出现高峰。在自制力和坚持性发展上，小学各年级呈逐步下降趋势，主要是因为低年级儿童主要受外部因素，如教师、家长等的控制，随着年龄增长，小学生对外在控制因素的依赖性逐渐减少，但其内部控制的能力又还未发展起来，还不足以调节、控制自己的行为。只有到中学后，随着其内部控制能力的迅速发展，儿童的自制力和坚持性才重新呈上升趋势。在果断性发展上比较缓慢，小学生还缺乏适时、果断做出决定的能力。另外小学生性格的意志特征与其实际行为表现不协调、不一致。说明其性格尚不能对其行为起到调节、支配作用。

3．性格的理智特征的发展。小学生性格的理智特征的总的发展趋势是小学二年级到四年级呈稳定发展，四年级到六年级呈迅速发展。其中在思维水平和权衡性的发展上，小学二年级到四年级稳步发展，四年级至六年级则发展非常迅速。这与儿童思维能力发展的趋势相同。在灵活性发展上，小学阶段均处于较低水平，各年级间没有显著差异。在求知欲发展上，在整个小学时期都在不断发展，至小学六年级达到一个高峰，这表明小学生的探究欲望、好奇心是十分强烈的。这种强烈的求知欲是小学生努力学习的一个动力因素。

4．性格的态度特征的发展。小学生对现实的态度和观念尚未形成。在对社会、对集体、对学习、对劳动或是对自己与他人的态度上，还很容易受暗示，模仿性很强，缺乏自我分析和自我宽慰的能力。到了高年级以后，逐渐能将外部要求加以理解，逐渐能对事、对人采取合理恰当的态度。

三、小学生性格辅导措施

小学生正处在性格发展和初步形成的时期，一方面，他们还没有形成稳固的社会观念和态度，有相当大的模仿性和受暗示性，极易受到环境中的各种影响，另一方面，他们又极易把各种习得的态度或行为方式变为习惯巩固下来，形成性格特点。因此，这一阶段，教育者应特别注意对小学生性格的养成的培养。

（一）创设良好的环境气氛

良好的家庭环境和校园环境对小学生性格的形成有直接影响。从家庭因素而言，父母的文化程度、教养方式、生活习惯等对小学生性格的影响是很大的。从学校环境而言，校园的自然环境、校园的风气、班级的氛围、教职员工的言行举止等等，都可对小学生性格的形成产生潜移默化的作用。和谐温馨、互相关爱、自然亲切、活泼生动是对小学生所生活的良好环境的一些基本要求。

（二）抓紧几个性格发展关键期进行教育引导

性格发展有几个关键期，教育者应采取针对性措施对学生进行教育引导，以培育小学生良好的性格特征。如小学低年级学生主导心境是小学期间最差的，学校和教师应设法减少课程分量和难度，减轻作业负担，降低其焦虑和不满水平，还儿童以欢乐。又如小学六年级，是意志特征中的独立性的最高峰，又是自制力的最低峰，主要受青春期来临的影响，应针对这时期的特点加强引导。小学四年级至六年级是性格的理智特征的快速发展期，教师应抓住这一契机，培养其良好的认知和思维方式。

（三）通过教育和各种实践活动培养小学生的良好性格

小学生的性格是以高级神经类型为前提，通过个体的实践活动逐渐形成和发展起来的。因此，课堂内外的学习和实践活动，如劳动活动、少先队活动，对小学生形成对人、对事、对社会的态度，从而逐步养成良好的行为习惯具有重要的意义。如学习活动是培养小学生良好的性格理智特征的途径，

活动课和游戏活动是培养小学生性格的情绪特征和意志特征的重要途径。

（四）培养良好的行为习惯

“播下行为的种子，就收获习惯；播下习惯的种子，便收获性格……”良好的生活习惯，是优良性格养成的起点。良好习惯的养成，应从吃、喝、拉、穿、睡、洗、说、问、礼貌、劳动、独立行为等小事抓起，一点一滴作积极鼓励和严格要求。比如：小学生应该养成自己洗脸、穿衣、吃饭、睡觉等日常行为习惯；吃饭时不要大声说话；不要随地吐痰；应当养成整理物品，有秩序地存放物品，不随手乱扔东西的习惯；应当使用礼貌用语等等。同时，当向小学生提要求时，不允许的事一开始就要坚决地执行。这样，小学生就不会感到痛苦，也不会出现反复。

（五）引导小学生通过自我教育培养良好的性格

培养小学生性格的一个重要途径是教他们学会自我教育。教师可以根据小学生的年龄特点，通过以下途径引导小学生自我教育，提高他们对自身性格培养的积极性和主动性。

1．自我评价。小学生的自我评价是指他们对自己思想、愿望、行为和性格特征的认识和评价。要求他们善于发现自己的长处，了解自己的短处，既不要自我夸张，也不要自我贬低。

2．自我反省。教小学生学会经常反省自己的思想和言行。发现自己不好的举止言行要敢于否定和改正；发现自己的优点要光大发扬，使自己的性格不断得到优化。

3．自我调节。小学生的自我调节是指他们对自己的心理和行为主动地掌握和随时调整。让小学生在正确自我评价和自我反省的基础上，不断地坚持好的、改正坏的，使自己的性格朝着理想的方向发展。

⊙小学生的自我意识发展及其引导策略

自我意识是指自己对所有属于自己身心状况的意识，包括意识到自己的生理状况、心理特征以及自己与他人的关系。自我意识是个性的重要组成部分，标志个性形成的水平，是人的意识区别于动物心理的重要标志，也是推动个性发展的重要因素。

自我意识包括自我认识、自我体验、自我监控等。自我认识是自我意识的认知成分，是个体对自己身心状况的认识，主要涉及“我是一个什么样的人”、“我为什么是这样一个人”等问题，它是自我意识的基础，包括自我观察和自我评价。其中自我评价是自我认识的核心成分。自我体验是自我意识在情感方面的表现，是伴随自我认识而产生的内心体验，它主要包括自尊感（自尊心）、自信感（自信心）、成功感与失败感。自我调节是自我意识的意志成分，是指个体在思维言语和行为活动方面进行的自我监控、自我激励和自我教育等。

一、小学生自我意识发展的特征

儿童的自我意识在婴幼儿时期开始产生和发展起来，但相对而言，其发展的水平还比较低下，其发展还比较混沌。进入小学之后，由于儿童已能利用语言符号调节和指导自己的行动，加之学校学习生活提出了要求和锻炼，小学生的自我意识出现了加速发展。在整个小学时期，小学生自我意识是随年龄增长从低水平向高水平发展的。但其发展不是直线的、等速的，既有上升的时期，也有平稳发展的时期。其中小学一年级到三年级的发展速度较快；小学三年级到五年级处于相对平稳阶段；小学五年级到初一又出现了第二个上升期。男生与女生自我意识发展水平表现出显著的性别差异。[1]

（一）自我概念的发展特点

自我概念是个人心目中对自己的印象，包括对自己存在的认识，以及对个人身体、能力、性格、态度、思想等方面的认识，是由一系列态度、信念和价值标准所组成的有组织的认知结构，把一个人的各种特殊习惯、能力、观念、思想和情感组织联结在一起，贯穿于经验和行为的一切方面。

自我概念是在经验积累的基础上发展起来的。最初它是对个人的特征和才能的简单抽象认识，随着年龄的增长而逐渐复杂化，并逐渐形成生理的自我、心理的自我、社会的自我等不同的层次。小学生的自我概念是从比较具体的外部特征的描述向比较抽象的心理术语的描述发展的。比如，在回答“我是谁”这样的问题时，小学低年级学生往往提到姓名、年龄、性别、家庭住址、身体特征、活动特征等方面。到了小学高年级，学生开始试图根据品质、人际关系、动机等特点来描述自己。研究发现，我国小学三年级以上学生已形成十分清晰的自我概念，他们对自己多方面的评价都高度接近教师与同伴对他们所

[1] 韩进之，魏华忠．我国中、小学生自我意识发展调查研究[J]．心理发展与教育，1985(01)：11-18．

作的评价，与他们实际的存在状况也具有高度的一致性。[1]小学生的自我概念发展在各年级间是不等速的，小学三年级到四年级间增加很快；小学四年级至五年级间有缓慢回落；小学五年级至六年级则迅速降低。研究还发现，小学三至五年级学生自我概念的性别差异显著，女生在除焦虑外的所有维度上的得分均高于男生。自我概念高的个体是处事谨慎、情绪稳定、善于与人相处的外向者。[2]

但总体而言，即使到了小学高年级，小学生对自己的认识仍带有很大的具体性和绝对性。

（二）自我评价的发展特点

自我评价是自我意识发展的主要成分和主要标志，是在分析和评论自己的行为和活动的基础上形成的。小学生自我评价的发展主要表现在以下几个方面：（1）小学生自我评价更加独立。从开始时的顺从别人的评价，特别是权威人士如教师的评价，逐渐发展到有了自己的一定独立见解的评价；（2）小学生的自我评价更加全面。幼儿时期儿童对自己的评价往往较为笼统、片面，到小学之后，逐步发展到对自己个别方面或多方面行为的优缺点进行较全面的评价。（3）小学生的自我评价更加深刻。与幼儿时期和低年级的具体性的、外显行为的评价相比，小学中高年级学生的抽象概括性评价和对内心世界的评价能力都在迅速发展；（4）小学生自我评价更加稳定。即小学生对自我的评价在不同的场合、情况之下结果更趋于一致。

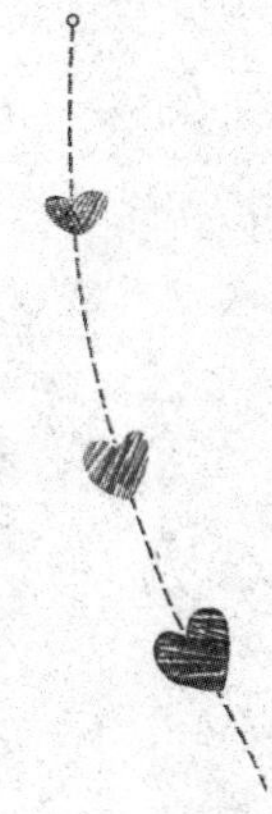

（三）自我体验的发展特点

自我体验是自我意识的情感成分，主要解决“我是否对自己满意”等问题。自我体验的发展与自我意识的发展总趋势基本一致，并与自我认识、自我评价的发展密切相关。自我体验发生于约四岁左右，在小学阶段有了较大的发展。随着认识能力的提高，小学生的自我体验逐步变得丰富深刻。自我体验的一个重要表现形式是自尊。

研究发现，6～7岁小学生已形成了三个方面的自尊：学业自尊、身体自尊和社会自尊。随着儿童的不断成长，小学生的自尊结构不断丰富和细化。

[1] 李德伟．小学儿童的自我概念改变与智力开发：关于自我概念与能力关系的实验研究[D]．北京师范大学，1988．

[2] 向小平，张春妹，邹泓．小学生自我概念的发展特点及其与人格的相关研究[J]．中国临床心理学，2006(3)：294–299．

从自尊的发展趋势而言，儿童早期，其自尊水平较高，随年龄增长，自尊水平反呈现出下降的趋势。[1]这主要与儿童自我评价的发展有关，低年级儿童对自我的评价有高估的趋势，相应的，其自尊水平也较高。随年龄增长，小学生从各方面对自我进行评价，加之外界要求提出和自我努力结果可能存在的差异，导致其自尊水平的降低。一般来说，刚入学小学生自尊水平会有所下降，以后逐步稳定发展，到小学四年级以后，大多数小学生的自尊水平都会保持一个上升的趋势。

（四）自我监控的发展特点

自我监控是自我意识的意志行为成分，是指个体对自身的心理与行为的主动掌握，调整自己的动机与行动，以达到所预定的模式或目标的自我实现过程。自我监控能力差的学生，通常在课堂上表现为分心、易冲动、攻击性等特征，但自我监控能力过高的学生，则过分追求与成人要求的一致性，易产生焦虑、抑郁、不合群等问题。适宜的自我监控应是有弹性的自我监控。

小学生的自我监控正处于由外部控制向自我内部控制阶段过渡时期，表现出低年级比高年级自我监控分数高的奇特现象。其原因在于低年级学生处在他律的外部控制的阶段，易受权威人物（老师、家长）影响。而高年级学生开始向内部自我控制发展，另外是独立性的增强致使其更倾向于根据自我的意愿行事，从而表现为自我监控的分数降低。这一变化的实质，正表明了儿童自我控制自觉性的增强和自我意识的发展。

二、小学生良好自我意识的引导策略

1．引导学生自我知觉的统一。首先，鼓励学生积极探究自我，将认识和了解自己当成一件乐事。其次，帮助小学生正确认识生理自我和心理自我，并接纳生理和心理上的自我，不断积累自我经验，使现实自我与理想自我相统一。家长和教师对学生的期望要符合他们的实际情况，承认独特性，有助于其形成正确的自我概念。

2．引导学生进行正确的成败归因。归因理论认为，学生对自己的学习和行为结果往往归为努力、能力、任务难度和机遇四因素和三个维度，即内在——外在因素，稳定——不稳定因素，可控制性——不可控制性因素。在

[1] 桑标．儿童发展心理学[M]．北京：高等教育出版社，2009：302．

教育中根据不同的情况来分析学生的归因，正确运用归因理论，有针对性地采取干预措施，给学生以成功的体验，鼓励他们对自己进行归因，有利于学生形成正确的自我概念。

3．引导学生正确评价自我。向学生展示规范行为的榜样，提供评价行为的参考信息，并创造有利的环境，使他们形成正确的自我评价。例如：教师首先应以身作则，通过自己的言行为学生树立自我评价的榜样。有意识地树立“小模范”，使其作为儿童的学习榜样，或者用学生熟悉的模范人物的思想和事迹去启发他们，为他们找到自我评价的标准。此外，教师和家长的评价一定正确、适当且及时，以引起学生自我教育、自我完善的需要，从而促进其自我意识的发展。

4．引导学生产生积极的自我体验。激起学生的成就动机，不断创造条件增加学生的成功体验。具体来说，教师应注意发现学生身上的闪光点，从多方面挖掘学生的潜能，使其在某些方面取得成功和进步，这些措施都有利于唤起学生的自尊、自重、自强的良好体验。当然，帮助学生树立符合实际的理想，对于培养学生的自信心也是十分必要的。

5．引导学生学会自我控制。应注意培养学生良好的意志品质，提高学生调节、控制情绪的能力。引导学生从多个角度全面地理解问题，避免因片面看问题而导致消极情绪的产生，同时指导他们恰当、适度地表达情绪，这有助于达到心理的相对平衡。

操作链接

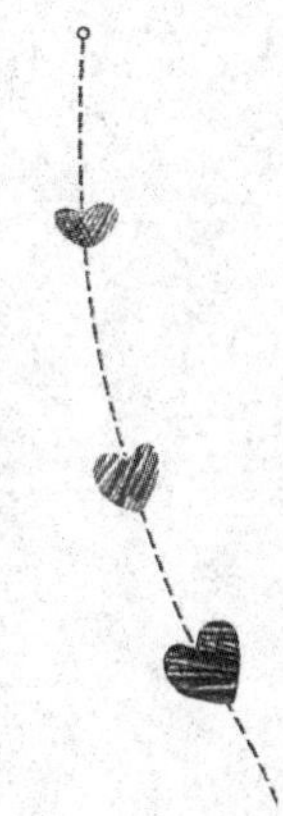

我是谁（认识自我活动设计）

【活动目标】(1) 让学生了解“认识自我”的重要性。(2) 帮助学生掌握“认识自我”的方法。(3) 通过学习活动，知道从别人的反馈中调整言行，使自知的“我”与他人所知的“我”更为一致。

【适用年级】五年级

【活动准备】小镜子（学生自备，每人一个）；幻灯片；各种动植物的卡片；活动材料复印：我眼中的同学。

【活动流程】

一、热身游戏："抢位置"

让参加活动的同学围坐在一起。开始活动时，教师撤出一把椅子，站在圈外，喊口令："大风刮，大风刮，刮呀刮，刮具有××特点的人。"具有这种特点的人听到后就以最快的速度跑到中间再重新找一把椅子坐，动作慢的学生就没有椅子坐了。

（活跃气氛，引出"认识自我"主题。）

二、我眼中的我

游戏一：照镜子

让学生把带来的小镜子拿出来，对着自己，学生观察自己后讲述自己是一个怎样的人。

教师及时评议和总结。

游戏二："我是谁"——在动植物中找自己

教师取出事先准备好的写有学生熟悉的动植物名称的卡片。（每张卡片写一个动物或植物名称，根据班级学生数量准备卡片）学生在音乐的伴奏下随机抽取卡片，根据自己抽取的动物或植物特点，再结合自己的情况，说出自己的特点。在向同学介绍自己特点时，要想方设法结合自己手中所抽取的动物的特点。描述时可以这样进行："我是一只××，××是我的特点。"抽完签后，学生开始说特点。

三、他人眼中的我

活动：要求学生在活动纸上填：我眼中的（　），他（她）是一个（　）的人。将纸收齐后放进一小纸箱中，随机抽取一张纸，并念出纸中句子。问：请你猜猜这张纸描写的是谁？为什么？

进行讨论：①某某同学对自己的了解与大家对他的了解是一致的，这说明了什么？②某某同学对自己的了解与大家对他的了解不一致，这又说明了什么？教师小结。

四、激励活动——“请你猜猜我是谁”

击鼓传花，当花传到谁的手中，谁就上台来模仿班里的一位同学的言行举止，并请全班同学猜一猜，他模仿的是谁。（3～5人表演）

五、总结（略）

第八章　小学生社会性的发展与引导策略

案例导入

杨江，三年级学生，平时傲气十足，对同学不屑一顾，总是认为自己比别人聪明一些，与同学在一起，常常趾高气扬，喜欢指手画脚。如果同学不接受他的意见，他就大发脾气，甚至骂人，弄得同学们对他敬而远之，不想理他。这导致杨江在班级里很孤立，没有人愿意和他交朋友。

社会性是指为适应社会生活所表现出的心理与行为特征，社会性发展是个体在与社会生活中的集体、个人及社会关系系统相互作用中掌握社会经验，获得价值观念，成为合格社会成员的过程。社会性发展是个体心理全面发展的重要组成部分，能促使个体较好地适应现实社会生活，对于独生子女更具有现实性与迫切性，引导学生社会性发展是教育的重要功能之一。本章主要介绍小学生性别角色的社会化、社会化交往和道德与亲社会行为等社会性方面的发展及其引导策略。

⊙小学生性别角色的社会化与引导策略

一、几个基本概念

性别有“生理性别”（sex）和“社会性别”（gender）之分。前者指是指染色体的差异、荷尔蒙分泌的差异、内外生殖器的差异而来的生物性不同，生理上的男生与女生（male/female）。后者指男女两性在社会文化建构

下形成的对男女差异的理解，以及在社会文化中形成的属于男性、女性群体特征和行为方式。

性别角色是指社会按照人的性别而赋予给人的社会行为模式，也是社会对男性和女性在行为方式上和态度上期望的总称。性同一性（sex identity）是指个体对生理性别的认知和接受，性同一性混乱多与生理基础相联系，可能出现同性性取向、双性性取向和模糊性性取向等症状。而性别同一性（gender identity）是个体内在的自我体验，作为自我同一性的一部分并随同一性的发展而发展。而个体根据社会对性别角色的要求来确认自己，则是性别角色的认同。

二、小学生性别角色的发展

（一）小学生性心理发展的一般特征

6~12岁的孩子进入了青春期前期，孩子已经有了自我意识，自尊心强，同时爱与同性交往，疏远异性。但其间也存在一些差别，小学低年级儿童还乐于亲近同龄的异性，并彼此进行游戏，如果异性朋友疏远自己，孩子会感到不快和气恼；中年级，大概小学三年级开始，两小无猜的异性伙伴开始疏远，男孩在一起玩，女孩在一起玩，男女生同一课桌读书，会画上“分界”线；在小学高年级，有部分学生性的冲动性开始出现，对异性感到兴趣，并有意识地进行探测。随后，少男少女开始了有目的性的接触（有的则表现为早恋）。

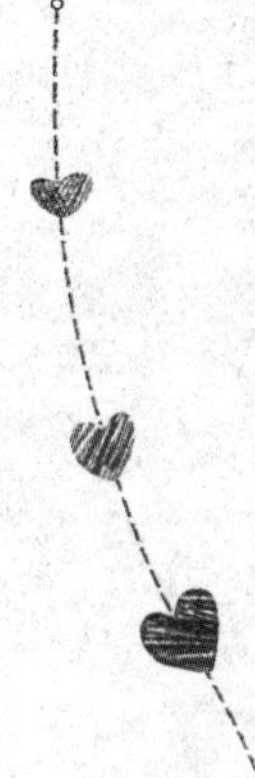

这一时期一个特殊的现象是出现同性恋假象：同性交往。如果这个阶段受挫，有可能构成同性恋心理根源。这段同性亲密关系的意义在于让孩子练习如何经营与另一个人的亲密关系。在经历这个阶段后，孩子会开始将目光转向异性，带着经营亲密关系的经验开始与异性交往。

如果孩子与异性的交往受到成人阻止，孩子便持续在这段同性亲密关系中，如果同性亲密关系持续到成年后，孩子错失了发展与异性亲密关系的时机，已经适应了同性亲密关系中的情感模式和性活动模式，孩子有发展成为同性恋的可能。

（二）小学生性别角色的社会化过程

小学生性心理的发展突出表现在其性别角色的社会化过程，儿童性别角色的发展过程主要表现在以下几个方面：

1．性别概念的发展

对性别恒常性的研究涉及到的年龄一般为3～8岁，Slaby和Frey把儿童性别恒常性的发展分为三个阶段：[1]第一阶段（2～3岁），儿童首先形成性别同一性（gender identity），即识别自己和他人性别特征的能力；第二阶段（4岁），性别稳定性（gender stability）阶段，儿童认识到随着年龄的增长，人们的性别是稳定不变的；第三阶段（5～7岁），性别一致性（gender consistency）阶段，儿童已经认识到性别不会随外界条件的改变，如服饰、形象、活动的改变而改变。性别一致性的获得意味着儿童完全获得了性别恒常性，研究表明8岁左右儿童获得了性别恒常性。

2．性别角色知识的发展

性别角色知识是儿童对于男女各自适宜的行为方式和活动的认识。3岁甚至更早期的儿童就懂得不少性别角色应有的活动和兴趣，如知道男孩该玩汽车、刀枪，女孩该玩娃娃、烹饪游戏，但这种认识比较刻板；5岁儿童已经认识一些与性别有关的心理成分，如男孩要大胆、不能哭，女孩要文静、细心；随着年龄的增长，儿童对性别的刻板思考降低，认识到可以把男子气与女子气结合起来，能够接受与规定的性别角色不同的行为。有关研究认为，从婴儿期到青少年这一阶段，儿童性别角色成见的发展呈U形趋势，即年龄较小的儿童不能容忍不适宜性别行为的出现，而年长的儿童在性别角色认识上态度相对灵活，到青春期的青少年又重新恢复到早期所曾有的性别角色的刻板状态。

3．性别偏爱的变化

性别偏爱是个体对男性角色或女性角色的偏爱倾向。一般而言，儿童常常偏爱与自己同性别成员的角色活动，即男孩更喜欢竞争性的男子气的活动，而女孩则更喜欢合作性的活动。在8～12岁，小学生的性别配合行为持续强化，重视女生与男生的差别。但研究也发现，在小学阶段，女孩往往也会有阶段性地开始发展男性化活动，企图了解男性化活动的历程，接受男性化的倾向，这可能与男子在社会上更受尊重有关。

4．性别角色行为的采择

儿童在很早的时候就显示出行为的性别特征，随着儿童性别概念和性别角色知识的发展，会更有意识地采纳和选择符合自身性别的角色行为，从而

[1] 马川，李晓文．性别同一性的形成及研究角度发展[J]．心理科学，2007(2)：474-477．

使男女角色行为的分化更加鲜明突出。

男女儿童正是通过以上几个方面的发展逐步获得符合自己性别的角色特征。

三、小学生性心理发展的教育引导

1．开展性心理的基础知识的教育。调查表明，小学五年级49．2%的女生已经月经初潮，而只有3．4%的男孩有遗精体验。[1]应根据这部分学生的需要提前做好区别化的性生理、性心理的教育。女生在小学四年级末和五年级初的时候就应该进行教育，而男生则可以延缓到小学五年级期中或期末。另外，针对学生的年龄特点，为学生提供一个安全的倾诉心理障碍的途径。

2．预防小学生的性侵害事件发生。随着小学生性发育的提前和各种社会不良信息的影响，小学生受到的各种性侵害事件时有发生，教育者应对小学生做好这方面的教育。应通过各种途径和形式以多样的方式使小学生明白：性侵犯不光来自于异性，也会来自同性；无论男生或女生都可能受到性侵犯；性侵犯不只来自于陌生人，更多的来自于熟悉的人。更要使小学生掌握面对性侵害时正确应对的方法。

3．开展性角色养成教育。教育者要按照不同的性别类型，引导学生寻找健全的性别角色参照，通过正确的性别心理差异和社会角色差异教育以及自身的实践，使小学生形成符合自我性角色的行为和习惯。可通过“角色扮演”和“游戏疗法”等让小学生了解不同性别的个性特征和个性魅力。当然，教育者也要特别注意要消除自身性别偏见和歧视，弱化两性之间社会行为的人为差异，使小学生从文化强加的性别限制中解放出来，从刻板的性别束缚中释放出来，成为适应社会发展的具有两性化优秀个性特质的人。

⊙小学生的社会性交往与交往技能发展

人际关系是人与人之间由于交往而产生的一种心理关系，它主要表现在人与人之间在交际过程中关系的深度、亲密性、融洽性和协调性等心理方面的联系程度。进入小学以后，学生相互交往的频率大大增加，共同参加的社

[1] 王惠萍，柯红霞．小学五年级学生性生理和性心理发展状况的调查与思考[J]．当代教育科学，1999(z1)：60．

会性活动也进一步增多，其社会性交往也逐渐更富有组织性和有效性。小学生的社会性交往主要包括亲子交往、同伴交往和师生交往，在这些方面都展现出小学生的不同特征。

一、小学生亲子交往的特征

亲子关系指的是儿童与父母之间的关系。虽然小学生的人际交往逐渐丰富起来，与同伴的交往也明显增多，但与父母仍保持着亲密的关系。家长的待人处世态度对孩子形成正确的人际交往观有着重要影响。因此小学生与父母的关系在其发展上仍起着重要作用。

进入小学以后，小学生的亲子关系发生了很大变化，表现在与父母的交往时间、交往内容和交往方式等方面。在交往时间上，相比学前期，小学生与父母在一起的时间相对减少，他们对父母的依恋和依赖程度减弱；在交往内容上，小学生父母更多关注孩子学习、学业成绩等与学校有关的事情；在交往方式上，父母对孩子的控制在小学阶段开始减弱，此阶段的亲子关系处于父母控制与儿童独自控制之间的共同控制阶段。

这一时期，小学儿童的人际交往范围更广、内容更加丰富，与同伴的交往也明显增多。随着自我意识的发展和批判性思维的增长，与父母的关系从依赖开始走向自主，从对成人权威的完全信服到开始表现富有批判性的怀疑和思考，小学生与父母的相处逐渐过渡到父母与儿童共同来调节儿童的行为。家长允许儿童自己做决定，但是会在儿童做决定的过程中监督和指导。亲子之间的关系也由单纯的对父母的遵从转变为平等的相互尊重的合作关系。

因此，作为父母来说，应适应亲子关系的这种变化，在家庭教育方法上进行适当的变化，对孩子社会性交往能力具有重要的促进作用。如父母对儿童的教育应温情、鼓励、支持、期望、倾听，应多讲道理、少用惩罚；父母应让儿童参与家庭中某些事情的决策，并为他们提供交往的机会；父母可以通过榜样作用、强化和约束，培养儿童形成为社会所接受的行为方式，发展儿童的亲社会行为等等。反之，如父母拒绝儿童、对儿童反应的敏感性较低等，都会导致儿童在行为及情感发展方面的问题，出现攻击行为及反社会行为等问题行为。

总之，妥善处理好这一阶段的亲子关系，不仅要求做父母的要理解和关心儿童，而且在教育儿童的过程中应努力做到宽严有度。

二、小学生同伴交往与友谊的发展

1．小学生同伴关系及其基本特征

同伴关系指同龄人间或心理发展水平相当的个体间在交往过程中建立和发展起来的一种人际关系。是儿童形成和发展个性特点，形成社会行为、价值观和态度的一个独特的社会化方式。同伴交往提供了儿童相互学习社会技能、交往、合作和自我控制的机会，提供了儿童体验情绪和进行认知活动的源泉，为以后的人际关系提供了基础。[1]良好的同伴关系有利于儿童社会价值的获得、社会能力的培养、学业的顺利完成以及认知和人格的健康发展；而不良的同伴关系有可能导致学校适应困难，甚至会对成人以后的社会适应造成消极影响。

小学生同伴交往的特点主要表现为：与同伴交往的时间更多，共同参加的社会性活动也进一步增加，其社会性交往也逐渐更富有组织性，社会交互作用的形式和内容也日趋复杂多样和深刻。由于社会认知能力的提高，小学生能够更好地理解他人的动机和目的，能更好地对他人进行反馈，其同伴间的交流更加有效。他们更善于利用各种信息来决定自己对他人采取的行动；更善于协调与其他儿童的交往活动；更重要的是，开始形成同伴团体。

2．小学生同伴团体的发展

小学时期是开始形成同伴团体的时期，因而又被称为“帮团时期”。小学时期的同伴团体具有以下几个显著特点：在一定规则基础上进行相互交往；限制其成员的归属感；具有或明或暗的行为标准；在共同目标下形成了一定的组织，这种组织的结构可能是松散的，也可能是严谨的，形成有组织的团体或自发的团体。

在小学儿童生活中，有组织的团体主要是班集体。刚入学的儿童，还未形成真正意义上的班集体观念和意识。到小学一年级下学期，小学生初步形成了集体观念和集体意识。小学二年级时已能明确地意识到自己是班集体中的一员，能逐步把集体的需要转化为自己的需要，把班集体的荣誉当作自

[1] 林崇德.发展心理学［M］.北京：人民教育出版社，1999：320−330.

己的荣誉，服从集体的要求，完成集体所交给的任务。与此同时，班集体内部成员也逐渐分化，一部分各方面表现较好的儿童开始崭露头角，成为班集体的重要支柱和教师的得力助手；另一部分儿童则成为班里的基本群众。到了中、高年级，班集体的组织形式日益巩固和加强，儿童的集体意识日益提高，初步懂得了集体利益与个人利益的关系，并能自觉服从集体的要求，维护集体的利益。自发的团体组织结构通常是松散的，性质亦比较复杂，可能是有组织的集体的补充，也可能是集体的对立面。

无论是有组织的集体还是自发形成的团体都对儿童的社会性发展产生重要影响。同伴团体对儿童的影响表现为：为儿童提供了学习与同伴交往的机会，在团体活动中，儿童学习处理各种关系中的社会问题，学会按照同伴团体的标准建立合适的反应模式来组织自己的行为，社会交往技能进一步扩展和提高；同伴团体还可以为儿童提供形成和评价自我概念的机会，同伴的拒绝与接受反应使儿童对自己有了更清楚的认识。

3．小学儿童友谊的发展

小学儿童的同伴交往的一个重要特点是开始建立友谊。友谊是指与亲近的同伴、同学等建立起来的一种特殊的亲密人际关系，对儿童的发展有重要影响，它提供了儿童相互学习社会技能、交往、合作和自我控制，以及体验情绪和进行认识活动的机会，并可为儿童提供情感支持，消除儿童的孤独感，提高儿童的自尊，为以后的人际关系奠定了基础。小学儿童已经很重视与同伴建立友谊。

美国著名儿童心理学家塞尔曼（Selman，1980）认为儿童友谊的发展有五个阶段。

第一阶段（3～7岁），尚不稳定的友谊关系。儿童还没有形成友谊的概念，而只是短暂的游戏同伴关系。

第二阶段（4～9岁），单向帮助阶段。这个阶段的儿童要求朋友能够服从自己的愿望和要求。如果顺从自己就是朋友，否则就不是朋友。

第三阶段（6～12岁），双向帮助阶段。这个阶段的儿童能互相帮助，但还不能共患难。儿童对友谊的交互性有了一定的了解，但仍具有明显的功利性特点。

第四阶段（9～15岁），亲密的共享阶段。儿童从更抽象的角度来描述友谊，开始从品质方面来描述朋友。友谊开始具有一定的稳定性。朋友之间可

以倾诉秘密，讨论、制订计划，互相帮助。但这一阶段的友谊有强烈的排他性和独占性。

第五阶段（12岁以后），自主的共存阶段，是友谊发展的最高阶段。它以双方互相提供心理支持和精神力量，互相获得自我的身份为特征。由于择友更加严格，所以建立起来的朋友关系持续时间都比较长。

以上阶段变化反映了儿童随年龄的增长，对友谊有着不同的理解，小学一二年级小学生只是根据一些表面的行为和关系来定义朋友，认为朋友就是住得较近、有好玩的玩具、喜欢与自己一起玩、玩自己喜欢的游戏的同伴。小学四五年级小学生慢慢将友谊视为更抽象的相互关心、互享情感、互相安慰的内在关系，认为朋友就是互相支持、互相忠诚、合作、彼此不打架。小学五年级开始，小学生把友谊看成是可以进行自我表露和倾吐彼此秘密的特殊同伴关系，朋友就是有共同兴趣、互相了解、互相透露个人小秘密的人。

在小学阶段，儿童都喜欢选择同性而不是异性朋友。因为在小学儿童看来，同性朋友可以分享共同的兴趣，并从中获得快乐。此外，女性好朋友比男性好朋友更注重人际关系，因而也更愿意分享彼此的秘密，而男性好朋友之间则更看重活动本身及其成就。

三、小学生师生交往的特征

师生关系是小学生面对的又一种重要社会关系。小学生特有的社会认知特点决定了他们与教师的交往方式。

刚入学的儿童，几乎都对教师充满了崇拜和敬畏，教师在儿童的心目中是绝对的权威，教师要求他们做到的一切，他们几乎都无条件地服从，教师的要求甚至比家长的话更有效果。有关调查发现，84%的小学儿童（低年级小学儿童为100%）认为要听教师的话，并且，常以教师的是非标准为自己的是非标准。在这个时期，师生关系比较平稳，儿童对教师的绝对服从心理有助于他们适应学习、完成学校生活的基本要求。

从小学三年级开始，随着同伴之间交往的增多及儿童的独立性和评价能力的增长，儿童无条件信赖、服从教师的程度有所下降，他们对教师的态度开始变化，开始对教师做出评价，对不同的教师也表现出不同的喜好。对于满意的教师表现出亲近，并报以积极反应，对于不满意的教师表现出疏远或反抗。如同样是批评，如果来自于自己喜欢的教师，则会感到内疚、羞愧；如果来自于自己不喜欢的教师，则会引起反感和不满。在这个时期，师生关系中出现了不平稳状态，教师的权威地位开始受到挑战。小学儿童最喜欢的教师往往是讲课有趣、平和开朗、严格、耐心、公正、知识丰富、尊重学生、能为学生着想的教师。

四、小学生社会性交往技能的引导策略

1．教给小学生人际交往的规则。教师要根据不同年龄儿童的社会性交往的特点，适时适地、因人而异地教给他们正确的人际交往规则，如分享、友爱互助、平等合作、尊重同学等，并发挥自身的榜样作用，通过行为示范让儿童深刻理解正确的人际交往规则，为儿童树立人际交往的典范。

2．在活动中指导与发展小学生的社会交往能力。通过课内外的形式多样的活动，如与人分享、合作学习、角色扮演、游戏等，在活动中设置社会交往的规则，指导小学生社会交往的方法和技巧，在活动中促进小学生了解他人，体会每个人不同的表达方式，提高其人际敏感性和自我表达能力，促进其人际沟通和交往能力的发展。

3．通过一定的人际交往技能的训练，使小学生掌握一些人际交往的必要技能，提高小学生的人际适应能力、改善其人际关系。主要的人际交往技能训练包括：空椅对话、系统脱敏、描述、“SOLER”等技术与角色扮演、模仿学习、问题解决、家庭辅导、自信训练、人际归因训练等。

4．指导高年级男女学生正常交往。青春初期的小学生性意识逐步萌发，产生对异性的爱慕，渴望亲近异性。对此，教师要采用正面引导、个别教育的方法，让学生懂得早恋的危害性，知道什么是真正的爱情，使他们区分友谊和爱情的界限。教师还要做学生的知心人，动之以情，晓之以理，切忌粗暴挫伤学生的自尊心，要帮助学生从早恋中解脱出来。经常组织学生开展各种丰富多彩、健康向上的活动，让学生在活动中正常交往，建立纯洁健康的友情，并适时对学生进行理想教育和伦理教育。

⊙小学生道德发展与亲社会行为的培养策略

一、小学生道德品质发展的特点

品德是人在一系列道德行为中所表现出的某种稳定的特征，是社会道德在个体身上的表现。任何一种品德都包含有一定的道德认识、道德情感、道德意志、道德行为方式四个基本成分。从品德发展来看，在学前阶段品质发展的基础上，小学生的品德获得了进一步的发展，是品德发展的重要转折时期。

（一）小学生道德认识发展的特点

要发展孩子的道德认识，需要他领会一定的道德知识和道德要求，并能从内心接受这些要求，变成自己行为的指南。小学生道德认识的发展一般表现为三个方面：

第一，在道德知识的理解上，从比较直观的、肤浅的认识逐步过渡到比较抽象、比较本质的认识。但是整个小学阶段，这种理解的具体性大，概括性较差。第二，在道德评价上，从只注意行为的效果，逐步过渡到全面地考虑动机和效果的统一。第三，在道德原则的掌握上，从简单依赖于社会的、他人的规则逐步过渡到内心的道德原则制约。

（二）小学生道德情感发展的特点

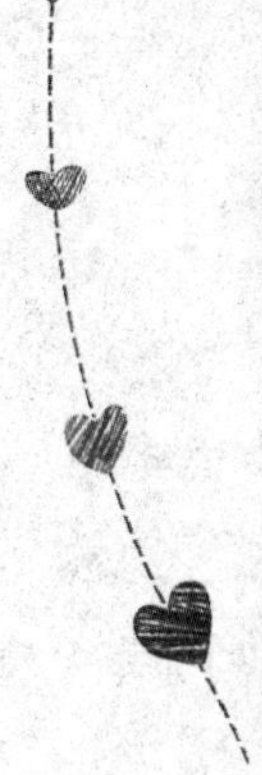

道德情感是随着人的道德认识的发展而发展和丰富起来的，它是推动人们完成道德行为的巨大力量。小学生在道德情感的推动下，能发挥自身的潜能去克服各种困难，从而完成道德行为。小学生的道德情感只是处于初步发展的阶段，主要有以下两个特点：

第一，小学生的道德情感是由狭隘的、模糊的态度发展到初步深刻和比较稳定的态度。例如，孩子在低年级时，对英雄人物只是从具体人物开始认识，即使对爱国主义的情感也是很肤浅的。到了中、高年级后，由于智力的发展和知识经验的丰富，高级的情感才能初步形成，而且变得初步深刻和稳定。

第二，小学生对不同的道德情感的体验有着不同的水平。越是具体形象的，越是易受感染。例如，小学生对自己所在的学校、家乡容易产生情感，而对爱国主义的情感却较疏远、陌生。

（三）小学生道德行为发展的特点

小学生道德行为发展的特点主要有两点：其一，由外部调节向内在调节发展。孩子在低、中年级时，他的道德行为主要是在成人的要求下实现的。到了高年级时，成人的要求逐渐转化为孩子自己的内部的力量，行为自觉性日益明显。其二，低年级孩子的行为动机和目的常常是具体的、眼前的、狭隘的，行为是简单的，并且逐步向复杂方面发展，由不稳定、不巩固向稳定、巩固方面发展。孩子身上经常存在着良好行为习惯和不良行为习惯的矛盾。

实践表明，在小学生品德的发展上，言行脱节现象非常普遍。孩子年龄越小，言行越一致。随着年龄增长，言行一致与不一致的分化越大。一般认为形成这种现象的原因主要有：模仿的倾向，成人的要求不一致；外界不良因素的干扰；做事、控制自己的能力差。因此，小学生言行脱节的原因是复杂的。教育者如采用简单的、粗暴的教育方式来对待他，常常是无济于事的。要针对实际情况，采取有效的措施，循序渐进地引导孩子做既懂道德的原则，又能身体力行的人。

二、小学生亲社会行为的发展特点

亲社会行为通常指对他人有益或对社会有积极影响的行为，包括分享、合作、助人、安慰、捐赠等。引发亲社会行为的动机是多种多样的，有期待外部的奖赏，有为了获得社会赞许，有为了减轻自己的内心压力，也有不图回报，完全出于同情他人或坚持内化的道德准则。

（一）小学生亲社会行为发展的特征

1．小学生的亲社会行为的规模和范围不断扩大、实施方式日趋多样化

在学前期的儿童的亲社会行为，指向同伴的比重约占90%，指向老师、成人和无明确指向对象的亲社会行为仅占5～10%。进入小学以后，他们不仅帮助同伴、老师，而且愿意主动地帮助其他需要帮助的人；在帮助的规模上也超越一两人限制，愿意与更多的他人合作。又如，在通过交谈的合作行为上，年长的儿童能够更灵活地运用询问、反馈等方式加强彼此间的交流与沟通。

2．小学生的亲社会行为由外部教育要求逐步向个体内在需要转化

小学低年级的儿童亲社会行为发展更多体现在对教育的要求，是服从性的亲社会行为。到了小学三年级下学期以后，其道德认知水平的提高和观点采择能力的发展，小学生已能够自觉地调整自己的行为，以适应他人，从而表现出更多、更高的发自内在需要的亲社会行为。

3．小学生的亲社会行为表现出观念与行动之间关系的复杂化

由于其认识能力的发展，儿童的亲社会观念随着年龄的增长而不断发展。但是在具体行动上，由于受到多方面的影响，而呈现出与认知观念复杂化的现象。如有研究发现，儿童的合作认知和行为的多样性随儿童整个心理和行为活动能力的增强而逐步发展，但是，其是否体现为实际的合作行为却不一定。[1]

4．小学生的亲社会行为受认知、情景和环境影响显著

幼儿时期，受其自我中心主义的影响，儿童的亲社会行为更多只管自己的愿望，而不在乎环境和他人。但是，进入小学以后，特别是小学三年级以后，儿童的亲社会行为越来越受环境或情景的影响。如研究发现，6~9岁的儿童在合作性目标条件下，合作行为就增多，而且能更好地完成任务，而在竞争性目标条件和中性指导语的条件下，竞争行为就增多，完成任务的成绩也较差。[2]

5．小学生的亲社会行为存在性别差异

男女儿童在竞争和合作的价值认知上存在明显差异。一般来说，女孩倾向于选择合作，男孩倾向于彼此之间的竞争。在合作的行动方式上，女孩更多善于通过彼此间言语的交流、沟通和协商以达到合作的目的，而男孩更多是通过身体动作来实现的，言语交流相对较少。另外，在小学大多时间里，不管是男孩还是女孩，在对同伴实施亲社会行为中仍然更多的在同性中展开。

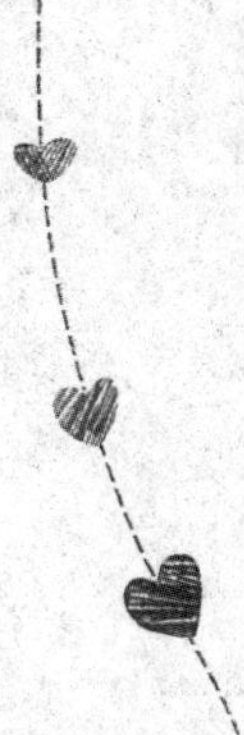

（二）小学生亲社会行为的影响因素

1．社会认知

社会认知水平决定了儿童对社会观点的采择和对社会规范的认知。儿童越能充分理解他人的需要、思想、感情、动机，越懂得有责任帮助别人、有义务回报别人并同情帮助遭遇不幸的人，而儿童越能够理解这些社会规范，

[1] 陈琴，庞丽娟．论儿童合作的发展与影响因素[J]．教育理论与实践，2001(3)：43-47．

[2] 李晓东．目标结构对6～9岁儿童合作与竞争的影响作用[J]．心理科学，1991(02)：33-37．

在生活情境中越可能表现出亲社会行为。

2．移情

移情是指儿童在觉察他人情绪反应时所体验到的与他人共有的情绪反应，是儿童亲社会行为的一个重要的中介因素。儿童越能够替代性地体验他人的悲哀、痛苦等情绪，就越可能自觉自愿地表现出利他行为。移情行为水平越高，亲社会行为越多。但并非所有的亲社会行为都是由移情反应所引起的，有的可能是为了获得称赞或奖赏，或为了坚持内化了的道德原则等。

3．社会学习

社会学习有助于促进儿童的亲社会行为，尤其是对就近榜样的模仿是促进儿童亲社会行为发展的重要因素。

三、小学生道德与亲社会行为发展的引导策略

1．针对小学生道德与亲社会行为发展特点进行教育引导

如根据儿童亲社会行为在年龄上由外部的教育要求向内在需要逐步转化的特点，在低年级，一般通过老师的教育要求就可以培养亲社会行为，但到高年级，可通过强化责任感的方式来培养小学生亲社会行为的主人翁意识，以激发其亲社会行为。又如，根据小学生的亲社会行为受认知、情境和环境影响显著的特征，可以通过塑造良好舆论导向、利用集体的压力，来促使小学生亲社会行为的发展。

2．采取合理的训练方法

小学生道德和亲社会行为的培养技术主要有四种：角色扮演、移情训练、榜样示范和行为训练。

（1）角色扮演法。就是将学生暂时置身于他人的社会位置，并且按这一位置所要求的方式和态度行事，以增进学生对他人社会角色及自身原有角色的理解，从而有效地履行自己的角色的心理学技术。

（2）移情训练法。它是一种旨在提高儿童善于体察他人的情绪、理解他人的情感，从而与之产生共鸣，并给予需要者帮助的训练方法。该方法的基本原则是让被训练者考虑他人的想法和情感，并设想自己在相似的情境下的感受。

（3）榜样示范法。就是设置一定的社会情境，通过树立一定榜样模范，

使儿童在有意无意中进行模仿，来培养儿童的亲社会能力的方法。

（4）行为训练法。它是一种针对小学生已经具有亲社会行为倾向，但是还不够或者不符合情境要求的那些行为，以图达到提高儿童亲社会行为发生的概率而采取的类似行为强化法。所采用的形式可以是各种的强化（如奖励等）、代币制，偶联契约等。

操作链接

和同学友好相处

【活动目标】（1）使学生明确新世纪的来临，要学会和同学友好相处的能力；（2）要求学生和同学友好相处。

【活动准备】多媒体课件

【活动方法】讨论、表演、讲授

【活动过程】

一、引入课堂

我们每个同学每只手都有五个手指，请你们告诉我，哪个指头最重要？是啊，五个手指都很重要，缺一不可，它们有长有短，有粗有细，配合起来才有力量。在集体生活中，每个人就像其中一个手指，性格不同，爱好不同，但每个人都很重要，每个人都有他特有的作用。如果你能把每个同学都看得和自己一样重要，那你就能和他们相处得很好了。

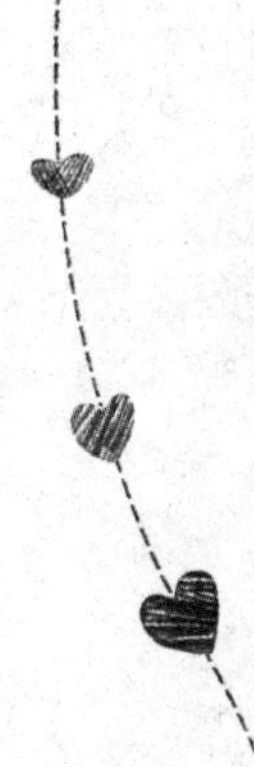

二、观看视频

我们同学时常会因为一些小事而争得面红耳赤。请看小品《同桌的故事》（多媒体演示）。

1．讨论：（1）说说亮亮和文文为什么会争吵？怎么避免争吵？（2）回忆以往有过的不成功的谈话过程，讲一讲。或者你想知道在一些情况下应该怎样和别人交谈，说一说，看大家能不能帮助你。

2．结合同学讨论，教师结论：与别人谈话时要注意：身要正，眼要正视对方，声音要轻柔些，表达方式要委婉，别那么冲。

3. 用正确的交谈方式表演小品。

三、明理

1. 请听故事《不能没有你》。

故事中周婷婷和王峥真是了不起的好孩子，一个是无声的世界，一个是无光的世界，然而两个不完整的世界联系起来，撞击出的生命火花竟是那样光彩夺目，那样美好！她的成功充分显示了合作的力量。

合作，将创造出生命的奇迹！

2. 诗朗诵。

我是大海中的一滴小水珠，有我和我的伙伴，才能形成汹涌澎湃的大海，造福人类；我是高山上的一棵小草，有我和我的伙伴，才能形成翠绿的山川；我是集体中的一员，有我和我的伙伴，才能形成和谐、温暖的集体。

四、说说你今后怎样和同学友好相处？怎样合作？

指名说→小组讨论→再指名说。

五、最后送你几句话，请把它记下来。

尊重别人的意见，
看到别人的作用，
赞美别人的好处，
学习别人的长处，
感谢别人的帮助，
原谅别人的过失。

第九章　中学生的学习心理及其引导策略

沈奇今年上初一，学习很认真，效果也很好，成绩中上。但最近，他迷上了电脑，每个周末都玩电脑，而且上网时间很长，玩游戏或者看小说。他感觉自己的注意力越来越不集中，每天好像做梦似的，自己觉得很清醒，但是又不知道自己在做什么或者做了什么……上课的时候听老师讲课感觉什么都听不懂了，（以前不这样的）有种类似焦虑的感觉，觉得自己的脑子也不好使了，连最基本的思维方法都不会了，感觉不知道怎么学习了。他自己也觉得要安排好自己的时间，但又不知道怎么去纠正自己，怎么让自己恢复到以前的状态。

进入中学，学习上出现了一系列的变化，学习越来越成为青少年生活的重心，学习对于中学生身心发展所造成的影响也越来越大。本章主要介绍中学生学习的特点、中学生学习动机的特点与激发策略和中学生的学习策略的发展特点及其培养。

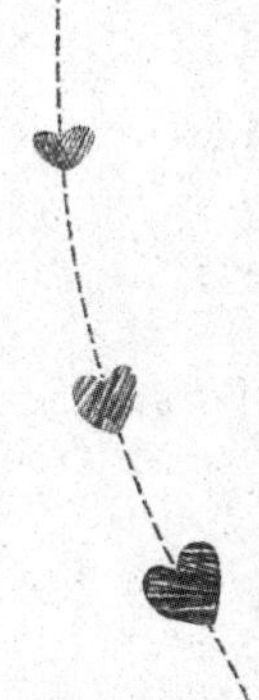

⊙中学生学习的特点

中学是由小学向高中、大学过渡的时期，学生的身心发展也由少年期向青春期过渡，他们可塑性大，既是掌握基础知识、基本技能的最佳时期，又是为今后发展创造条件的重要时期。与小学阶段的学习相比，表现出以下明显的差异：

一、学习内容逐步深化、学科知识逐步系统化

小学期间，学生的学习内容是比较简单的，学科也相对简化，主要学习语文、数学等最基础的课程。进入中学以后，学习的内容发生了明显的变化。学习的课程门类逐渐增加，语文、数学、英语等这些小学曾学习过的课程内容由直观的、感性的、零碎的知识点变成了更为完整、系统的知识体系，并更加突出能力要求；同时，物理、化学等课程相继开设，历史、地理、生物等人文社科知识也成为重要的学习内容。这都使中学生的学业负担客观上大大增多了。

二、教学和学习的方式方法的变化

在教学方式方法上，小学阶段，老师的教学更重趣味性和直观性，而不是强调知识的完整体系，强调学生多读多背多记，多默写；中学老师的教学方式以系统讲授为主，越来越注重传授知识的严密性和注重学生思维方法、思维能力的培养，除要求学生识记大量的定义、原理等知识点外，更重要的是培养学生掌握运用知识的能力。

在学习的方式上，小学阶段的学习，在学校里，主要依赖老师的安排，老师可以说是无所不包、无所不管；在家里，也大都是在家长的督促下完成学习任务的。小学生的学习主要还是被动学习，还不知道主动安排学习。而中学的学习方式不同，要求主动学习，被动就要掉队，要求学生具有一定的自学能力，强调学习自主能力的培养。另外中小学对学生学习方法上的要求也有所不同。在小学的学习中，学生对知识的认知大多数以直观为主，多从感性认识出发，很多知识是通过直观的“看”来学习，通过实际的东西来记忆、来理解。而且，学校对小学教师的要求也是使用儿童语言，以形象的叙述为主。虽然，中学也要求直观教学，但实际上中学的课程大多数是以理性认识为主。这就要求学生在学习的过程中，逐渐掌握一些规律性的东西。这种对学习方法的变化要求对于刚上中学的学生来说应该有一个适应过程。

三、竞争压力增大，学习成绩分化日趋激烈

中学阶段考试变得频繁，竞争压力加大。学习量的增加和内容的不断加

深，加上初中学生心理的波动和生理的变化，使得初中生的学习成绩波动很大，同时出现激烈的分化。主要表现在以下几个方面：

（1）小学阶段的学习成绩和初中成绩相关不大。根据有关专家的研究，在小学是学习尖子的学生，进入初中以后继续保持领先的情况大大减少；相反，有些小学时被认为成绩不好的学生，往往后来居上成为学习冒尖者。而初中阶段的学习成绩却与高中学习呈明显相关。

（2）初二年级往往出现比较明显的学习“分化点”。教育界流传一句俗语：“初一不分上下，初二两极分化，初三天上地下。”一般来说，经过初一的学习适应和调整，学习习惯和方法基本形成定势，成绩的差异逐渐明显。尤其到了初二年级，随着学习内容的加深，物理等自然科学课程相继开设，对学生逻辑思维能力要求越来越高，智力在学习中的作用也表现得越来越突出，这时学习成绩开始出现好的更好，差的更差，好与差的差距被越拉越大的状况。

（3）学习成绩与付出的工夫所呈现的差异。学习优秀的学生由于能够合理地安排时间，方法得当，事半功倍，学习往往显得轻松自如而依旧学有余力；学习较差的学生穷于应付，事倍功半，却学得越来越吃力，学习变成了沉重的负担。这种对待学习是否轻松的状态，是判断学生学习潜力的重要依据。

此外，现阶段中学生学习还有一些特点，如与以往比较，现在的中学生学习环境有了极大的改善，学习资料非常丰富，学习的途径也多样化了；部分学习的目的是为了分数，为了考上重点中学或为了升学，而不是为了今后的生活工作获取知识和技能，因而重视书本学习，轻视实践操作的现象极其严重；怀疑意识不强，创新意识太弱，学生回答问题只求“标准答案”，极少对课本和老师的讲解提出质疑。

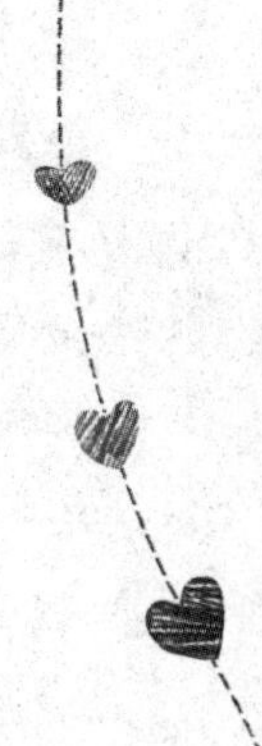

⊙中学生的学习动机及其引导策略

一、中学生学习动机的发展特点

（一）中学生学习动机的类型特点

同小学生相比，中学生已经开始理解学习的意义和责任，学习动机更为明确、具体。但受环境等众多因素的影响，中学生的学习动机又表现出形式上和内容上的差异。根据相关调查结果分析，当前中学生的学习动机从形式上主要有以下几种类型：[1]

1. 依附、受迫型动机

所谓依附、受迫型动机是指学习是为了应付“差事”，或是迫于家长、教师的压力而被动学习。属于此类动机的学生占8.3%。

2. 义务型动机

所谓义务型动机是指有些中学生认为学习是给父母争气，给家族争光，或是为了报答老师、父母的关爱而主动学习。通过调查发现，在中学阶段属于此类动机的学生为13.6%。

3. 兴趣型动机

所谓兴趣型动机是指中学生主要因对所学知识和技能的本身兴趣而产生的学习需要。此类动机的学生占33.6%。

4. 信念型动机

所谓信念型动机是指学生认识到只有通过学习、努力提高自身文化水平和各种能力，将来才能成为有用武之地的社会建设人才，才能为社会做出更多更大的贡献。具有这类学习动机的中学生为44.4%。

综上所述，中学生的学习动机呈现出不同的类型特点，其中大部分中学生的学习动机是正确的、高尚的，对其学习活动具有积极的和长效的推动作用。但也有相当一部分学生的学习动机是不当的、消极的，不仅影响其学习行为和学习效果，而且也会导致一些心理问题的产生。

（二）中学生学习动机发展的一般特点

中学生的学习动机处于不断发展和深化的过程中。学生在不同年龄阶段，其主导性的学习动机是不同的。年级越低，学习动机越具体。年级越高，与社会要求相适应的动机就越占有支配地位，并逐步成为学生学习的主导性动机。小学生的学习动机受与学习结果直接有关的具体人和事的影响，一般说来，这一阶段是直接的近景性学习动机在起主导性作用。到了初中，学生的责任感、集体归属感及荣誉感增强了，他们在同年龄人中已取得一定的地位，新产生的与社会要求一致的需要，就逐渐成为推动其学习的巨大动

[1] 陈立春．中学生学习动机的有效激发与维持[J]．中小学心理健康教育，2010(02)：12-14.

力。而高中阶段，学生的主导性学习动机更富有社会性，他们面临着人生的重要抉择——职业定向，其学习动机便与未来的工作或学习有了更加密切的关系。这时，间接的远景性学习动机和直接的近景性动机都发展到了更高一级的水平，指向性也更加明确。这一年龄阶段，在正确的引导和教育下，学生可以形成有益于人民、有益于祖国的学习动机。如果在不良环境的影响下也可能形成以个人私利为主导的学习动机。

二、中学生学习动机激发的策略

根据动机理论，结合中学生心理发展特点，我们可以从以下几方面来激发中学生的学习动机。

（一）增加学习的趣味性，激发学生的内在动机

主要可通过两方面来进行，使学生对学习充满热情。一是增加学习内容的趣味性，如学习内容本身充满趣味性；学生熟悉相关的内容；学生认为重要的有价值的内容；能激发学生认知冲突的内容等等。二是增加学习方式的趣味性，即更多地采用学生喜欢的学习方式，如实验演示、游戏、模拟等方式。

（二）根据作业难度，恰当控制动机水平

在一般情况下，动机水平增加，学习效果也会提高。但根据耶克斯—多德森定律，中等程度的动机水平最有利于学习效果的提高，同时，最佳的动机水平与作业难度密切相关。教师在教学时，要根据学习任务的不同难度，恰当控制学生学习的动机水平。在学习较容易、较简单的课题时，应尽量使学生集中注意力，使学生尽量紧张一点儿；在学习较复杂、较困难的课题时，则应尽量创造轻松自由的课堂气氛，在学生遇到困难或出现问题时，要尽量心平气和地耐心引导，以免学生过度紧张和焦虑。

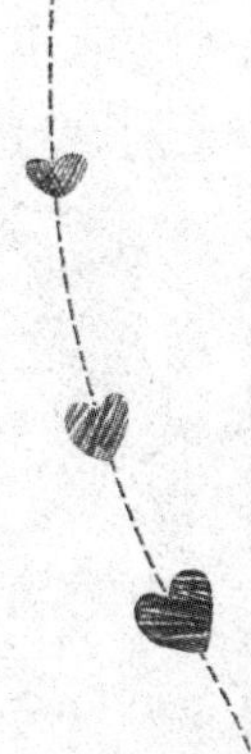

（三）运用强化动机理论给予学生积极的反馈

心理学研究表明，来自学习结果的种种反馈信息，对学习效果有明显影响。教师对学生的反馈包括教师对学生所做出的一切反应，这种反馈不仅直接影响学生行为的形成，还是影响学生归因的重要因素。给予学生反馈首先要保证反馈必须明确，要具体化，否则学生不清楚自己好在什么地方，也不利于其对自己成功的归因；其次，反馈要适当，一定要适量、适度，要因地

制宜、因人而异；最后，反馈要及时，经常。

（四）合理设置课堂环境，妥善处理竞争和合作

目标设置理论认为，目标可以激发学生的动机，提高学习的效果。教师在教学中应尽可能设置一个合理的能促进学生有效学习的目标，目标要明确、具体，处于学生的最近发展区；其次，教师应根据不同的动机激发需要采用不同的课堂目标结构，竞争型课堂结构激发以表现目标为中心的动机系统，合作型课堂结构激发以社会目标为中心的动机系统，个体型课堂结构激发以掌握目标为中心的动机系统；此外，教师应鼓励和引导学生积极地参与设置学习目标和设置个人化的目标。

（五）适当进行归因训练，促使学生继续努力

有些学生的失败很大程度上取决于消极的归因方式，通过改变其不合理的归因，可以提高其自我效能感，促进努力学习，提高成绩。归因训练步骤包括：（1）通过访谈或问卷了解学生的归因倾向；（2）让学生进行某种活动，并取得成败体验；（3）让学生对自己的成败进行归因；（4）引导学生进行积极的归因。

（六）培养自我效能感，增强学生成功的自信心

自我效能感影响学生的自我评价和自信心，进而影响学习成绩，提供学习动机。教师应尽可能创造条件给学生提供成功的机会，使他们获得更多的成功体验。直接的方法是选择难易适中的任务，让学生不断地获得成功体验，进而提高自我效能感。间接的方法是让他们观察那些学习能力与自己差不多的学生取得成功的学习行为，通过获得替代性经验和强化来提高他们的自我效能感，使他们确信自己也有能力完成相应的学习任务，由此产生积极学习的动力。另外，教师可引导学生坦然面对失败，从失败中找出可以改进的因素，进而提高自己的学习技能，增强获得成功的自信。

（七）维护学生自我价值，警惕自我妨碍策略

自我价值理论指出，学生有保护和表现自我价值的需要，这是个人追求成功的内在动力。随着年龄的增长，学生越来越倾向于将成功视为能力的展现而并非努力的结果。而一旦成功难追求，学生就可能以逃避失败来维持自我价值。教师应该教给学生一种积极、乐观的看待能力的态度。要理解和尊重学生有保护自我价值的需要，引导他们把自我价值的实现方式与正面、积极的学习行为相联系，避免学生不断从环境中体验到对自我价值的威胁感，

从而采取各种自我妨碍的逃避策略。教师可根据提供足够的自我发展的机会；任务设置保证合理的挑战性；更多合作，更多团体意识等三原则来设置的课堂任务，来达到以上的教育效果。

（八）维护内在需要，促进外部动机内化

兴趣、好奇心、探索欲，是人类学习的最早动力。源于内部需要的学习动机具有更多坚持性和抗干扰性，能引起学习者更高水平的知识学习，能预期学习者更好的学业表现和心理健康水平。如何帮助学生将外部调控的学习动机不断内化，形成相对自主调控的学习动机，就成为学习动机激发的重要主题。自我决定理论指出，教师应该创设能够充分满足学生自主需要、胜任需要和归属需要的学习环境，帮助学生培养自我决定的学习动机。例如，教师可以通过增加课堂中的弹性空间、强调任务的意义和价值、承认并接纳学生学习中的消极情绪等方式，帮助学生更好地接纳那些暂时无法引起他们兴趣的学习任务。研究者建议教师减少在笔记和课本等教学材料上停留的时间，给学生提供更多自主学习的机会，鼓励学生自发提问，鼓励学生主动表达学习中的情绪，尤其是那些可能妨碍学习兴趣的负面情绪，尽量避免命令、批评，避免强行打断学生的自发探索。

⊙中学生的学习策略及其引导策略

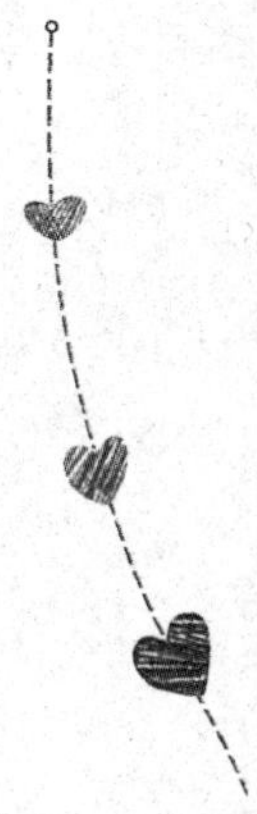

一、学习策略的含义及其类型

学习策略是学习者为了提高学习效率和学习效果而有目的、有意识采用的有效学习的程序、规则、方法、技巧及调控方式等。一般认为，学习策略包括认知策略、元认知策略和资源管理策略。（相关内容参见第三章）

二、中学生的学习策略的发展特点

研究者对学习策略发展阶段有不同的总结，Nisbet & Shucksmith（1986）认为认知策略的形成要经过：直觉性行为、低水平的自动化行为、主动有意识的扩展性行为、高水平的自动化行为四个阶段。Kirby（1989）提出了认知策略发展表现为从“特殊性策略”向“一般性策略”，从“微观策略”向“宏观策略”转移的过程。Miller认为学习策略的发展可以分为：无策略阶段、部分使用或使用策略的某一变式阶段、完全使用但不受益阶段、使用且受益阶段。

不同年龄阶段学生的学习策略存在差异，这种差异表现在高年龄学生的学习策略更加合理、科学，学习策略的水平随年龄的增长而提高。刘晓明、陈彩琦对幼儿的研究也表明，幼儿的数学运算策略也体现出类似的特征。[1]胡桂英、许百华在对初、高中生学习策略比较时发现，高中学生学习策略的使用远好于初中学生。[2]

根据以往研究，中学生在学习策略的运用上表现如下特征：

1．学习策略的年级发展水平上，初中生对学习策略的掌握还处于他控状态，且尚未内化，策略运用水平不稳定，高中生对学习策略的掌握运用达自控水平。具体而言，初一学生的表现最好，初三学生学习策略水平显著低于其他各年级学生，而高一学生学习策略水平又有回升的趋势，显著高于初三，而且高中阶段的学习策略水平比较稳定。[3]这与人们对学习策略教学的认识和采取的措施及学生的年龄特点有关。由于初中生的自我控制能力还较弱，其学习策略具有外部获得性的特点，他们只能生搬硬套地使用而不能灵活运用学习策略。另外，进入初三，学生面临升学考试，已转入全面的总复习阶段，学习主要是由教师控制的，学生学习策略的使用因此受限。同时，由于初一、初二期间掌握的学习策略尚未内化，不能有效地迁移到初三的学习中来，因此，表现为初三学生学习策略运用水平大幅度下降。而高中生对学习活动的自我监控不断得到发展和提高，逐渐形成策略性学习的能力，从而表现出较高的策略运用水平。

2．在学习策略水平与学习成绩关系的阶段特点上，不论是初中阶段还是高中阶段，学习成绩优秀学生的学习策略水平都要优于学习成绩差的学生，可以认为，学习策略水平的高低是造成学生学习成绩分化的一个重要原因。但在不同的年龄阶段，引起学生学习成绩分化的学习策略成分并不相同，如初中阶段，要提高中等生和差生的学习成绩，就应加强有关听课、复习、作

---

[1] 刘晓明，陈彩琦．幼儿数学策略应用的发展特点及元认知的影响[J]．心理发展与教育，1999(3)：25－30．

[2] 胡桂英，许百华．中学生学习自我效能感、学习策略与学业成就的关系[J]．浙江大学学报，2003(3)：477－480．

[3] 余欣欣．中学生学习策略发展的研究[J]．广西师范大学学报(哲学社会科学版)．2001(3)：61－65．

业和练习、反馈、考试、监控、时间管理及动机、态度策略方面的指导和训练，对差生来说，尤其应加强时间管理及动机、态度策略的指导和训练；而在高中阶段，要提高中等生和差生的学习成绩，应加强有关听课、作业和练习、反馈、考试、具体学科的学习、监控、动机、态度、寻求他人支持等方面的学习策略的指导和训练，尤其应加强差生在监控学习计划的执行和有效性、学习方法的有效性及是否具有良好学习心理状态方面的学习策略的指导和训练。

3．性别差异与学习策略水平差异的阶段特点上，初中阶段，男、女生的自我监控能力都尚未发展成熟，他们对学习策略的掌握及运用基本上还处于外部控制状态。因此，男、女生的学习策略发展水平基本一致，无显著差异。高中阶段，除动机、态度策略外，女生学习策略总体水平显著高于男生。[1]其原因在于，高中阶段，学生自我意识增强，自我监控学习能力有了较大的发展，学习逐渐由外部控制转向内部控制，在策略的积累、运用上较初中生更自觉。因为高中生都要面临高考，故男、女生在学习的动机、态度方面差别不大，学习的动机、态度策略也无显著差异。但由于女生自我教育能力、自我控制能力和毅力比男生要强，因此，女生学习更富于热情，对学习策略的积累、运用要积极主动些，因而在学习策略总体水平上高于男生。此外，反映在具体策略应用上，男女生存在一定差异，女生主要在复述策略和精加工策略优于男生，男生在计划策略、监视策略、调节策略上要优于女生。

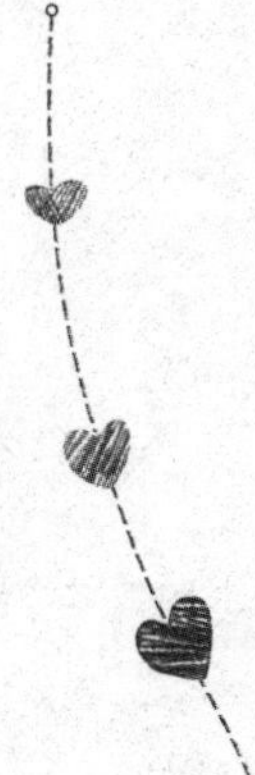

三、中学生学习策略的引导

（一）学习策略训练的常用方法

1．指导教学模式

指导教学模式与传统的讲授法十分类似，由激发、讲演、练习、反馈和迁移等环节构成。在教学中，教师先向学生解释所选定学习策略的具体步骤和条件，在具体应用中不断给以提示，让其口头叙述和明确解释所操作的每一个步骤以及报告自己应用学习策略时的思维，通过不断重复这种内部定向

[1] 王恩国、阴国恩、吕勇．中学生学习策略发展研究[J].心理与行为研究，2007(3)：183～187.

思维，可加强学生对学习策略的感知与理解保持。同时，教师在教学中依据每种策略来选择许多恰当的事例来说明其应用的多种可能性，使学生形成对策略的概括化认识；提供的事例应从学生的认识水平出发、由简到繁，使学生从单一策略的应用发展到多种策略的综合应用，从而形成一种综合应用能力。

2．程序化训练模式

该训练模式的基本思想基于加涅的学习层次理论。所谓程序化训练就是将活动的基本技能，分解成若干有条理的小步骤，在其适宜的范围内，作为固定程序。要求活动主体按此进行活动，经过反复练习使之达到自动化程度。程序化训练的基本步骤是：①将某一活动技能，按有关原理分解成可执行、易操作的小步骤，而且使用简练的词语来标志每个步骤的含义。②通过活动实例示范各个步骤，并要求学生按步骤活动。③要求学生记忆各步骤，并坚持练习，直至使其达到自动化程度。

3．完形训练模式

完形训练就是在直接讲解策略之后，提供不同程度的完整性材料促进学生练习策略的某一个成分或步骤，然后，逐步降低完整性程度，直至完全由学生自己完成所有成分或步骤。完形训练的好处就在于能够使学生有意注意每一个成分或步骤，而且每一步训练所需的心理努力都是学生能够胜任的，更为重要的是，每一步训练都给学生以策略应用的整体印象。

4．交互式教学模式

交互式教学主要是用来帮助成绩差的学生阅读领会，它是由教师和一小组学生（大约6人）一起进行的。旨在教学生这样四种策略：①总结——总结段落内容。②提问——提与要点有关的问题。③析疑——明确材料中的难点。④预测——预测下文会出现什么。

交互式教学模式步骤：一开始，教师作一个示范，朗读一段课文，并就其核心内容进行提问，直到最后概括出本段课文的中心大意。教师指定一个学生扮演“教师”，彼此提问。

5．合作学习模式

该模式的基本思想是合作性成为当今基础教育改革所倡导的基本理念。在这种学习活动中，两个学生一组，一节一节地彼此轮流向对方总结材料，当一个学生主讲时，另一个学生听着，纠正错误和遗漏。然后，两个学生彼

此变换角色，直到学完所学材料为止。

要使合作能够进行，教师必须注意以下几点：①要有一个有吸引力的主题。②要有可分解的任务。③要有一个有凝聚力的稳定的团队。④要有一个具有激励性、发展性的评价机制。⑤需要在课与课之间、课内与课外之间具有连续性。

（二）学习策略训练中应注意的事项

1．策略选择的原则。根据已有研究，策略的选择应遵循以下三个原则：（1）最普遍的策略；（2）最有效的策略；（3）容易学的策略。

2．策略训练应具体化。要使学生顺利掌握策略，策略训练应具体化，分阶段进行。只有具体化，一步一步使学生对策略使用有轨迹可依，才能比较容易地掌握所教策略。

3．策略训练需外显化。教师须尽量把学习策略外显化，使学生能切身感受到、体验到。可以通过教师的示范或对学生的具体启发，使学生产生体验才能领会。

4．策略训练要加强主体体验。学习策略训练中的主体经验是指通过尝试、应用而获得的关于具体策略的情感、价值、态度等方面的内心认同，再高效的学习策略，缺少了主体体验，也难以内化到主体认知结构中，成为具有个人价值意味的智慧能力。

5．要保证策略训练的有效性条件。首先，策略的使用总是有一定的前提条件的。训练时，教师应突出策略使用的条件与范围等条件化知识。其次，应防止策略的产生和应用缺陷。主要要防止策略意识缺乏、产生缺陷和利用性缺陷三种缺陷。

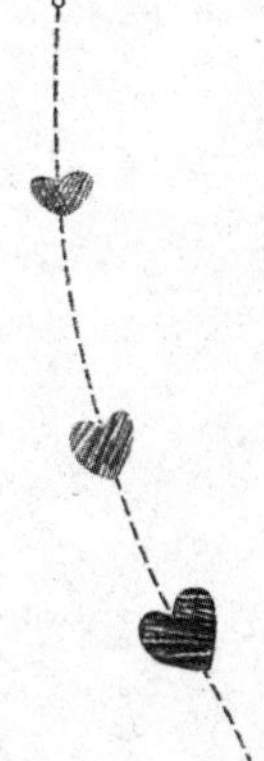

操作链接

做时间的主人

【活动对象】普通全日制高中高一学生

【活动目标】帮助学生认识到时间对人生发展的重要意义，学生认识到时间的紧迫感，学会合理安排时间。

【活动方式】小组比赛；互动讨论

【活动准备】课件；小纸条和白纸若干

【活动过程】

一、导入（5分钟）

1．猜谜（1分钟）

这个谜语是：假设你有一个账号，这个账号每天进账$86400，每年进账$31536000，每晚12点进账消失，每年元旦后结算扣除 。

——打一词语，两个字（时间）

2．暖身活动——时钟人（4分钟）

把学生分成以三人为单位的若干组，三人分别饰演时针、分针和秒针，根据老师报出的时间来做出相应的时钟动作（如8点15分10秒），以比赛的形式进行。

目的：活跃气氛

二、主题讨论（28分钟）

1．撕纸人生（8分钟）

⑴ 在开始游戏之前，请先准备一张纸条，大概长16～18厘米，宽一厘米。然后把这张纸条画成10个格子，即分成10等分，在格子里依次写上1～10的数字。准备好之后，游戏就开始了，必须要认真对待这个游戏，因为我们是在面对我们的人生。开始：这张纸条就代表着我们的人生，每一个格子就代表10年，假设我们的人生有一百年。

第一步，请把你年龄前的纸条撕掉。如18岁，就撕掉前面1和2的一大半，两个半的格子。看看你还剩多少个格子。好了，继续。

第二步，现在你认为自己可以活到多少岁，然后把你活的岁数后面的纸条撕掉。如你觉得自己能活到60岁，那就把6后面的格子都撕掉。

第三步，请你把高中三年撕出来，然后把剩下的格子折成三等分，撕掉三分之一，因为我们有三分之一的时间在睡觉。看最后纸条的长度。

⑵ 说说自己的感觉与体会。

目的：让学生认识到高中三年的短暂和宝贵。

2．生活圆饼图（20分钟）

我们在高中要待3年，我们在高中三年有多少的学习时间呢？也许三年很

难算，但是我们一天很好算。

(1) 分给学生每人一张白纸，让其在纸上画一个圆，并根据自己的实际情况将圆分成24小时的作息表。让大家回忆过去的24小时发生的事情，要求尽量详细的回忆，并把这些事情记录在相应的时间段内。

(2) 思考和讨论

时间用在主要目标上了吗？原因何在？

哪些事情根本不必做的？在记录中占多少时间？

哪些活动可以再少用些时间？需要采取什么措施？

别人浪费了我的时间吗？我浪费别人的时间了吗？

(3) 请学生在背面画出自己理想中的24小时生活圆饼图。

目的：让学生明晰自己的时间分配情况，并能从大家的讨论中得到有益的启示。

三、收获与感悟（10分钟）

请学生谈谈自己有何感想。

四、布置任务（2分钟）

1. 将新的时间圆饼图付诸实践；

2. 课外搜集更多的时间管理策略和技巧，为下节课做铺垫。

如：12条时间管理原则

A. 有计划地使用时间。不会计划时间的人，等于计划失败。

B. 目标明确。目标要具体、具有可实现性。

C. 将要做的事情根据优先程度分先后顺序。80%的事情只需要20%的努力。而20%的事情是值得做的，应当享有优先权。因此要善于区分这20%的有价值的事情，然后根据价值大小，分配时间。

D. 将一天从早到晚要做的事情进行罗列。

E. 每件事都有具体的时间结束点。控制好通电话的时间与聊天的时间。

F. 遵循你的生物钟。你办事效率最佳的时间是什么时候？将优先办的事情放在最佳时间里。

G. 做好的事情要比把事情做好更重要。做好的事情，是有效果；把事情做好仅仅是有效率。首先考虑效果，然后才考虑效率。

H. 区分紧急事务与重要事务。紧急事往往是短期性的，重要事往往是长期性的。必须学会如何让重要的事情变得很紧急，是高效的开始。

I. 每分每秒做最高效率的事。将罗列的事情中没有任何意义的事情删除掉。

J. 不要想成为完美主义者。不要追求完美，而要追求办事效果。

K. 巧妙地拖延。如果一件事情，你不想做，可以将这件事情细分为很小的部分，只做其中一个小的部分就可以了，或者对其中最主要的部分最多花费15分钟时间去做。

L. 学会说“不”。一旦确定了哪些事情是重要的，对那些不重要的事情就应当说“不”。

第十章　中学生认知的发展与引导策略

李红与刘英是一对好朋友，两人经常在一起吃饭、打开水，李红还经常陪着刘英逛街、购物。一天，李红约刘英周六晚上一起去看电影。刘英说她不能去，因为她要和妈妈一起去姥姥家。后来，李红知道刘英撒了谎，她感到很气愤，于是她就想："我对她这么好，她竟然还欺骗我，看来世上没有真正的好朋友，人是不可信任的，要始终对人保持戒备之心。"

认知发展是认知结构或功能在时间上的改变，是中学生的一个重要的发展主题。中学生不仅在生理上发生了巨大的改变，认知发展也表现出不同于小学阶段的特点。本章主要介绍中学生注意、记忆、思维、创造性和想象的发展及其引导策略。

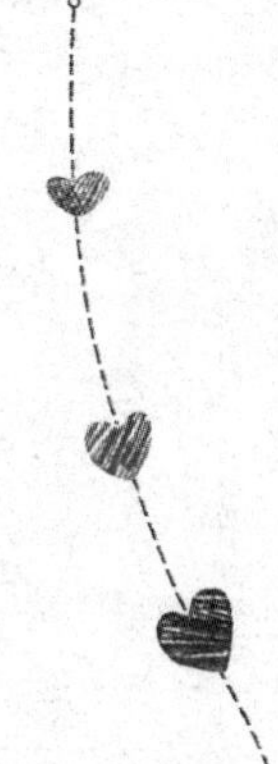

⊙中学生注意的发展与引导策略

一、中学生注意的发展特点

（一）中学生的注意逐渐向高级形态发展和深化，从以无意注意为主向有意注意过渡

随着年龄的增大，大脑不断发育成熟，神经系统活动的兴奋与抑制能更好地协调起来，中学生的有意注意逐步发展起来，并逐渐取代了无意注意的优势地位，注意开始具有自我组织、自我调节、自我控制的性质。

（二）注意的品质不断改善

首先，注意的稳定性得到迅速的提高。研究表明，中学生在有干扰和无干扰两种条件下的注意稳定性，均已达到一定水平。中学生可以有抗中等强度噪声干扰的能力，无干扰注意稳定性水平高中男生高于初中男生；但高中女生与初中女生水平接近。有干扰注意稳定性水平，则高中男女生与初中男女生无显著差异。初中同龄男女生无干扰注意稳定性有性别显著性差异（女高于男），而高中同龄男女生却已无性别显著性差异。有干扰注意稳定性初、高中同龄男女生无显著差异。

其次，注意的广度也日益扩大。初中生注意的范围已接近成人的水平；而到高中以后，注意的范围一般达到了成人水平。研究发现，中学生完全正确估计的视觉注意广度是5个。其估计的趋势是：初中学生注意的对象（点子）在8以下时，倾向于高估；在9以上时倾向于低估。高中学生注意的对象在7以下时，倾向于高估；在8以上时倾向于低估。[1]

再次，个体的注意分配能力出现了缓慢的发展。初中生注意的分配能力已经有一定的发展，绝大多数学生具有一定的注意分配的能力，他们可以边听老师讲课、边记笔记。但总的来说，初中生注意分配能力发展相对较为缓慢。注意的分配能力与技能熟练化和协调化的进程相关。到高中之后，注意的分配品质发展较好，已经可以比较熟练地将注意力分配在多种活动之中。

最后，注意的转移能力得以迅速发展。初中学生已具有一定的注意转移能力，但存在着个别差异，有一些学生转移能力较差，因而有可能造成学习落后。到高中之后，学生已经可以较好地根据任务要求转移自己的注意力。

二、注意力的培养策略

（一）教师教学中培养学生注意力的方法

1．教学方法要具体生动，以引起学生的注意

在教学过程中，教师要遵循学生的认识规律，从感性到理性、从具体到抽象，语言应生动形象、前后连贯、合乎逻辑。教师要精心设计课堂教学环节，创设情境投入，激趣探究，真正做到以导为主，让学生充分的研究、合

[1] 林镜秋，杨广兴，李桂荣等．关于中学生注意品质的实验报告[J]．教育改革，1994(5)：21–22．

作，体会成功的喜悦，激起学生的兴趣，调动学生的有意注意。

2．优化课堂教学结构，调整学生的注意力

一是合理安排课堂教学时间，做到劳逸结合，让学生在有张有弛的氛围中学习。二是合理安排教学内容，教师可选择学生情绪最饱满、精力最集中的时候讲解教学的难点和重点；当难点和重点讲完后，学生的有意注意可能开始分散，这时候，教师就可以讲一些相对次要的内容，让学生的无意注意来支持他们的学习活动。

3．发挥教学智慧，转移学生的注意力

在教学过程中，总会出现一些上课注意力不集中的学生，这时教师可通过各种方式来引起学生的注意：如可以提高语调、停止讲课、走下讲台、点名学生回答、用掌声表扬学生等方法引起学生注意。

（二）教给学生保持注意力的简单方法[1]

如当注意力集中出现困难时，可以用自己的内部语言，如“我一定要坚持，一定要集中注意”来强化自己。又如运用多种感官参与学习活动，听课时耳听、边想、边记笔记；阅读时眼看、口读、手写、耳听等等。

（三）进行注意力的专门训练[2]

可以通过专门的注意力训练以对学生进行注意力培养，研究表明，拉丁舞练习、书法训练、围棋、早操、身体以及情绪控制训练等，都对学生的注意力尤其是注意力稳定性有明显的提升作用。

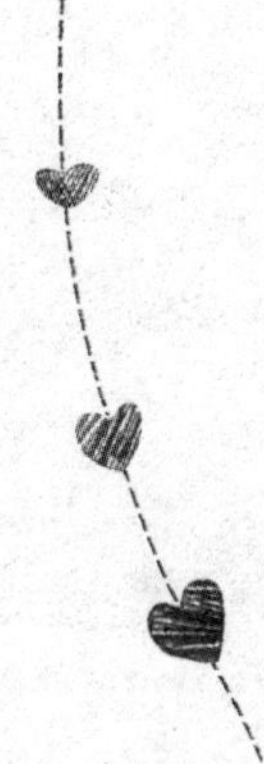

⊙中学生记忆的发展与引导策略

中学生的记忆能力逐渐过渡到成熟阶段。中学阶段的记忆力是人一生中的最佳时期，中学生不但在单位时间内的记忆量随年龄而持续递增，而且在记忆目的、内容和方法上出现新的特点。

一、中学生记忆的发展特点

1．记忆量的持续递增。中学阶段是人的记忆力发展的最佳时期，研究指出，在同样长的时间里，高中一、二年级学生记住的学习材料的数量，比小

[1] 谭怡钧．学生注意力的培养策略[J]．连云港师范高等专科学校学报，2001(2)：52-53．

[2] 王称丽．中小学生注意力发展及培养研究[D]．上海师范大学，2011．

学一、二年级学生几乎多4倍，比初中一、二年级学生多1倍多。16岁左右，记忆已趋于成熟。如果假定高中毕业（18岁）到35岁记忆成绩为100的话，则35～60岁记忆平均成绩为95，60～85岁为80～85。可见，青少年时期是记忆力的全盛时期。

2．记忆的有意性明显增强。小学生有意识记的任务往往是由教师提出的，无意识记常常表现得很明显，对有兴趣材料记得比较好，对一些困难材料记得比较差。随着教学的要求，学生逐步学会使记忆服从于识记的任务和教材的性质，因而有意识记日益占主导地位。中学生有意识记的突出特点是，学生不仅善于根据不同的教材内容，由自己提出不同的识记任务，而且能够自觉地控制自己的识记过程，主动地检查自己的识记效果，牢固地掌握学习内容。

3．意义识记的能力进一步发展。随着年级升高，意义识记的成分越来越多，效果也越来越好；而机械识记运用得越来越少。从阶段性来看，初中一年级学生机械识记方法还起着很大的作用，随年级升高，初中学生的意义识记能力更加发展起来，但有些初中生由于对教材不理解，还常常采用机械识记的方法。高中生更多地采用意义识记的方法来识记材料，机械识记的成分逐渐减少。记忆材料时，力求理解教材内容的内在联系，而不是单纯地进行机械识记。在复习时，能够自觉地安排复习，并能主动地自我监控。

4．抽象记忆的能力明显提高。小学儿童虽然在语词、抽象的识记方面逐步占了优势，但他们在很大的程度上还是依靠形象识记接受和保持外界信息。初中生的形象识记和抽象识记都在发展。抽象识记从初一年级开始加大了发展速度，而形象识记虽仍在发展，但是到了初中三年级以后则略有下降趋势。就形象识记和抽象识记来讲，对于中学生来说都是不可缺少的，不能说孰优孰劣。

二、中学生记忆力的引导策略

1．提高记忆的容量

根据信息保持的时间长短，记忆可分为短时记忆和长时记忆。短时记忆（short-term memory）简称STM，亦称操作记忆、工作记忆或电话号码式记忆，是个体对注意的信息进行加工和操作的过程。根据认知心理学的研

究，人的短时记忆的容量大约为7±2个组块，要扩大短时记忆的容量，就必须对材料进行组块化。通过把若干较小单位联合而成熟悉的、较大的单位的方式，能减轻记忆的负担，扩大记忆的容量。

对材料进行组织加工，使材料间形成规律性的联系，是提高长时记忆容量的有效方法。存储在长时记忆中的信息可分为词语和表象两类，有两种信息组织方式：言语编码和表象编码。言语编码是通过词加工信息，按意义、语法关系、系统分类等方法把言语材料组成“组块”，帮助记忆。表象编码是利用视觉形象、声音、味觉和触觉形象组织材料，帮助记忆。

2．增强识记的效果

（1）明确识记的目的和任务。识记的目的和任务越明确、越具体，越能集中全部精力到识记内容上去，获得好的识记效果。

（2）加强对识记材料的理解。意义识记中的识记效果好、保持久、易回忆。

（3）材料的数量和性质影响识记的效果。一般而言，识记材料越多，要达到相同的识记水平所花的时间就多，因此，一次应安排适量的识记材料；另外，就识记效果而言，直观形象材料优于抽象材料，视觉材料优于听觉材料；意义材料优于无意义材料。因此，对材料进行适当处理很重要。

（4）使识记材料成为活动直接对象，有助于提高识记效果。如学习生物时，通过自己动手采集和制作标本；上化学课时，自己做试验，观察实验现象，都有利于识记效果的提高。另外，多种感官参与识记过程，也能促进识记效果的提高。

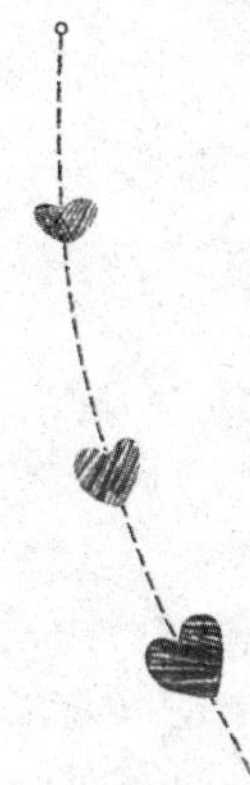

3．有效地防止遗忘

（1）复习要及时。根据艾宾浩斯遗忘曲线，遗忘的规律是“先快后慢”，随后便趋于平稳。因此，复习必须及时，要在遗忘尚未大规模开始前进行，以阻止通常在学习后立即发生的急速遗忘。

（2）采用阅读与重现交替进行的方法进行复习。阅读与重现交替进行，能使学习者发现问题和错误，及时纠错，抓住重点难点，使复习更具目的性，也能增强学习者的信心。研究表明，其效果要优于单纯的反复阅读进行复习的方式。

（3）适当安排复习内容。一方面，复习内容要适量；另一方面，安排不同性质材料交替进行复习，以减少材料间的相互干扰。

（4）合理地分配复习时间。研究表明，把识记的内容分在几个间隔的时间内进行复习的分散复习方式要优于集中复习，即把复习集中在一段时间内持续、反复地进行复习。

（5）过度学习。过度学习是指超过刚能背诵的程度之后的重复学习。研究结果表明，适当限度的过度学习比刚能背诵的效果好，但如果超过这个限度，其保持效果不再增加。一般过度学习量在50%左右效果最好。

4．注意学生心理卫生和身心健康，合理使用大脑

应教育青少年切忌抽烟和过量饮酒，养成良好的生活习惯；不要过分紧张疲劳，要劳逸结合，兼顾娱乐休息，使大脑各部分轮流兴奋与抑制；应加强体育锻炼，增进身体健康；保持愉快乐观情绪，培养坚强的毅力等，这些都是良好记忆品质形成所不可缺少的条件。

⊙中学生思维的发展与引导策略

在中学阶段，学生的抽象思维和形象思维都在迅速地发展着。在总的发展趋势上，在初中阶段，学生的初级的抽象思维即形式逻辑思维和一般性形象思维已经处于优势地位；到高中阶段，学生开始形成辩证逻辑思维，创造性形象思维获得较快发展，初中二、三年级时他们的思维趋于基本稳定和成熟。

一、中学生思维的发展特点

（一）抽象思维的发展

中学生的抽象逻辑思维从总体上讲处于优势地位。但初中学生的抽象逻辑思维，在很大程度上，还属于经验型，即他们的抽象逻辑思维需要感性经验的支持，具体形象成分仍起重要作用。研究发现，初中二年级是中学生思维发展的关键期。从初中二年级开始，中学生的抽象逻辑思维开始由“经验型”向“理论型”转化，这种转化大约到高中二年级初步完成。

1．形式逻辑思维的发展

从形式逻辑思维看，初中一年级已开始占优势，他们在解答需要用抽象思维才能解答的问题时，已能主要运用抽象思维来解决，而不是主要依靠感性形象的支持来解答问题。初中二、三年级开始能理解抽象概念的本质属

性。高中生的思维发展达到了新的水平，具有更高的抽象概括性、反省性和监控性特点。他们能够用理论作指导分析综合各种材料，以不断加深对事物发展规律的认识，抽象逻辑思维趋向理论型。到高中二年级，这种理论型思维发展趋于成熟并基本定型。因此，在中学阶段，是学生形式逻辑思维由开始占优势稳步向基本成熟过渡的关键时期。

2．辩证思维的发展

就辩证思维发展来讲，学生辩证思维的发展，明显地低于形式逻辑思维的发展水平。但是各年级学生辩证思维能力都在不断发展，总的趋势是：初中一年级学生已经开始掌握该种思维的各种形式，但水平还不高。初中三年级学生的辩证逻辑思维处于迅速发展的转折期，但是辩证逻辑思维尚未处于优势地位。同时初中学生思维的品质尤其是独立性和批判性有了很大的发展，但是很容易产生片面性和表面性的缺点。各种思维成分趋于稳定状态，这给高中学生辩证思维的发展做好了准备。高中生的辩证逻辑思维发展比较迅速，但不像形式逻辑思维那样到高中二年级已经趋于基本成熟，而只是趋于优势地位，并非达到完美的程度。

（二）形象思维的发展

中学生表象的发展，一是其形式和内容在对客观对象的反映上日趋准确。二是一般性的表象逐渐升华为审美性的意象。三是表象成为可用语言外化的充满着深刻表现力的形象。

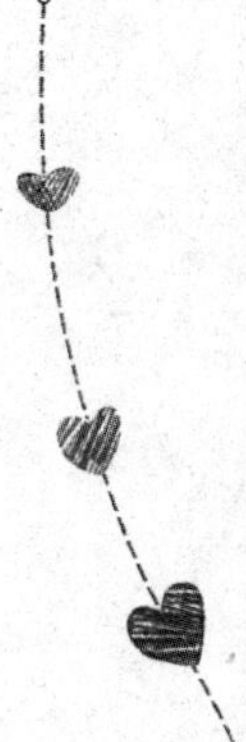

再造性形象思维的发展。一般来说，初中高年级学生在阅读小说一类记叙性的文学作品时，他们的再造想象已无多大困难。他们已经能够按照语言文字的示意进行合理的表象组合，形成符合作品原意的新形象。但他们对诗歌、戏剧一类文学作品往往还不能展开充分而合理的想象。初中阶段是培养学生再造想象力的一个关键时期。到高中以后，以上几种情况逐步得到克服，他们对各种体裁的作品一般都能合理地、充分地展开想象。

创造性形象思维的发展。在这一时期，学生的创造想象发展迅速，而且趋于现实化。中学生和小学生相比，一个质的飞跃便是努力塑造艺术形象来反映现实生活。在想象加工的方式上，初中生大都是以现实生活中的真人真事为基础，适当地进行一些想象或虚构，即在再现性形象思维中掺和着创造性的因素。到高中阶段，学生则可以通过想象调集头脑中的有关表象按照自己的意图进行分解和组合，创造新的形象。

（三）中学生思维品质的发展

中学生思维结构逐渐趋于成熟。中学阶段，学生思维结构的诸因素及其相互联系都在发生着深刻的变化。从总体上看，经过不断的量变过程，到高中二、三年级时学生的思维结构基本成熟，形成了以形象思维和抽象思维为基本形式的完善的思维结构。就思维品质发展而言，中学生思维具有更大的组织性、独立性、深刻性和批判性。他们一般不盲从，喜欢探究事物的本质，敢于大胆发表自己的见解，喜欢怀疑、争论，有时好走极端，产生片面性、主观性，肯定一切或否定一切的倾向，对此，教师要给予充分的注意。同时，还应注意到，高中生，也包括初中生，思维水平存在着较大的个性差异。

二、中学生思维培养的策略

1．针对中学生，特别是初中低年级学生抽象逻辑思维还具有一定的形象成分的特征，根据其特征及认识过程的客观规律来正确地进行教学。教学的安排应强调以下几点：（1）贴近生活，拉近理论与实践的距离；（2）从具体实物到抽象思维；（3）从动手实践到抽象理论。应使学生在丰富的感性经验的基础上，进行分析、综合、比较、抽象和概括，把感性认识上升到理性认识，再把所掌握的理论知识运用于实际，使理性知识具体化。

2．要创设一种能激发学生积极思维的情境，培养学生的逻辑思维能力。在教学中要注意创设一种能促进学生积极思维的民主、平等的情境，尽量采用启发式教学，激发学生的学习要求和学习兴趣，调动学生学习的自觉性、积极性，诱导他们去发现问题、解决问题，从而培养他们的逻辑思维能力。

3．培养学生分析问题和解决问题的能力，发挥主动性。不能将教学过程当作单纯传授知识的过程，忽视学生分析问题和解决问题能力的培养，使学生的思维能力得不到发展。在教学中要给学生独立处理问题的机会，引导学生把已掌握的知识、技能进行广泛的迁移，运用到了解新情况、解决新问题中去。

4．强化对思维规程与思维策略的训练，特别是应掌握决策思维的一般程序（问题分析、目标确定、提出多个备选方案、择优选用、实施、反馈、调整）和手段–目的分析、逆推法、简化变型（化归）法、典型分析归纳法、推

导树法、类别推理与假说法、决策树法、决策表法等分析推理技法。教师应结合教学内容对这些思维规程与策略的运用条件、要领，进行分析、讨论，使学生掌握逻辑分析技能，提高思维能力。

5. 引导学生加强自觉思维的习惯，经常对自己思维过程本身进行“反思”，并注意加强意识本身的调控作用。如可通过“大声思维”的方式，找出影响其正确性与效率的各种因素、根源，加以改进；当思维出现偏差、卡壳、空白及失去方向时，能立刻意识到这一点，不在已有的圈子里继续打转，而是重新对情况做出评估，从其他角度分析问题，重新获得方向。

⊙中学生想象的发展与引导策略

一、中学生想象的发展特征

想象与思维之间有着密切的联系。想象是一种特殊的思维过程。初中学生的学习内容变得更加复杂、抽象了，其想象力的发展也展现出独特的特点。主要表现在：

（一）有意想象占主要地位

中学生想象的有意性迅速增长，特别是高中生的想象，大多是有意识、有目的的。这与他们实践活动的丰富多彩有很大关系。研究发现，初中二年级到三年级是学生空间想象力发展的加速期或关键期。

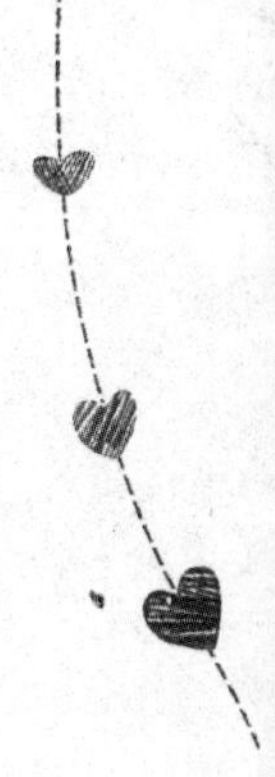

（二）创造性想象日益占有优势地位

中学生想象的创造性成分在不断增加，创造想象日益占有优势地位。在初中阶段，学生想象已达到了相当的水平，他们不仅能将看到的或听到的具体事物说出来、写出来，还能运用这些材料“编出”尚未看到或听到的事情来。他们的想象已显示出一种创造性，不过其创造性成分还是有限的，不能估计过高。到高中阶段，由于高中生在学习、生活中已积累了相当的知识经验，因而他们的创造性想象基本上处于优势。有的高中生还显露出创造发明新作品的才能。

（三）想象趋于现实化

想象的内容比较符合现实，富有逻辑性。初中生的想象的现实性可以通过他们的幻想和理想反映出来。初中生的幻想具有现实性、兴趣性，有时也带有虚构的特点。而要达到理性的想象一般要到高中阶段。高中学生想象的现实化表现在理想的形成、发展方面。高中生更重视现实，他们的理想不仅考虑到自己的兴趣，而且还考虑到有无实现的可能和条件，一旦有可能如愿，他们还会为之而奋斗，争取实现自己的理想。当然，有的学生也会不切实际，想入非非，或只想不做，对于这样的学生，教育者要适当加以引导。

二、中学生想象力的引导策略

1．培养和保护学生的好奇心

好奇心是发展想象力的起点，能够推动人们去想象、去探索、去创造。教育者对学生所表现出的好奇心不能采取漠不关心或敷衍了事的态度，甚至呵斥、嘲笑，应鼓励学生对新奇事物问一个为什么。对他们所提的问题，不要每问必答，更不要一问就答，而应当引导他们自己去想象和思考一下，提出具有独到见解的答案。

2．鼓励学生敢想、多想

实践证明：只有那些敢想、多想，敢别出心裁，敢与人不同的学生，踏入社会后才能有所创造、有所成就。因此，教师在学生早期的学校教育中要鼓励学生发挥想象，解决问题，并且当学生的想象表现出新颖性、独创性时要大大予以表扬。

3．丰富学生的表象储备

想象的基本材料是表象，表象储备越多，想象就越广阔、越深刻，构成的形象就越逼真。教师要通过教学、课外活动和指导学生的课外阅读，来丰富学生的表象积累。

4．加强学生的想象训练

想象能力的形成，仅有丰富的表象储备是不够的，还必须学会怎样对想象的材料（表象）进行分析、综合加工，以形成新形象，并以文字或图像的形式表达出来。这就要求教师为学生创造想象训练条件，拓展其想象的空间；教给学生想象的方法，通过训练使其逐步学会合理想象。

⊙中学生创造性及其培养策略

创造力是个体创造出有价值的新产品的综合能力。创造性思维是人们在

创造性活动过程中所具有的一种高度灵活、新颖独特的思维方式。人的创造活动是从创造性思维开始，又在创造性思维行为当中表现出来，没有一个创造活动或创造产品不是通过创造思维而产生的。从这个意义上讲，创造性思维是创造力的主要成分，从某种意义上讲，在很大程度上决定着创造力的程度。

一、中学生创造力的特点

中学生创造力发展的一般特点：其创造活动类型和范围更具现实性的思维（如科技小论文和发明）；由于自我意识和元认知的发展，在创造性活动的目的性和指向性方面显得更为主动、有意；其创造活动的价值和意义指向也更加社会化。

1．创造性思维水平大幅度提高

中学生创造性思维水平总的趋势是向前发展的。研究表明，随着年龄的增长，中学生创造性思维发展先快后慢。从研究结果观察，高二是创造性思维发展的高潮，高三和初一是创造性思维发展的低潮。

2．创造性思维品质发展不均衡

创造性思维品质一般是指思维的流畅性、变通性和独创性三个方面的特点。青少年的流畅性最好、变通性其次、独创性最低。初中生在创造力三个维度上得分整体差异显著，由低到高依次是独创性、灵活性、流畅性。研究发现，初中生创造性品质中灵活性、独创性、流畅性上均存在显著的年级差异，在流畅性和灵活性维度上，初三高于初二，初二高于初一；在独创性上，初三学生显著高于初一学生，初一学生与初二学生之间无显著差异。[1]说明初中生流畅性和灵活性的发展随年级呈上升趋势，独创性的发展则经过初一和初二的积累到初三有一个飞跃期。

3．创造性思维发展呈现显著的个体差异[2]

研究表明，中学阶段男女生的创造性思维只在灵活性总分和图画独创性上存在显著的性别差异，即在灵活性纬度上男生明显高于女生，其余纬度均

[1]　韩稔，张景焕．初中生创造力发展特点．第十二届全国心理学学术大会论文摘要集，2009．

[2]　张景焕，张广斌．中学生创造性思维发展特点研究[J]．当代教育科学，2004(5):52−54．

无显著性别差异。其原因可能主要在于男女学生在思考、分析问题时存在一定方式上的差异，在一些纬度上男生高于女生，但在有些纬度上，女生高于男生；在不同的年级不同的纬度差异也没有规律性；在同一时间点，男女在不同纬度上差异也不一样，有时一致，有时差异显著。总的看来，男女在创造性思维总分上没有显著性差异。

4．创造性思维能力的结构日趋完善

思维包括求同思维和求异思维，创造性思维以求异思维为主导成分。但在创造性解决问题的过程中，两者总是密切联系、相互配合。两者关系越协调，创造力越强。高中生创造性思维能力的结构完整性表现在，求同与求异思维协同发展。高中生思维的流畅性和灵活性有很大的发展，他们能从不同方面，运用多种方法思考问题，运用多种法则、公式、原理解决问题；迁移能力增强，能举一反三，触类旁通；创造性是创造性思维最本质的特点。高中生能独立分析问题，独立解决问题，能从多种角度提出新颖的，不同寻常的解决方案或答案。但由于知识和经验的欠缺，高中生思维常常带有片面性，表现为好走极端，好肯定一切或否定一切。他们的鉴别能力还不够强，时常缺乏主见，易受错误思想的影响，在遇到困难时容易动摇。

二、影响创造力发展的因素

1．智力因素

智力和创造力的关系目前比较一致的看法是：高创造力者必有高智力，高智力却不能保证有高创造力；在一定的智商分数之下，二者有显著的正相关；在此之上，二者的相关不显著。国内有研究证明，当智商低于120时，智力水平和创造力水平显著相关，但当智商高于120时，创造力水平和智力就无显著相关了。

2．人格因素

一些心理学家通过比较高创造性个体和低创造性个体发现：高创造性个体经常具有某些典型的人格特征，如独立性、自信、对复杂问题感兴趣、审美取向和冒险精神等。有的研究者对已有的创造性人格研究进行了元分析，提出创造性人格特征的12个项目。[1]

[1] 张广斌．中学生创造性思维发展特点及其影响因素研究[J]．山东师范大学，2004．

3．环境因素

家庭环境因素如学生生活环境的丰富性、父母与他的交往方式或教养方式、父母自身文化修养及个性、父母期望及父母对孩子关注都会影响学生创造性思维的发展。学校环境中的个人威望、同学关系、教师态度、教师行为、课程结构、教育评价、作息时间对创造性思维的不同维度上存在显著性影响。社会文化通过习俗、言语、性别角色、人际交往等对中学生创造性思维的发展提供必要条件，其不同因素对创造性思维的特点造成了较大差异的影响。

研究发现，环境因素的影响有积极的和消极的两个方面，它们主要是通过个人的活动动机起作用。其中尤为重要的是宽松的外部环境和正确的激励促使内部动机发挥作用。

4．动机因素

人类的任何行为、活动的产生和维持都离不开动机，创造性活动同样需要动机的维持与激发。无论个体的创造性潜能有多大，环境有多好，如果没有激起自己相应的创造活动动机，就不会出现创造性的行为表现。

动机因素中，内在动机更有利于个体创造性活动的产生和创造力的发挥与发展。当人们被完成工作本身所获得的满足感和挑战性激发，而不是被外在的压力所激发时，才表现得最具创造性。创造性活动不仅需要有动机的激发和维持，它本身也可以产生动机。如果给儿童以表现自己创造性的机会，对任务原来缺乏兴趣的儿童会变得活跃起来。

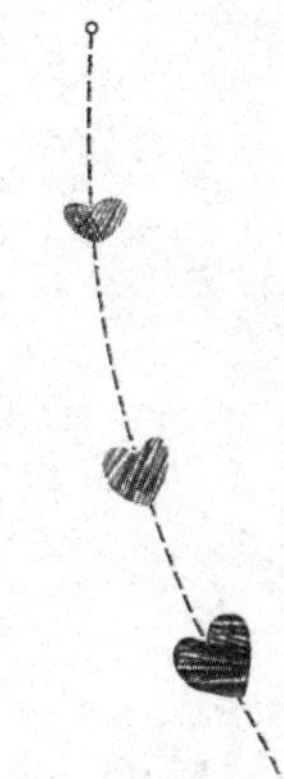

三、中学生创造力的促进

1．创设一个民主开放的学与教的环境

创设宽松的心理环境，支持性气氛（自信与信赖、宽容与互动、自发性与多样性、社会助长作用）；给学生留有充分选择的余地；新型课堂组织形式的运用，如自主学习、探究学习、合作学习；改革考试制度与考试内容。

2．通过学科教学促进创造力的发展

语文学科，应鼓励和要求学生从多角度、多方面去认识和分析解决问题，进行创造性写作活动；数学学科，不追求唯一正确答案，用多种方法解决一个问题或与实践相结合；理化学科，重视学生的动手操作能力和实证活动。

3．注重创造性个性的保护和塑造

研究表明，创造力高的学生一般表现为淘气、顽皮、荒唐和放荡不羁；所作所为时逾常规；处事不固执；较幽默，但难免有嬉戏的态度等特征。受传统观念和习惯影响，具有上述特征的创造力高的学生总为教师所难以容忍。因此，教师对这些孩子应善意引导，不要指责。另一方面，应有意识地塑造学生的创造性个性，如保护学生好奇心；解除学生对答错问题的恐惧心理；鼓励独立性和创新精神；重视非逻辑思维能力的发展；提供创造性榜样等等。

4．教授创造性思维策略

通过直接传授学生创造性思维的策略与技术，如爬山法、启发式问题解决、头脑风暴法、推测与假设训练、自我设计训练、思维导图等，使学生掌握这类方法，从而达到提高其创造性思维水平的目的。

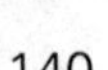

发散性思维训练

【活动目的】介绍发散性思维的相关知识，并通过游戏和题目进行训练，来提高同学们的创新能力。

【活动对象】高中学生

【活动准备】PPT

【活动方法】游戏　讲授法 讨论法

【活动流程】

一、热身游戏

用PPT展示下文：

根据以下数列各写出一个成语：

(1) 35 35 35 . . . . ________________

(2) 33　22　. . . . . . ________________

(3) 1　2　5　6　7　8　9________________

请同学们自由回答，按题目次序进行，主持人引导同学们尽量说出不同的答案，三题答完后再公布参考答案。[参考答案：(1) 三五成群 (2) 三三两两 (3) 丢三落四]

引出“发散性思维概念”。

二、游戏

讲台上放置一个装满水的杯子，问同学们有什么方法能够在不倾倒也不打碎杯子的情况下，取出杯子中全部的水。有方法者可上台演示。

（参考答案：正常想法：用吸管吸出来。用毛巾泡在杯子里，使其浸湿，再将毛巾里的水拧出来。独特思维一：将一只口渴的动物放入杯子里，让它把水喝干。独特思维二：把一只装满水的气球（或密度比水大的液体）放入杯子，将杯中的水替换出来。）

引出“发散性思维的四个特点”。

三、游戏：画图接力

将所有活动参加者均分成两组，在各组内给组员顺次编号。在白板空白处用笔画线均分成两块。请每组的第一个人事先想好自己要画什么，然后上黑板根据心中的构想画出一个基本图形，随后第二个人在不知道上一个人的意图的情况下，继续补充画图，尽量使画面变得有意义。以此类推，直至最后一个人结束。最后由每个人陈述自己认为的前面一个人想画的是什么，自己补充的是什么，并对比黑板上的最终成果。

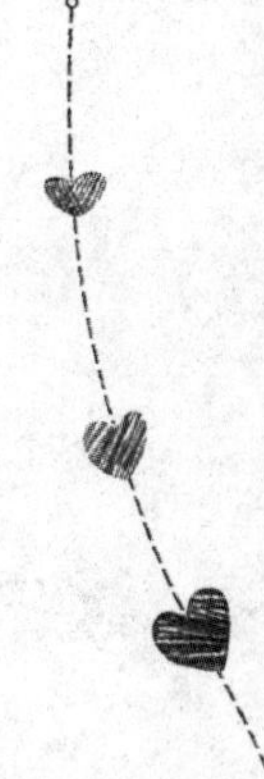

引出“发散性思维的八种方法”。

四、游戏：玩转橙子

在一张教室里的三人书桌上铺一张足以覆盖整个桌面的白纸，在中心位置画一个橙子。请每位同学拿一支笔，大家围坐在这张纸周围，所有人都从中心的橙子图案处画一条线出来，然后以树枝图的形式将自己想到的关于橙子的所有联想想象写出来，可以是怎样吃到橙子，橙子能做什么用，橙子能和什么组合在一起等等，只要是和橙子相关就行，不符合常理的疯狂想法也可。尽量将每条树枝上能想到的一切穷尽后，再开始下一条树枝的思考。最后，所有人写完后，绕着桌子移动一圈，看看其他人有什么奇思妙想值得分

享。

引出“发散性思维技巧”。

五、课堂操练

(1) 一天，一位司机师傅开着一辆装满货物的卡车。在行车途中，车被卡在一座桥梁下过不去了，他下车一看，只差1.5厘米过不去，卡车上的货物又没法移动，这可怎么办?你能帮司机师傅一把吗?

(2) 在荒无人迹的河边停着一只小船，这只小船只能容纳一个人。有两个人同时来到河边，两个人都乘这只船过了河，请问他们是怎样过河的?

(3) 分别说出下列物品的用途（注意实用性），举例说明，越多越好。

①水 ②汽车轮胎 ③桌子 ④电吹风 ⑤糖 ⑥电话 ⑦手帕 ⑧刷子

六、总结和建议

1. 要摆脱习惯性思维，应善于从不同角度思考问题。

2. 要掌握有关求异思维的知识，并积极自觉地进行相应的训练。

3. 增强训练的兴趣，提高训练的积极性和自觉性。

第十一章　中学生的情绪、情感和意志的发展与引导策略

案例导入

金梦琪是一个活泼可爱的女孩，但升入初三一个多月以来，情绪低落，高兴不起来，忧伤、悲观。晚上难以入睡，辗转反侧；白天头脑昏昏沉沉，难以集中精神听课。因担心成绩下降而经常自责，故常开夜车或早起学习来补回白天的损失，结果造成恶性循环，上课常发呆，多次被老师提问而不能顺利作答。现在开始害怕老师提问，一听到老师要点名提问，心里总是说“死了死了”，结果什么也想不起，脑袋一片空白，接着脑海里就出现同学嘲笑的情景。于是手心发汗，脸热，不知所措。有时甚至不想去上课，曾试过一次以身体不舒服为由请假在宿舍。

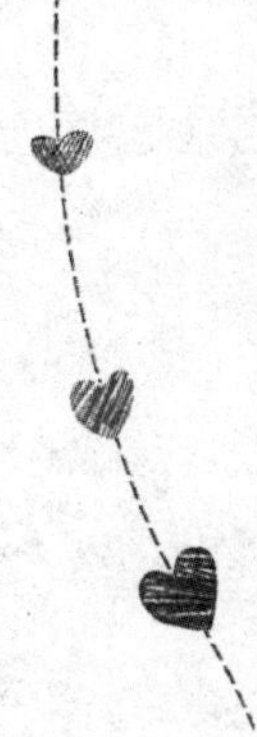

青春期被公认为是情绪最不稳定的时期，教育者应全面、深入地了解中学生情绪、情感发展的特点，掌握处理其情绪问题的方法，以帮助他们成功度过这个充满激情和危机的年代。本章主要介绍中学生情绪、情感发展的一般特点、中学生常见情绪困扰与调适、中学生意志发展的特点及培养、中学生的挫折及其应对。

⊙中学生情绪、情感发展的一般特点

由于生理发育的急剧变化，内分泌系统和性发育的趋向成熟以及认知水平和社会地位的提高，中学生的情绪情感无论在内容和形式上都更加丰富多彩，他们的情绪、情感更加复杂和深刻。中学生的情绪发展表现为以下几个特点：

一、中学生情绪、情感发展的一般特点

（一）情绪、情感更加强烈，具有冲动性和爆发性

与小学生相比，中学生情绪反应很强烈，有人形容此时期是“暴风骤雨”时期，就是形容中学生的情绪经常具有不可遏制性。他们常常因为一点小事就欣喜若狂、手舞足蹈，或者垂头丧气、无精打采。研究表明，11岁～13岁女孩和13岁～15岁男孩的情绪最容易受到外界影响，且反映强烈。他们可能会因为一件小事就产生强烈的情绪反应。高中生的情感反映很强烈、富于激情和热情。这种热情比起初中生，要更加持久。他们容易被某些事件所激励、所振奋，在这种振奋中，显出一些成熟和稳重的色彩，少一时的冲动，似乎多一分思考。

（二）情绪不稳定，两极化倾向明显

中学生的情绪不仅是强烈的，又是不稳定的，容易从一个极端走向另外一个极端。在苦闷时受到鼓舞则为之振奋；在热情澎湃时受到挫折则容易灰心丧气。情绪的不稳定与此时期他们的生理和心理特点有关，也与家庭和社会上的某些因素有关。性的成熟给他们带来情绪上的一些扰乱，女生的月经、痛经；男生的梦遗、手淫等使他们情绪紧张、不安。好胜心强与经验不足经常是造成中学生情绪波动的原因。

（三）情绪的外流和表达已趋于理性化

与小学生相比，中学生有一定的自控力，已经能比较理智地看问题，不再像小学生那样冲动。中学生开始注重自己的仪表，关心别人对自己的看法，因此会尽可能地使自己的外在表现既得体，又合时宜，使中学生出现了小学生少有的外显情感与内心体验不一致的表现。高中生情感的自我调节、控制能力不断增强。他们的情感具有文饰、曲折、内隐的特点。有的学生还会“逢场作戏”，使内心体验与外部表情不一致，甚至于相悖。

（四）情绪情感更加丰富

随着学习、生活范围的扩大以及自我意识的觉醒，中学生发展了多样性的自我情感（如自尊心、自卑感等），而且两性的情感与社会性情感也日益丰富。

二、中学生高级情感的发展

（一）初中生高级情感的发展

初中生的道德感日益发展，尤其是集体感和友谊感发展很快。有的学生还出现了异性之间的“爱恋”情感。但初中生由于认识水平的原因，有时在交友中，容易用义气代替道德原则，分不清是非，盲目地保持所谓的友谊。在理智感的发展上，初中生对学科的兴趣已经开始分化，求知欲望更加扩大和加深，兴趣爱好广，惊讶感、喜悦感、好奇心、自豪感经常在他们的身上表现出来。在对美的理解上，初中生比较重视自己的形象，对他人的外表也很关注。但对心灵美在一定程度上感到抽象，体验还不够深刻。

（二）高中生高级情感的发展

高中生的高级情感发展比初中生要更深刻些。在集体感上，高中生特别重视自己在集体中的地位。能够掌握一定的原则，按照一定的思想、目标去形成集体。在友谊感形成中，比较注意共同的心理基础，有一定的选择性。往往容易选择兴趣相投、性格相近，在理想、信念、世界观上比较接近的人。交友比较理智，友谊存留时间比较长。高中生已能用一定的道德准则去评价自己和他人的行为，道德行为更加自觉、深刻，初步形成了道德观点、道德行为和道德情感相联系的道德信念。在理智感发展上，高中生学科的兴趣分化更明显。他们能够结合自己的志向，今后拟从事职业的需要去学习，产生与兴趣、志向相联系的情感体验，并把这种情感变成一种学习的动力，促使他们更深入、主动地扩大自己的知识面，从中感受到快乐。高中生对美的体验更深入一步，他们能注意把握美的内在质量，注意到心灵美的重要性。不过，从总体上看，高中生对美的体验，有时也显出盲目性的特点，有时对什么是美，怎么样做到内在美，仍感到困惑。在行为上，也表现出对美的“无知”或盲目追捧某人某物，这些有待于进一步提高。在异性交往上，高中生产生了“爱情”的萌芽。一旦对某个异性产生好感，就会增加接触次数，将情感进一步深化。

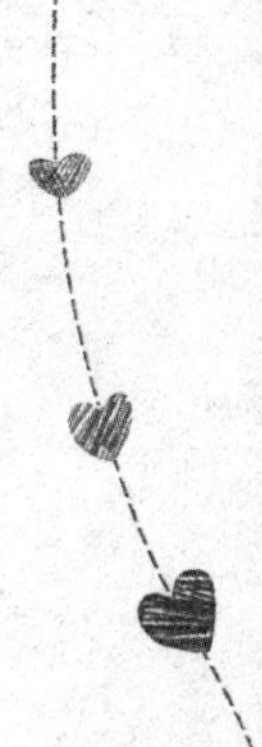

三、中学生的情感教育

1．情感教育要重视教师的情感资质和人格魅力的独特作用[1]

开展情绪情感教育时教师应具备的基本素养包括：有效地支配情绪情感

[1]　张素娥．对中学生开展情绪情感教育的策略研究[J]．新乡教育学院学报，2006(04):111-112．

的能力；以积极健康的情绪情感为主；以情动人、以理服人、以行育人的能力；感性教育的表情互动能力；缩短师生情感距离的能力和与学生产生情感共鸣的能力。

2．情感教育要求教师要了解学生情绪情感的发展与活动特点

如初中生的情感，充满了热情、朝气和明显的两极性，而且自控力相对高中生要差些。对于初中生这些特点，在实施情感教育时，教师要注意从认识入手，帮助学生提高对自身情感发展特点的认识。对高中生的教育，要更加注意理性的思考，以理服人，不能采取粗暴的方法横加指责。

3．创造良好的情境以培养学生的良好情绪情感

人的情感总是在一定的情境中产生，学校要有文明向上、和谐统一、健康活泼的校园文化，使学生对学校产生向往。教师在教学过程中创设情境，以培养学生的各种高级的情感体验。此外，还可以通过班会、郊游、第二课堂、音体美等集体活动，扩大学生交往范围，开阔眼界，排除常有的孤独感，找自己的知心朋友，找到情感上的共鸣，互相满足情感上的需求，并在集体活动中学会容忍和协作，培养乐观、开朗的良好性格。

4．理智地爱护学生

过多的给予会使学生积极情绪的体验过于麻木，体会不到愉悦的感觉，同时也会使其欲望过度膨胀，当学校或教师无力满足时，会诱发学生强烈的负面情绪。因而，教师要引导和培养学生需要、欲望的适度感，要让学生节制自己的愿望，限制学生各种不切实际的超前享受。另外，其他师生指出自己学生的缺点、错误时，不应护短，切忌放纵、惯养。

5．理解、信任、支持与激励学生，预防与消除学生不良的情绪情感

中学生的性格、爱好、兴趣以及思想状况差异较大，自我意识较强，教师要承认学生与学生之间在各方面存在的差距，不能用同一个标准去衡量所有的学生，应充分理解他们，从学生特有的生活经验、智力水平、情感体验的角度去体察学生。同时，教师要及时引导其学会适应和调整心态，预防与消除其因各种需要不满足所导致的自卑、焦虑、逆反等不良情绪情感。

6．循循善诱，增强学生的自我调控能力

中学生有较强的自我意识和独立意识，希望教师尊重他们。在对学生进行教育的过程中，教师应充分尊重学生的人格和合理要求，尊重学生的感情，不伤学生的自尊心，满怀真诚与爱心，与学生坦诚相见，耐心细致地激

励学生，给学生恰当的期待；循循善诱地对学生进行引导，增强学生的自我调控能力，从而帮助学生抗拒诱惑，调节情绪，平衡心态，增强自制，有效地消除失落、厌学、自暴自弃等心理。

7．培养学生高尚的情操

培养中学生高尚的、符合社会需要的情操，是学校情感教育的最终目的。具有高尚情操的学生，能自觉地刻苦学习，严格要求自已，追求真理，以博大的胸怀对待别人。他们的身心也往往是健全的、精神饱满、意志坚强、具有完善的人格。所以各学科教师，任何时候都不能忘记对学生情操的培养，只有这样，才真正抓住了学生情感教育的根本。

⊙中学生常见情绪困扰与调适

一、中学生常见的情绪困扰

1．抑郁

所谓抑郁就是人们常说的忧郁。它是一种以情感低落为主要表现的心理状态。正常人也有抑郁的时候，应该说，这是一种正常的情绪反应。作为心理问题的抑郁，其核心表现是一段时间内的郁郁寡欢。在通常情况下，总是显得内心愁苦，缺乏愉快感，思维迟钝，注意力不集中，记忆力减退，动作缓慢，疲乏无力，常感到不顺心，对什么事情都没有兴趣，缺乏信心，有时还伴有失眠或昏睡、体重下降、饮食过多或过少等生理变化。中学生的抑郁多半是由于学习或生活中各种各样的烦恼造成的。

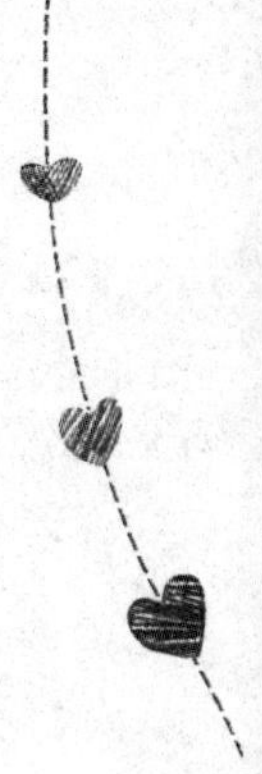

2．焦虑

所谓焦虑是指当一个人预测将会有某种不良后果产生，或模糊的威胁出现时的一种不愉快情绪，表现为紧张不安、忧虑、烦恼、害怕。任何对人身心构成威胁的情境都可以引起焦虑，应该说，焦虑是个体在应激状态下的一种正常的也是最常见的情绪反应。

人若长期处于焦虑状态，就会形成心理问题，对身心健康都是极为不利的。它会使人常处于持续紧张状态，终日惶恐、忧心忡忡、提心吊胆、坐卧不安，过分敏感、容易激动、注意力不集中，对外界事物缺乏兴趣。有时还伴有失眠多梦、胃肠不适。严重的会导致胃溃疡、心脏病、高血压等多种影响身体健康的慢性疾病。

中学生最明显、最常见的是考试前的过度焦虑。表现为注意力分散、思维迟缓、回忆困难等心理反应，而且会出现心跳过速、呼吸急促、两手出汗、恶心呕吐等生理反应，严重的还会导致腹泻、便血等“非特异性过敏性”疾病。

3．强迫

这里所说的强迫，并非指强迫症，而主要是指出自内心，虽无意义却反复出现，但有时也能克制和摆脱的某些观念和行为。它属于一种意志上的心理问题。有这种心理问题的青少年，经常莫名其妙地出现某些不必要的观念和行为，所以常常被紧张不安和内心冲突所困扰。造成自我强迫，多是由于性格过于内向和拘谨，自我封闭，使心中的想法不能宣泄于外，或是过分注意细节，责任感过强，追求十全十美所致。

4．恐惧

恐惧是指对某种特定对象或境遇产生了强烈、非理性的害怕。而实际上这类引起害怕的对象或境遇，一般并不导致危险或威胁。当人处于这种恐惧状态时，不仅会出现明显的紧张、焦虑，甚至愤怒等情绪反应，有时还常伴有心悸、出汗、头痛、头晕等强烈的生理反应。

对某一特定事物或现象的特殊害怕，是青少年最为普遍的恐惧心理。如对死的恐惧。人际交往中出现的恐惧心理也是青少年较为普遍的。回避众人，逃避交往，甚至不出门，将自己孤立起来，不仅拒绝朋友、熟人，甚至泛化到陌生人。但是，他们在逃避交往的同时，内心又十分渴望与人交往。正是这种矛盾心情，使他们备感苦恼和焦虑，陷于忧郁和痛苦之中。

5．易怒

所谓易怒就是指容易冲动、急躁，爱发脾气。从心理学上讲，这是因为兴奋过强或紧张过度而出现的心理异常，表现为情绪反应过敏，情绪的自我控制能力减退，激惹性增高，即使是轻微的刺激，也容易引起强烈而短暂的情绪反应。

愤怒对个人的身心健康造成影响，从生理角度说，愤怒易导致高血压、心脏病、溃疡、失眠等疾病；从心理角度而言，愤怒会破坏人际关系，阻碍情感交流，使人内疚、情绪低沉。易怒主要是与自身的气质类型、缺乏涵养或虚荣心过强有密切联系。一般说来，属于胆汁质的人比其他气质类型的人更容易急躁，更爱发脾气。性情暴躁，爱发脾气还与一个人所处的生活环境

及所受的教育有关，它是一个人个性心理中不良性格特征的表现。

6．冷漠

所谓冷漠，从心理学上讲是指情感冲动强度较弱、情感表现灰冷、漠然的心态。表现为对外界刺激缺乏相应的情感反应，对亲友冷淡，对周围事物失去兴趣，面部表情呆板，内心体验贫乏，严重时对一切都漠不关心，与周围环境失去情感上的联系。造成情感冷漠的主要原因是外界刺激、打击或遭受挫折。

二、中学生不良情绪的自我调节

（一）注意力转移法

通过有意识地把注意力转移到较感兴趣的活动和话题中去，或自觉地改换环境来冲淡、缓解消极的心理情绪。

（二）合理发泄情绪

即在适当的场合，采取适当的方法，排解心中的不良情绪。如当受到挫折时，可以在适当的场合放声大哭；出现不良情绪无法疏散时，可以向他人尽情倾诉，发发牢骚，吐吐委屈或者通过跑跑步、打打球、干干体力活等一些适当有益的活动使郁积的怒气和不良情绪得到发泄。

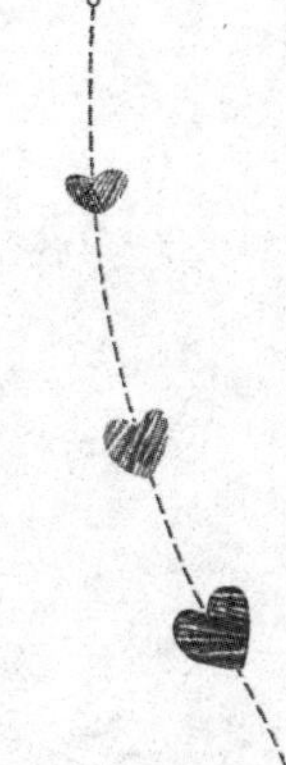

（三）自我控制情绪法

在陷入消极情绪而难以自拔时，应有意识地用理智去控制，有以下几种方式：

（1）自我暗示。如考试紧张时，可通过自我暗示，来增强自信心，平静情绪。

（2）自我激励。如当遇到困难或逆境时，可通过名言、警句等来激励、约束自己。

（3）心理换位。即通过站在对方的角度思考、分析问题，来体会别人的情绪和思想，从而消除和防止不良情绪。

（4）升华转化。即将痛苦、烦恼和忧愁等消极情绪升华转化为积极有益的行动。

⊙中学生意志发展的特点及培养

一、中学生意志发展的一般特点

（一）意志在行动过程中的特点

中学生随着年龄的增长，在目的的确定、行动手段的选择、行为动机的取舍等环节上，主动性和计划性不断增强。主要表现在：

在做出决定的主动性方面，初中生往往服从学校、家庭或成人的指令；而高中生的自我意识发展较快，他们的行动比较自觉、独立性较强，开始能根据自我来确立自己的动机目的。

在做决定的计划性方面，中学生开始能比较自觉地从自我出发确定目的，并根据目的、任务制订计划，调控自己的行动。但高中生要优于初中生，如同样是制订学习的计划，初中生往往只包括完成作业、复习、上课、预习、休息、起床与睡觉、看电视等；而高中生除了这些内容之外，往往还包括课外阅读、锻炼、娱乐等活动。

在动机斗争时，初中生的内心要比小学生丰富、复杂了，动机间的冲突日趋多样化、复杂化。双趋冲突、双避冲突、趋避冲突、多重趋避冲突也是初中生开始要面对的问题，还出现了情感与理智之间的冲突等等。高中生的动机冲突更加复杂、多样。动机斗争更加艰巨，需要他们付出更多的艰辛和努力，有的斗争时间持续的还比较长。

在意志的执行决定阶段，初中生在做出决定和执行决定时不再像小学生那样几乎同步产生，他们更能控制自己的情感，支配自己的行动，克服行动中的困难，使意志行动具有更大的自制性和坚持性。一般来说，中学生克服困难的毅力是随着年级的升高而不断增强的。

（二）意志品质的发展

在意志的自觉性方面，相对于小学生，初中生的意志品质的自觉性已有很大的发展，但还在一定程度上保留着依赖性和模仿性；高中生的意志品质自觉性总体上比较高，对于行动的目的有了较明确的认识，并能自觉地调控自己的行动。受暗示性减少，独立性进一步增强，但同时又易出现独断性，比如，喜欢争论，争强好胜。

在意志的自制性与坚持性方面，初中生的坚持性还不很强，自制能力较

差，较难控制自己的行为举止。冲动、任性在初中生身上表现的较多。在坚持性和自制性上，高中生已有较大的提高。他们一般能够抑制自己的冲动、任性的情况有较大的减少，这些都反映出高中生在意志方面已经有了较大的发展。

在意志的果断性方面，初中生反应快、行动快，不喜欢把时间花费在怀疑和犹豫不决上，但常常容易草率从事；也有些学生在需要做出决断时，还要依赖外部力量，优柔寡断现象也比较常见。高中生的果断性有了更大的发展，能逐步有原则地做出决断和处理矛盾。但其中也有个体差异，有的高中生贸然从事的现象也时有发生。

二、中学生意志的培养策略

1．加强目的性教育，培养科学的观念

人的意志是在他的一系列有目的的活动中形成和发展起来的，并在一系列有目的的活动中表现出来。人为了实现自己已确立的目的，会去克服活动中所遇到的一切困难和干扰，从而锻炼和发展自己的意志。要培养学生的意志，应加强目的性教育及理想、信念、世界观和人生观的教育。

2．组织实践活动磨炼学生的意志

坚强的意志是在克服困难的实践活动中形成和发展起来的。教师应通过各种学生实践活动来磨炼其意志。在组织参与活动时，首先，应契合学生的实际，并督促努力完成；其次，对学生的要求要循序渐进；最后，活动结束后，应及时反馈。

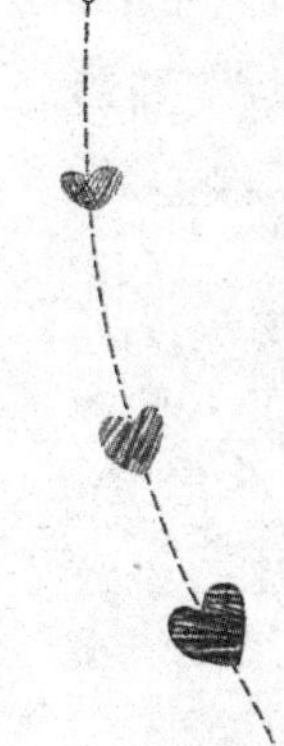

3．充分发挥班集体和榜样的教育作用

良好的班风能以集体主义思想约束学生，培养其自制、刚毅、坚决、勇敢等意志品质。教师应努力使自己的班级形成良好的班风，并充分发挥其作用来帮助中学生养成良好的意志品质。榜样对青少年学生具有巨大的推动力，教师可以利用各种榜样人物，来激励学生培养良好的意志。

4．督促学生加强自我锻炼

良好的意志品质更主要的是通过在日常平凡的事件中，自我锻炼、自我教育所形成的。教师要积极启发和帮助学生掌握自我锻炼的方法，如如何自定目标、自定计划、自我检查、自我监督和自我鼓励等等。

5．针对学生意志品质的个体差异，因材施教

首先，应认真观察分析每个学生意志品质的消极方面和积极方面，然后，再根据分析结果采取不同的措施进行培养。如对盲从、独断专行的学生，应加强自觉性的培养；对优柔寡断、草率从事的学生应加强果断性的培养；对怯懦任性的学生加强自制性培养；对顽固执拗、虎头蛇尾的学生加强坚持性培养。

⊙中学生的挫折及其应对

一、挫折及其产生原因

挫折是指个人在某种动机推动下，所要达到的目标行为受到阻碍或中断时所感受到的情绪体验。产生挫折的原因是多种多样的，就一般而言，可以归纳为两方面：

1．客观原因

从客观上看，自然环境和社会环境会给人带来一定的困难和限制。例如，生老病死、天灾人祸、同学之间的矛盾、家长和老师的不理解、疲于应付考试等等，都会给人造成心理挫折。

2．主观原因

由于个人的容貌、身材、体质、能力、知识等条件的限制，使自己所要追求的目标不能达到而产生挫折。

二、中学生常见的心理挫折

调查发现，在校中学生的挫折范围及其表现主要包括如下几个方面：

1．学习方面的挫折：学习成绩达不到自己的目标；没能编入理想的班级（快班）；家庭作业过多，不能按时完成；留级；无机会显示自己的才能和兴趣；求知欲望得不到满足等。

2．人际交往与情感方面的挫折：不受老师喜爱；经常受到同学的排斥、讽刺；交不到能讲知心话的朋友；不良的亲子关系；父母教育方法不当；人际交往中感到不适、惶恐、害怕与人接触等。情感上的挫折如亲人逝世、异性情感和朋友间情感的挫折等等。

3．兴趣和愿望方面：个人的兴趣和爱好得不到成人的支持，却受到过多的限制和责备；因生理条件的限制，不能达到自己的愿望等。

4．自我尊重方面：得不到老师和同学的信任，常受到轻视和忍受委屈；自感多方面的表现都很好，却没有评上“三好生”，没被选上班干部；体育比赛、学习竞赛中得不到名次；生理上有缺陷，受到同学挖苦和取笑；父母和教师管得严、压得紧，没有自由等。

三、挫折后的心理行为反应

常见的挫折反应形式主要有积极的、消极的和妥协的三种。

（一）受挫后积极的反应形式

挫折后的积极的表现形式是对挫折的理智性对抗行为，是在理智的指导下采取的形式，包括升华、补偿和改变策略三种行为方式。

（二）受挫后消极的反应形式

受挫后消极的反应形式是非理智性的对抗行为，通常包括攻击行为（直接攻击和转向攻击）、固执行为、退化反应、幻想和逆反等反应方式。

（三）受挫后妥协的反应形式

受挫后妥协的反应形式是指采取一种折中的办法来对待所遇到的挫折，以消除心理上的不平衡，包括自我安慰（“酸葡萄心理”和与之相反的“甜柠檬心理”）、自我整饬（即受挫后，极力掩盖自己的真实情绪，把真实的心理感受埋藏在内心深处）和责任推诿等反应方式。

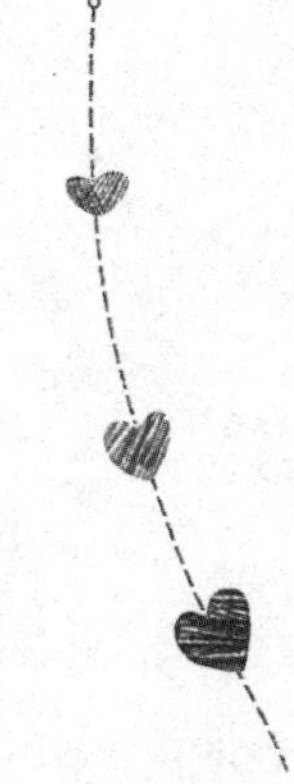

四、中学生挫折的心理学调节

挫折对个体心理有很大的影响，虽然它能增强个体情绪反应的力量，提高个体的容忍力，但一般来说，其消极影响要大于积极影响，比如它会影响个体实现目标的积极性，会降低个体的创造性思维水平，也有损于个体的身心健康。因此，我们应采取有效措施，来减弱受挫后的消极反应的强度。

1．情境迁移。即受挫后使受挫者离开或创造条件改变引起挫折的情境，是处置挫折后的一种行之有效的方法。

2．精神宣泄。即受挫者采取不伤害他人及社会的方式将内心的困扰发泄出来，而不过分地压抑自己。

3．代偿转移。即受挫后通过另一种活动来弥补未能达到愿望，以减轻挫折感。

4．心理咨询。即通过请教专业咨询人员，解决或减轻自己心理压力的方法。

5．宽容受挫者。即周围的人应对受挫者采取宽容的态度。

操作链接

我的情绪我做主——学会调节不良情绪

【活动目标】懂得调控自己的情绪对于个人行为和生活的重要性。合理宣泄不良情绪，保持积极、乐观、向上的情绪状态。尊重他人，关注他人的感受，适时适当表达个人的情绪。

【活动准备】（1）调查学生中存在的消极情绪；（2）十张表示情绪的名词小卡片；（3）桌椅安排成小组讨论式。

【活动过程】

一、导入新课

活动："你来表演我来猜"——认识情绪。

任意请几位同学代表本组各抽一张小卡片，通过面部表情和适当的手势、动作来表演上面的情绪，并让其余同学猜猜是一种什么情绪？比一比看哪位同学表演得最好？（1）发怒；（2）高兴；（3）痛哭；（4）着急；（5）恐惧（害怕）；（6）大笑；（7）骄傲；（8）忧虑；（9）害羞；（10）慌乱。

二、感悟情绪

讲故事：一个老太太有两个女儿，大女儿嫁给一个卖雨伞的，二女婿则靠卖草帽为生。一到晴天，老太太就唉声叹气说："大女婿的雨伞不好卖，大女儿的日子不好过了。"可一到雨天，她又想起二女儿："又没有人买草帽了。"所以，无论晴天还是雨天，老太太总是不开心。一位邻居觉得好笑，便对老太太说："下雨天你想想，大女儿的伞好卖了，晴天你就去想，

二女儿的草帽生意不错，这样想，你不就天天高兴了吗？”老太太听了邻居的话，天天脸上都有了笑容。

讨论：从故事中的老太太前后情绪的变化你得到怎样的启示？

三、活动名称：一吐为快

请同学回忆自己学习或生活中的消极的情绪体验。

四、情绪调节的方法：建立“情绪诊疗所”，当心理医生。

活动要求：以小组为单位，针对上述同学提到的情绪困扰，提出治疗方案，并进行发言。

教师总结，师生一起填写“快乐大转盘”。（投影）

（1）理性控制法；（2）理解宽容法；（3）转移回避法；（4）合理宣泄法；（5）自我激励法；（6）幽默解嘲法；（7）想象调节法；（8）自我安慰法等。

五、活动名称：同呼吸，共命运

故事：数学考试的成绩下来了，小玲考得不好，想到回家要挨妈妈的批评，心里很难过。同桌小利考得挺不错，不禁喜形于色，大声地对周围的同学说：“我妈早说了，如果这次考好了，就给我买想要的漫画书。到时候借给你们看看。”小玲听到后一声不响地出去了……

问：小利当时的情绪表达是否合适？你能想象当时小玲的心情吗？我们在运用一些方法调控情绪时，应该注意什么问题呢？

（小结：情绪具有感染性，我们应该学会在合适的场合、用合适的方式发泄自己的情绪。）

教师小结：（略）

第十二章　中学生个性的发展与引导策略

案例导入

杨文浩是个高一男生，学校足球队队员，家庭条件非常优越，被同学戏称“杨少”。学习缺乏主动性，能完成作业，但不刻苦，缺乏毅力，没有钻研精神，却对足球独有钟情。性格倔强、固执。与人相处豪爽大方，大有为朋友“两肋插刀”的风范，办事不计后果，缺乏自制力，责任感淡薄。处事情绪化严重，易冲动；遇事不冷静，因朋友之事常大打出手；对正面教育有逆反心理；虚荣心强——在足球训练和比赛中喜欢听表扬，而对批评反感甚至恼怒。生活自理、自主能力较差。小团体依附性强，学习、生活有惰性，脑袋十分聪明，但又不爱多动脑，此毛病在足球场上也常有表现。

青春期是一个令人迷惑的时期，中学生不仅经历着生理上的剧烈变化，他们对自己是一个什么样的人也产生了前所未有的好奇和探索。本章主要介绍了中学生自我意识、世界观、气质和性格的发展特征及其引导策略。

⊙中学生的自我意识发展及其引导策略

中学时期，是自我产生突变的时期。在学校生活中，在老师的指导和同伴群体的影响下，随着身体的发育、性意识的觉醒和知识经验的增长，中学生越来越能自觉地认识、评价自己和控制自己的心理行为，这是中学生自我意识发展的新阶段，表现出全新的特征。

一、初中生自我意识发展的趋势与一般特点

进入青春期的初中生，生理发生了很大变化，出现了成人的体貌特征，促使他们心理上也产生了相应的变化，尤其是在自我意识发展上产生了第二次飞跃。

（一）初中生自我意识发展的趋势

从初中开始，学生已经能够比较自觉地认识和评价自己的心理品质，独立地支配、调节自己的行动。其总的发展趋势是，从小学六年级开始到初中三年级，学生的自我意识发展总体上处于平稳期；从初三到高一年级为显著上升时期。

从自我意识各因素的发展看，初中生的自我评价发展，从小学六年级到初一年级，发展很快；从初一到初三年级处于平稳期。初三年级开始又逐渐升高。在自我体验发展上，从初一到初三年级，处于先下降后又略上升的趋向；初三以后比较平稳。在自我控制方面，小学六年级到初一，稍有上升趋势，初一到初二年级又下降，初二年级后似乎没什么变化。由此可看出，自我意识的各因素发展很不平衡，表明初中生处于更多的矛盾之中。

（二）初中生自我意识发展的特点

1．初中生普遍产生“成人感”，独立意向迅速发展。他们迫切希望别人把他们当成成人看待，也有意仿效成人的言谈举止约束自己的言行。对成人的“不尊重”，他们会产生强烈的反抗心理。

2．自我开始分化。开始分成“主我”、“客我”或“理想我”和“现实我”。初中生对自己的内心品质产生兴趣，开始要求自己了解自己的个性特点，关心自己的形象，想按自己的意愿塑造自己。当“主我”与“客我”、“理想我”与“现实我”产生矛盾时，他们就会自责，对自己不满意。

3．自我评价进一步发展，并趋于成熟。初中生自我评价能力开始从对个体外在行为的评价发展到对个体内在品质的评价，产生了强烈要求了解自己的个性特点和内在体验的愿望，并试图对自己做出较为深入的评价。此外，初中生的自我评价也有了相当的独立性。表现在初中生有自己的“主见”，喜欢批判自己、别人以及一些社会现象。调查表明，独立性评价的能力随年级的上升而不断提高，到初三以后就达到相对稳定的水平。但评价时往往不全面，容易走极端，出现对人严对己宽的现象。在评价自我时，有一定的深度，但离高中生的水平还有一段距离。

4．虽然自我体验加深，自我控制逐渐增强，但总的看来，初中生的自我调控能力还不强，常常出现违反纪律，出现偏差行为的现象，个别学生甚至走上犯罪的道路。因而青少年，尤其是少年期——这一自恃“成人”，又懂事，又不完全明理的这一阶段，是“第二次危机期”，也是儿童犯罪的高发期。教育者应该给予充分的注意。

二、高中学生自我意识发展的趋势与一般特点

处于青年初期阶段的高中学生，各方面的发展已接近成熟，自我的发展方面也不例外。在初中生自我意识发展的基础上，高中生开始考虑今后人生道路的问题，这客观上要求高中生对客观事物的认识及对自身情况的认识要切合实际，要符合社会发展的要求，因而使其自我意识的发展出现了自己的特点。

（一）高中生自我意识发展的趋势

高中生的自我意识从总的发展情况看，处于显著上升期之后的平稳期。这一平稳期中在某些因素的发展上又有缓慢上升的趋势，呈现“稳中有升”的特点；高中生的自我评价水平随着年级的升高而不断提高；自我体验在高一、高二年级比较平稳之后，又呈缓慢上升的趋势；自我控制方面，从高二年级开始，出现了缓慢上升的趋势。不难看出，高中二年级是学生自我意识各因素发展的普遍提高的阶段。

（二）高中生自我意识发展的一般特点

1．自我形象的稳定性。自我形象（或自我概念），主要是指一个人对自身的态度。高中阶段是个体自我形象逐渐达到稳定的时期，一个人在高中阶段对自身的看法，有许多都持续终生。

2．自我评价的成熟化。由于抽象逻辑思维的进一步发展，知识经验的日益丰富，高中生逐渐学会了较为全面、客观、辩证地看待自己，分析自己，自我评价的能力变得全面、主动而且日趋深刻。他们不仅能分析自己一时的思想矛盾和心理状态，还能经常对自己的整个心理面貌进行估量。

3．自我控制能力明显增强。随着中学生生活经验的不断丰富，独立意识的不断增强，他们对自己的控制意识逐渐建立，并渐渐增强，因此，他们对

行为的调控以自我控制为主。在行为上，盲目性减少，计划性增多，判断能力相应增强，且能够根据当前形势及新的任务决定自己的行为，并对行为结果有预见性。

4．自我意识成分的分化。高中生在心理上把自我分成了“理想的自我”和“现实的自我”两个部分。高中生如果发现“理想的我”和“现实的我”距离太大，就会感到痛苦和不安，处理不好可能引发许多心理问题。

5．强烈而不稳定的自尊感。高中生非常希望得到他人的肯定，对外界的评价特别敏感。当他们受到肯定和赞赏时，就会产生强烈的满足感；当他们受到否定和批评时，容易产生强烈的挫折感。自尊心的快速发展往往使高中生的思想固执，也易造成高中生盲目乐观的情绪，孤芳自赏，自以为是，很难处理好人际关系；或因敏感而主动疏远集体，缺少积极向上的朝气，从而产生否定自己的自卑感。

6．相对的闭锁性。中学生，特别是高中生的自我意识的发展充满了矛盾。一方面他们非常注意自我形象，关心他人对自己的看法和评价，希望他人能够理解自己。但有些想法和体验，自己感到不好意思或者模糊不清，不大愿意对教师和家长讲，甚至有意隐藏起来。这种不想让别人知道自己的思想、情感、观点、态度的倾向，叫作闭锁性。但另一方面，一旦遇到自己信得过的同伴，就会把自己内心的想法和秘密都坦率地告诉这个人。

三、中学生自我意识的教育策略

（一）初中生的自我教育

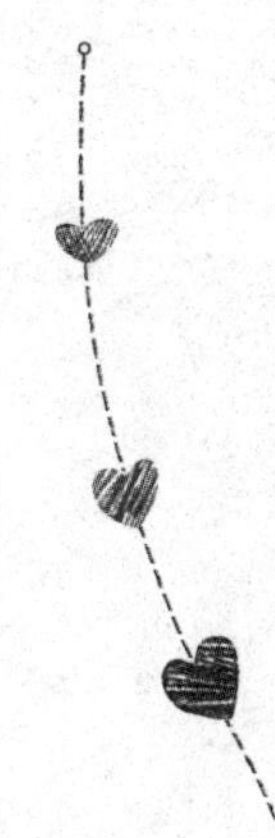

对于初中阶段自我意识发展的特殊性，我们要理智地对待他们。

首先，要尊重他们的成人感，不要仅仅把他们当成“小孩子”看待。要耐心引导他们，给以必要的监护。

其次，对他们不恰当地评价自己的情况，不要过多指责，不要用话语去激惹他们，尤其在他们自卑、自责时，更要鼓励他们。

第三，与学生交朋友，关心爱护他，使他能够敞开心扉讲心里话。对个别走向犯罪边缘的初中生，要及时地挽救，不能嫌弃。

第四，对初中生关心自我形象、注意外表的心理，要给予充分的理解，并加以适当的诱导，把他们的注意力转移到学习等各种有益的活动上去。

（二）高中生的自我教育

高中生的自我意识已经发展到一个趋于成熟的阶段，但又存在不尽如人意之处。因此，对高中生进行心理教育应做到：

首先，要运用情感激励的策略与他们以朋友相处，尊重他们的自尊感，尊重他们的人格，帮助他们正确认识自己。

其次，要让高中生进行主动、积极的自我教育，学会自尊自爱。要帮助高中生恰当地估价自己，确定合理可行的理想目标，并用这一恰当的自我目标去改变现实的自我。

第三，教给学生一些具体的方法。如，让学生写日记、周记进行自我总结、自我反省。阅读文学书籍，摘录格言警句鞭策自己，和知心朋友谈心，表露自我。还要让他们通过不同的活动来检验自己，展示自己。

⊙中学生世界观发展

世界观是人对世界总的和根本的看法，即一个人对自然、人生、社会的总体看法。世界观的形成不仅与人的认识相关，而且与人的情感、意志、理想、动机、态度，以及道德品质相联系。因此，在个性的发展中，世界观的形成比较晚，它的形成是个性发展成熟的主要标志。

青少年学生的世界观萌芽于初中时期，初步形成于高中阶段。在初中阶段，学生对世界观的问题就感兴趣，能够对许多神奇现象提出质疑，渴望得到解答。到了高中阶段，由于学习内容不断加深和扩展，少年时期的许多疑问一一得到了科学的解答。他们对世界有了全面而深刻的认识，并且从个人的社会立场、思想感情和生活态度等方面来看待世界。通过参与各种社会活动和生产劳动，逐渐树立起正确的立场和观点，逐渐学会了用科学的方法分析问题。

中学生世界观的形成一般具有以下特点：

1．中学生世界观的形成与他们对世界全面而深刻的认识相联系。中学生学习的各科知识是世界观形成的基础之一。例如，通过物理、化学的学习，学生懂得物理能量变化的规律。通过历史的学习，懂得了怎样运用辩证唯物主义的对立统一、量变质变等规律来解释物质运动的基本原理。所以掌握丰富的知识是科学世界观形成的必不可少的前提。

2．世界观的形成与人的立场、思想情感、生活态度等密切联系。世界

观的中心问题是解决关于人生意义的问题，也就是要解决怎样理解自己生活的社会意义。中学生对人生意义有初步理解，他们总想找到一个公式，为自己指明生活的意义，他们想弄明白自己的活动可能产生什么样的社会意义，同时也想了解这种活动对于个人的意义。他们经常会提出“我为什么活在世上”、“人们为什么需要我”等问题，以求得到解决。

但中学的人生经验和所掌握的知识毕竟还不丰富，所以，中学生的人生观、世界观还处于形成的初级阶段，还不很成熟、不很稳定，需要在以后的学习和实践中逐步达到成熟。

中学生的世界观具有以下特点：[1]（1）直观性：即中学生对人生和社会的看法是直观的，往往就事论事，而很难对人生和社会的复杂问题按照社会发展的规律去理解。（2）粗浅性：中学生对人生和社会的观察往往是粗浅的，只对客观事物进行很粗浅的理解，基本上还是以个人的经验和理解去评价，不能透过现象看本质，也不能从纵横经纬方面进行深入透彻的判断。（3）固执性：中学生已经有了一定的知识基础和社会经验，但由于其心理水平还比较低，所以他们在形成一定的人生观和世界观以后，往往会坚持很长时间，不会轻易改变。这主要是青年人对自己形成的看法的一种保护性心理在起作用。因为中学生还没有敢于公开承认错误的勇气，特别是在群体中敢于接受批判性意见的勇气。所以他们在有关人生观和世界观的讨论中，对于来自同学、教师的不同观点会坚持自己的意见，即使大家都反对他的意见，他也不会轻易改变自己的看法。

对于中学生世界观发展的特点，在进行教育时，需要加强学生的实践活动，从而实现知识的内化；针对不同人的不同特点进行世界观教育；加强对世界观的具体指导以及在进行理性教育的同时，加强对崇高情感的培养等。

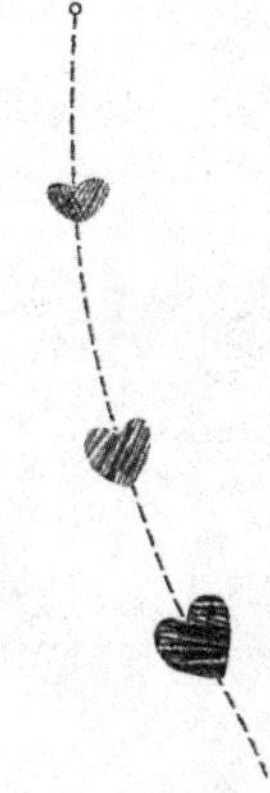

⊙中学生气质、性格的发展与引导策略

一、不同气质类型中学生的特点

1．胆汁质中学生的特点

在学习、工作和人际交往中热情高，做事带有强烈的感情色彩，高兴时

[1] 沈红宇．论世界观的形成及其教育[D]．中国青年政治学院，2007．

什么都肯干，不高兴时拒绝一切。精力旺盛，积极倡导并参加各种活动，喜欢热闹，但容易做出越轨的事。好胜心强，课堂上反应快、理解快、但不细心，不求甚解。作业完成迅速，但缺乏耐心和计划性。办事果断、有魄力、敢负责，但容易暴躁，控制不住自己的情绪。

2．多血质中学生的特点

学习、工作和劳动较善于计划、有条理、不盲从，有效率；精力充沛，积极参加各项活动，但思想感情不够深刻稳定，变化无常，办事不够沉着冷静；上课活跃，注意力集中但坚持性差。发散思维能力强，思考问题灵活，但易动摇和受暗示；善于交往，易与别人成为好朋友。

3．黏液质中学生的特点

在学习、工作和劳动中善于思考、比较，以寻找最佳方案；比较听话；吃苦耐劳，有恒心。有较强的自制力，组织纪律性强，不逞强；上课注意力集中，从不打扰别人，也不易被别人打扰，喜欢对有把握的问题做出自己的回答。作业认真，不拖拉，但缺乏应变能力；情感不外露，说话平缓。

4．抑郁质中学生的特点

在学习、工作、劳动中细心、规矩，不求迅速而求质量，很有耐心；很少表现自己，喜欢安静，较害羞，在生人面前常不知所措；上课守规矩，肯动脑筋，喜欢默默思考，很少发言；多愁善感，情绪情感体验深刻而持久；与人交往缺乏主动性，小心谨慎，不易流露内心情感。

二、气质对教育实践工作的意义

学生的气质特征是教师因材施教的依据之一。教师应了解不同学生的气质类型及其特征，做到因势利导，提高教育效果，培养学生良好的个性品质。

（一）不同气质类型学生的教育策略

气质无好坏之分，但不同的气质均存在积极方面和消极方面，教师应引导学生扬长避短，培养其良好气质特征。

如对多血质学生，要发扬其朝气蓬勃、满腔热情、善于思维的个性品质，但要防止其粗心大意、虎头蛇尾、兴趣多移的弱点；对他们批评时，要有一定的强度，又要耐心细致，要做好转化后的巩固，防止反复。

对黏液质学生，要培养他们的积极性、灵活性的品质，防止墨守成规、执拗等不良品质，杜绝可能发生的冷漠和萎靡不振。

对胆汁质学生，要防止和克服粗暴、任性、高傲等个性特点，着重发展其热情、豪放、爽朗、勇敢、进取和主动的个性品质。对他们的教育不可急躁粗暴，应慢言细语、实实在在、干脆利落地讲道理。

对抑郁质学生，要发展他们机智、认真细致、有自尊心和自信心的品质，防止怯懦、多疑、孤僻等消极心理的产生，多给予称赞、嘉许、奖励等，批评时“点到为止”即可。

（二）帮助学生自我认识并调适自己的气质

任何一类气质的消极方面均有形成不良个性的可能。教师要教给学生有关气质方面的基本理论和知识，并帮助他们客观分析和认识自己气质特征中的长处和短处，教会他们有意识地控制自己气质上的消极方面，发展积极方面。另外，教师本人对自己气质的控制和在集体活动中安排不同气质类型的学生组合，以形成气质互补也是在实践中应注意的问题。

（三）气质与职业指导

气质特征是中学生职业和专业选择的依据之一，某些气质特征为一个人从事某种工作提供了有利的条件。一般来说，胆汁质的人较适合于反应迅速、动作费力、应急性强、危险性大的工作；若从事耐心细致的工作，就必然要付出较大的努力，而且效果还不会很好。多血质的人较适合做反应敏捷、动作多变、富有表情的社交性或文艺性工作；而从事单调而持久的工作则不利。黏液质的人较适合于按部就班、耐心细致、刻板性强的工作；如果从事激烈多变、灵活敏感的工作，将费力不讨好。抑郁质的人较适合于从事烦琐细致、应变缓慢的工作。

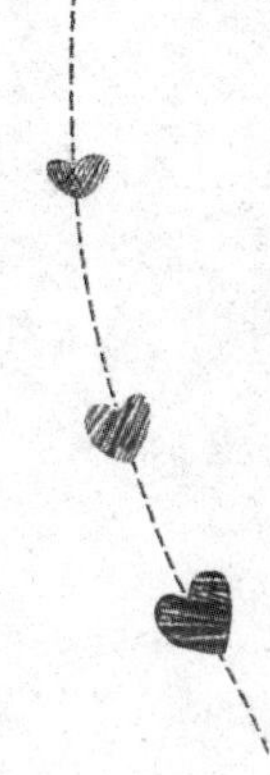

三、中学生性格发展的一般趋势和特点

（一）中学生性格发展的一般趋势

小学六年级至初中二年级，学生性格的发展处于一个缓慢状态，出现一个相对停滞期。从初二开始，各种性格特征又相继进入一个以前从未有过的高速发展期。在初中阶段末期，学生已开始表现出比较明显的性格动力特征的雏形。从高一年级开始，各种性格特征仍在继续发展，到高二、高三年

级，性格特征发展基本成熟并日趋稳定。性格的类型基本定型，类型初步形成。

（二）中学生性格发展的一般特点

初中生的性格发展呈现一种剧烈、动荡的状态。即从原来较和缓、平静逐渐进入高速发展变化的态势。他们的性格特征发展的速度和性质都发生了较大的变化，是最不稳定的时期。初中学生的各种性格特征的发展是不平衡的。在对待现实的态度特征方面，初中生尚未形成稳定的态度，动摇性较大。由于初中生自我意识的发展，他们自觉意识在增强。在学习生活中，他们已能够逐步意识到自己的不足，并随着认识的不断提高，开始按自己的期望约束自己，使得性格的作用在其个性发展中不断增大。

初中学生的性格情绪特征是情绪、情感变化很大，很不稳定，激情在初中生的情绪生活中占有一定的地位。他们容易激动，好走极端，情绪表现比较强烈，起伏大，急躁，做事鲁莽。这种不稳定性，在整个中学阶段并没有明显的提高，而且在个体间存在很大的差异。

在性格的意志特征方面，初中生表现出不稳定，克服困难的毅力不够强的特点。在行动中常常把坚定与执拗、勇敢与蛮干混同在一起，一般到初三末期，意志特征才会迅速发展起来。

在性格的理智特征方面，初中生表现得不成熟，不稳定。常常不能深思熟虑，沉稳地处理问题。有时激情胜于理智，以情绪来代替理智的思考。他们考虑问题还缺乏深刻性，容易看表面现象就下结论。思维类型尚未形成，思维品质还在继续发展提高之中。

高中学生由于自我意识的发展和思维能力发展的基本成熟，其性格的发展也相应地达到一个相对成熟的水平。在对待现实的态度特征方面，高中学生已开始形成比较稳固的态度和观念。在对待社会、集体、学习生活，以及对自己的态度上逐渐形成一个较为协调一致的态度体系。他们已基本确立了自己的价值观和人生观，自我形象趋于稳定，要求发展自己，独立自主的需求很强烈。基于这一点，高中生有时容易从理想主义观点出发去看待现实，产生对现实不满的情绪，使其认识上出现一些偏激的观点。

从情绪特征上看，高中生的情绪、情感特征表现已经基本稳定。他们出现了主导心境，情感带有一种含蓄特点。这种情绪特征基本定型后，在以后的生活中，他们的情绪表现上一般只有量的变化，而质的方面改变不大。

在意志特征方面，高中生的意志力有了较大提高，能够比较自觉地调控自己的行为，使其性格的内在结构关系和外在的行为方式日趋一致，形成较稳固的行为方式或行为习惯，可以说是一种稳定的整体性格的动力特征在高中学生身上表现出来。但是在这方面的表现，会因人而异，我们在评价学生性格，进行教育时要注意学生之间的个体差异。

高中生的理智特征是随着高中生思维的成熟而基本成熟、基本定型。到高中二年级，思维类型和思维品质的发展已趋于定型、智力水平的高低趋于稳定。思维过程的情绪成分不断减弱。他们已初步具备从辩证思维的角度看待问题的能力，具有一定的深刻性。但由于水平所限，他们也会产生与初中生相似的问题，如，看问题不够全面，不够灵活等特点。这一方面的性格特征，会随着他们认识水平的不断提高而变得逐渐沉稳起来。

四、中学生的性格教育策略

1．抓住中学生性格发展的一般趋势，有侧重的开展性格教育

初二到高一年级是性格发展的加速期，学生性格形成阶段，要做好性格特征成熟前的培养和教育，应向他们提出明确的要求，促使他们的性格形成逐渐由外在因素起较大作用向内在的自觉行动转化，以形成良好的行为习惯。

2．注重通过提高认知水平和具体活动来培养其良好性格

进行性格培育，要从提高其认知水平入手。为此，可以采取介绍有关书籍、就有关问题展开讨论、外出参观学习、专题讲座、自我分析等内外界条件相结合的方法，帮助他们解决内心的冲突矛盾，培养良好的个性品质。性格不能只靠说教，必须让学生在活动中去体验，实践相关道理，逐步做到用理论来指导自己的言行。

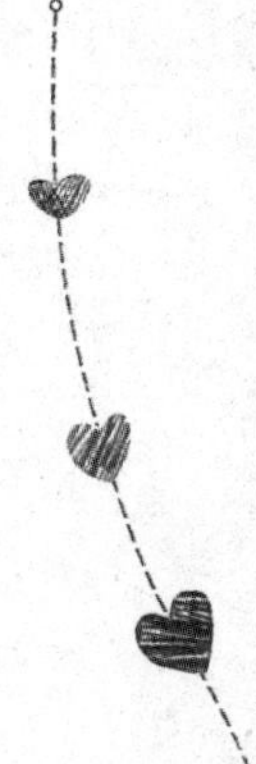

3．要因材施教

进入中学，学生的个体差异比小学有了较大变化。既表现为性别间的性格差异，也表现为年级之间和个体之间的差异。因此，我们的教育要适度地关照学生的共同的性格特征，同时要采取灵活多样的方法，针对不同学生进行适当的教育。亦可创设一定的环境让学生去参与，身临其境培养自己的良好性格。

4．性格教育要尊重平等对待学生，要有充分的爱心和耐心

对学生的某些不良习惯要和善地进行指导、帮助。特别是高中生，由于其性格类型和特征表现已基本定型，要改变它不是一蹴而就的事，因此，教师要有充分的爱心和耐心。对学生既要讲清道理、提出明确的要求，同时更要注意理性教育和情绪感染的相互配合，使学生从内心深处产生改变自身不良性格的需求和动机去调控自身的行为。

另外，性格培育必须在实践活动中去进行，要因人而异，把握好关键时机，促使其良好性格的形成。

我是谁——中学生自我意识团体辅导

【活动目的】1.了解自己，促进同学间彼此的理解。2.明白自己的价值取向，重塑价值观。

【活动时间】1个课时

【活动流程】

一、画“自画像”

（一）活动目的：1.通过画“自画像”，学生进一步认识自己，展示一个“内心的我”。2.通过交流学生读懂你、我、他，促进彼此的理解。

（二）活动时间：大约需要20分钟。

（三）活动道具：彩色笔和16开大小的白纸。

（四）活动场地：以室内为宜。

（五）活动程序

1．老师发给每位学生一张16开大小的白纸，把彩色笔放于场地中央，供需要者自由取用。

2．在8～10分钟内，每人在白纸上画一幅“自画像”。

3．小组内交流“自画像”的含义，同组成员可以提出质疑。

4．老师发现典型的案例做全班分享。

（六）注意事项

1. 老师可以暗示大家，“自画像”可以是形象的肖像画，也可以是抽象的比喻画；可以是一色笔画成，也可以是多色笔画成。

2. 有的学生会因为自己的绘画技能差而感到为难，老师要提醒大家本游戏不是绘画比赛，只要求大家画的内容、形式等形象地反映对自我的认识。

3. 老师寻找典型案例时，可以关注“自画像”的大小、位置、色彩、内容等，还可以关注在画“自画像”和交流时的神情。

二、 价值拍卖

（一）活动目的：1. 激发学生思考自己的价值观念，学会抓住机会，不轻易放弃。2. 帮助学生体验和澄清自己的人生态度。

（二）活动时间：大约需要25分钟。

（三）活动道具：足够的道具钱、不同颜色的硬纸板、拍卖槌。

（四）活动场地：室内。

（五）活动程序

1. 事前准备

将拍卖的东西事先写在硬纸板上（最好是不同的颜色），以增加拍卖的趣味性及方便拍卖进行。

2. 宣布游戏规则

每个学生手中有5000元（道具钱），它代表了一个人一生的时间和精力。每个人可以根据自己对人生的理解随意竞买下表中的东西。每样东西都有底价，每次出价都以500元为单位，价高者得到东西，有出价5000元的，立即成交。

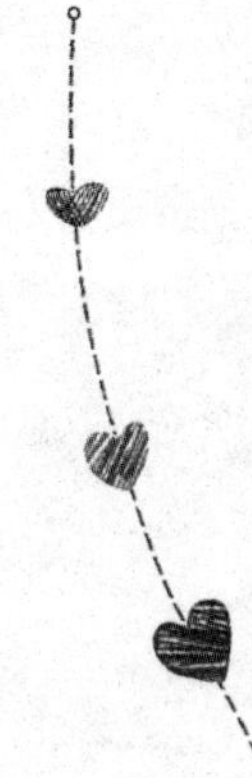

1. 爱情500，2. 友情500，3. 健康1000，4. 美貌500，5. 礼貌1000，6. 名望500，7. 自由500，8. 爱心500，9. 权力1000，10. 拥有自己的图书馆1000，11. 聪明1000，12. 金钱1000，13. 欢乐500，14. 长命百岁500，15. 豪宅名车500，16. 每天都能吃美食500，17. 良心1000，18. 孝心1000，19. 诚信1000，20. 智慧1000，21. 名牌大学录取通知书500，22. 冒险精神1000。

3. 举行拍卖会

(1) 由老师或学生主持拍卖。(2) 按游戏方式进行，直到所有的东西都拍卖完为止，然后请学生认真考虑买回来的东西。

4. 讨论交流

(1) 你是否后悔你买到的东西？为什么？

(2) 在拍卖的过程中，你的心情如何？

(3) 有没有同学什么都没有买？为什么不买？

(4) 你是否后悔自己刚才争取的东西太少？

(5) 争取过来的东西是否是你最想要的？

(6) 钱是否一定会带来快乐？

(7) 有没有一种东西比金钱更重要、或比金钱带来更大的满足感呢？

(8) 你是否甘愿为了金钱、名望而放弃一切呢？有没有除了比上面所说的这些更值得追寻的东西呢？

(六) 注意事项

1. 拍卖过程中，要注意纪律不能太乱，否则活动就成为乱哄哄的滑稽表演。

2. 有的同学可能会重复使用自己手中的代币券，老师应注意提醒这些学生购买所付出的钱不能超过5000元。

三、总结

请班里同学针对这两个活动分享各自的感受，然后老师总结，引导同学们向着正确的价值观方向成长。

第十三章　中学生性心理的发展与引导策略

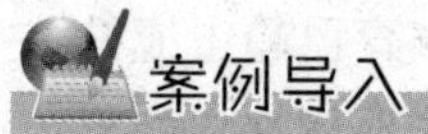

案例导入

乔巧是一名可爱的初一女生，但最近她遇到了麻烦事：她喜欢并希望一名高二男生保护她。她自己也知道并非是交男朋友，但她仍然想知道这名高二男生的电话号码，却又害羞说不出口。同时，她不知道男女生之间的交往是否是正常现象。因此，很害怕别的同学知道了自己的想法而被笑话。她很迷茫，又不知道应该怎么做。

随着生理上性的逐渐成熟，中学生进入了身心动荡的青春期，在性的生理、心理和行为上都出现了剧烈的变化。本章主要介绍了中学生性生理的变化及其带来性别角色发展、心理发展的性别差异，中学生性心理与性行为问题和青春期的性心理教育问题。

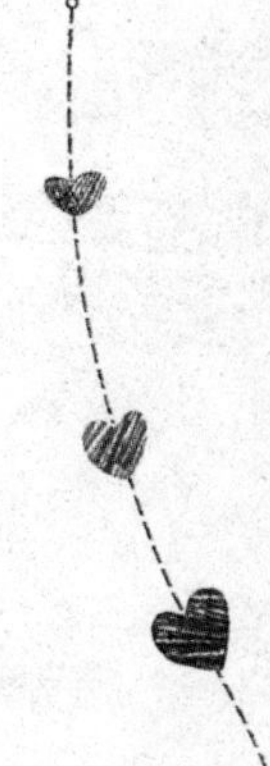

⊙中学生性别角色的发展

一、中学生性生理的变化

中学生的年龄一般在十一二岁至十七八岁之间，处在青春发育期。其生理发育最主要的特点就是，从原来的不成熟趋向成熟。中学生生理机能的变化可主要归结为“三大变化”：一是身体形态的急剧变化；二是器脏结构和机能的逐步成熟；三是第二性征的出现和性的成熟。

（一）身高体重显著增加，身体形态急剧变化

中学生正处在第二个生长高峰期，身高、体重、肢体的增长都很快，主

要表现在以下几个方面：（1）身高增长迅速。中学生在第二个生长高峰期每年可增高6～8厘米，甚至可多达10厘米左右。（2）体重急剧增加。男孩体重平均增长31公斤左右，女孩体重平均增长24公斤左右。每年体重增加3～6公斤，突出的可增加8～10公斤。（3）骨骼和肌肉迅速生长。骨骼生长急速，上下两肢骨，特别是下肢骨长得最快。肌肉随骨骼的变化而加大加粗。尤其是大肌肉急速生长，而小肌肉则相对处于停滞状态。

（二）器脏结构和机能的逐步成熟

青春期中学生的器脏结构和机能，尤其是作为生理基础的心血管系统、呼吸系统、神经系统迅速地发育健全起来。如心血管系统发育已趋于成熟；呼吸系统发育方面在十六岁已接近成人水平；大脑机能显著地增强，但受第二性征的出现和性激素的影响，兴奋和抑制的交替不稳定，有时甚至产生急剧变化，因此，青少年易产生过激言行。

（三）三大性征的出现和性的成熟

第一性征的变化是指生殖器官（睾丸、卵巢、阴茎、阴囊、子宫等）的增大，接近成人，第二性征的变化是指体态上出现的新特征，如男生喉结突出，嗓音变粗且低沉，长出胡须、腋毛、胸毛、体毛，夜间梦遗；女生乳房发育隆起，阴毛、腋毛长出，皮下脂肪增厚，出现月经现象等。第二性征的出现，有人形象地称之为青少年的“第二次诞生”。与此同时，男生的男性气质和女生的女性气质也逐渐明朗化，男生一般都身体高大，肩宽腿长，肌肉发达，显示出男子汉的壮美；女生大多骨盆变宽体态丰满，具有青春女性的曲线美，这是第三性征的出现。性是人体内部发育最晚的部分，它的发育成熟，标志着人体全部器官接近成熟。调查表明，女生从11～13岁开始进入性成熟期，男生13～15岁才进入性成熟期。

二、中学生性别角色的发展

性别角色指的是个体根据社会文化对男、女不同性别的不同期望而形成的动机、态度、价值观与行为。性别角色发展即性别角色的社会化过程，是个体不断理解和获得性别角色的过程。性别角色社会化贯穿于青少年整个身心发展过程。

青春早期，即在小学和初中之间的过渡时期，儿童在关于男性和女性可

以表现出的特征、拥有的爱好和可以追求的事业等问题上，开始变得越来越灵活。但很快，他们的性别角色要求又一次变得僵化——青少年对男性和女性表现出的异性风格都表示出强烈的不可忍受。这与进入青春期后性别角色压力增大有关。男孩开始认为自己更具有男子气，女孩更为强调她们女性化的一面。到高中阶段，十几岁的青少年对自己作为年轻男士和女士的身份更为认同，在对性别问题的认识上又一次变得灵活。

青少年性别角色发展可以划分为三个阶段。第一阶段是童年期，后两个阶段是青少年期。

第一阶段（6～8岁）是生物取向阶段。此时儿童所持有的关于男性和女性的各种认识，以男女之间身体上所存在的生理差异和特征为依据。

第二阶段（10～12岁）是社会取向阶段。在这一阶段，少年的性别角色概念符合社会的期望，是根据社会文化对少男、少女的性别要求建立起来的。处于此阶段的个体所持有的性别角色概念，实质上是作为个体社会角色的一部分而存在，与社会文化的期待和影响相一致。

第三阶段（14～18岁）是心理取向阶段。青少年所持有的性别角色概念，不再是以社会准则和规范为唯一依据，而是以男、女各自具有的内在心理品质为主要依据。性别角色不再以生理性状和社会角色如父亲、母亲、丈夫、妻子等为主要内容，而是以个体在心理上所表现出来的性别特征为核心。

实际上，处于青少年期的个体很少有人能真正达到第三阶段的标准，青少年对性别角色的认识多数还是社会取向的，而且具有一定程度的刻板化。

1．性别角色的自我认同更加明确。根据埃里克森的同一性理论，青少年时期性别角色发展的中心任务是获得性别角色同一性。在青春期后期，中学生一般能带着稳定自信的感觉扮演自己的男性或女性角色。如果在二者之间犹豫不决，就可能对性别角色产生冲突。在获得性别同一性的过程中，男孩和女孩有着不同的经历。与男孩相比，青春期的女孩在整合自身性别角色的过程中走得更为艰难，面临着更多的矛盾与不确定性。

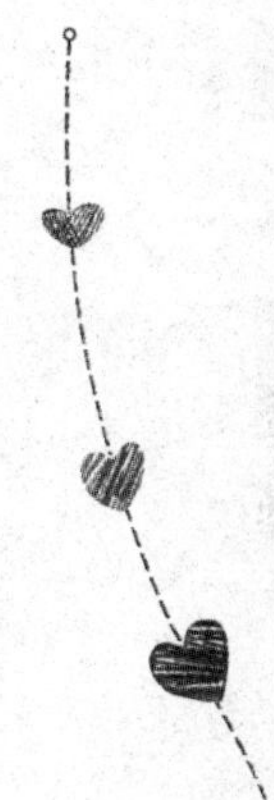

2．性别角色社会化的情形更加明显。由于教育、文化和社会环境的影响，中学生的性别角色社会化情况更加明显，男生表现出更多的支配、自主、成熟等特征，女生则表现为更多的求助、亲密、服从、依附、教养等特征。

研究表明，青少年男性的问题行为明显地与他们对男性化的态度相联系。对男性化抱有传统信念的青少年男性（如认可“男人即使不够高大，也要够强硬”、“对男人来说，赢得他人的尊重很重要”），自我报告的在学校有麻烦、酗酒、参与违法犯罪的活动等问题也更多。

3．对于性别角色分化的合理性开始产生质疑。由于自我意识的成长和思维批判性的增加，也由于受当今女性主义思潮的影响和社会环境的宽容，越来越多的中学生对性别角色分化的合理性开始产生质疑。如现今青少年中性化现象就反映了青少年对传统的性别角色刻板印象的质疑和反击。

有研究者认为，性别角色的发展已超越了固有的单性化发展，提出性别角色发展的转化模式。转化模式认为，童年期和青春期的个体会严格遵守传统的性别角色观，从未分化发展与自身性别一致的性别角色类型，随着年龄增长，个体的性别角色观念不再刻板，变得更加容易接受自身或他人的异性特质，因此，在成年期“双性化”成为性别角色继续发展的主要趋势。[1]所谓“双性化”（androgyny）指的是同一个人表现出很高程度的、合乎需要的男性化特征和女性化特征。研究者认为，双性化是最合适的性别角色模式。

调查[2]也发现，我国中学生性别角色的发展各年级段的双性化、未分化、单性化（男性化与女性化）比例各约占30%，双性化替代单性化成为中学生性别角色发展的新趋势，未分化现象也极为普遍；我国青少年双性化发展较国外已提前至青春期，初三、高三升学，恋爱等重大生活事件对个体的适应和发展提出更高要求，从而催生大量双性化并大幅减少未分化，这两个年级可能既是双性化发展，又是抑制未分化的重要时期；此外，中学女生双性化发展明显优于男生。

三、中学生心理发展的性别差异

男性和女性在生理特征、行为方式以及心理现象的某些方面表现出不同的特征，这称为性别差异。通常男性比女性更高、更重，也更强健，然而女性却更长寿。在人生发展的不同阶段，性别差异的方面不尽相同。有些差异从出生到死亡一直存在，如生理上的差异，有些差异直到青春期才出现，而

[1] Hefner，R．&Rebecca，M．，etal．Development of sex-role transcendence[J]．Human Development 1975，18(3)：143-158．

[2] 龚茜．当代中学生性别角色发展现状调查分析[J]．社会心理科学，2011(3)：79-86．

有些差异青春期以后就逐渐消失。青少年期是性别差异最为集中、趋于显著的时期。

（一）智力的差异

男女的平均智商是很接近的，但具体到智力分布、智力结构以及年龄倾向性上却存在着差异。如在智力分布上，男性比女性的智力分布的范围较广，离散程度大；在智力结构上，男性在空间关系、图形知觉、逻辑演绎、数学推理、机械操作、视觉反应等方面表现更好，而女性则在语言表达、数的识记、机械记忆、听觉反应等方面显示出优势。智力表现早晚上的差异，相对而言一般女性表现较早，男性表现较晚。这也是解释小学女生成绩更好、中学男生成绩更好的现象的一个原因。

（二）成就动机的差异

成就动机是指努力追求卓越，以期达成更高目标的内在动力和心理倾向。研究发现，在成就动机方面，男女存在以下差异：（1）任何年龄的女性对一项活动获得成功的起始期待都低于男性。（2）男性的成就动机是由内在因素激发的，如对成就本身的渴慕；而女性的成就动机往往是由外在因素激发的，如为了得到父母、老师和同学的赞赏。（3）在成就归因上也明显地存在着性别差异。

（三）兴趣的差异

学生兴趣的差异主要体现在学科兴趣和课外兴趣这两方面。学科兴趣的两性差异从小学四年级开始显露，对语文、外语的爱好，女生人数一直超过男生，而对数学的兴趣则相反。进入中学后，随着学科设置的多样化，男女生兴趣的分化更加明显，男生明显偏爱理科，女生则明显偏爱文科。在课外兴趣上，女生多半对小说、电影、戏剧、音乐、舞蹈更感兴趣，男生则对科技、国内外见闻、体育活动更感兴趣。

（四）个性与行为的差异

在个性方面，男生表现得较开朗、果断、不拘小节、好动、好奇，但往往比较粗心、逞能好胜，有些人甚至脾气粗暴、鲁莽；女生性格相对内向、文静，而好问、好奇、好想、好动的程度则不如男生，在遇事时，思虑较为周详、细致，但果断性稍差。男女两性行为上的差异主要表现在侵犯性、支配性和合作性上。男性的侵犯性强于女性，男性的支配欲及支配行为要强于女性，在合作性方面，女孩在一起从事合作性的活动多于男孩。

（五）社会情感和意志品质的差异

社会情感是情感的主导方面，主要包括道德感、理智感和美感三个方面。理智感方面的性别差异不明显，但美感、道德感方面就存在着明显的性别差异。

（六）社会交往的差异

中学生在社会交往方面也存在着性别差异。研究表明，中国男青少年与父母的冲突均高于女青少年，且与母亲的亲近低于女青少年，表明女孩与父母有更和谐、融洽的关系。在与同伴群体的关系上，男女也存在差异，表现在女生群体更具有结构性，女孩与同伴群体的联系比男孩更紧密；女生群体的支配等级不如男生群体那样明显；同伴群体对男女生有不同的发展作用，对男生而言，有助于帮助其学会合作，并参与他们自己不能单独完成的大量活动或冒险行为，对女生而言，主要在于帮助她们发展理想的人际交往技能和对人际关系的敏感性。

四、性别角色教育

1．教育青少年科学地分析和解释社会生活中的种种社会性别不平等现象，帮助青少年树立正确的性别观念。

2．父母和教师要努力做青少年性别角色的榜样，以改变沿袭已久的性别刻板印象和性别偏见，培养青少年对性别议题的关注、敏感度，教给他们有关两性平等、相互尊重的知识和技能。

3．合理利用大众传媒，对青少年宣传性别公平的理论，使青年学生了解社会性别公平是教育民主化和现代化的基本原则和内容。

4．性别教育的理想模式——双性化教育。双性化是一种综合的人格类型，即在一个人身上同时存在男性与女性心理特征，尤其是心理气质方面具备男性和女性的长处和优点。研究结果表明，双性化的个体具有较高的自尊、较少的心理疾病、较好的社会适应能力，而且双性化的人比其他类型的人更受欢迎。

⊙中学生性心理与性行为问题

性心理是指人在性方面的心理现象，是性意识、性欲望、性情感以及性

梦等性心理活动的总和，青少年首先对自身性发育产生好奇，进而想了解一切与性有关的事情，而后在性欲驱使下产生性冲动，通过性梦、性幻想以及手淫等来释放性欲。

从广义上说，性行为既包括两性器官的结合，也包括手淫、拥抱和接吻等行为。狭义的性行为仅指两性器官的结合。多数青少年第一次的性经验是自我满足的性行为——自己单独进行的性行为（如手淫）。高中之后，从自我性欲满足发展到社会性的性行为。社会性性行为是指那些卷入另一个人的性行为。其顺序一般为：拥抱、亲吻和爱抚；隔着衣物的性器官接触；直接的性器官接触；性交。

由于青少年人群缺乏对安全性行为的控制能力，又处于一个心理敏感时期，各种性心理和行为问题显露出来。据广州市团校调查[1]，在500名非普高类中学生中，近两成学生有过性行为，一成学生发生过早孕。其中不少女生是为了"争抢"男友而发生性行为，并且一旦怀孕，如果男方给钱做流产，她们便认为对方爱自己，从而可能多次人流。另据医院介绍，一些女生会结伴做人流，并称和好友一起手术感觉很酷。

1．性幻想

是指一种含有性内容的想象，也是指自编、自演的带有性色彩的"连续故事"。性幻想是青春期的男孩、女孩表达内心欲望的形式，是性成熟过程中的一种正常的性生理、性心理现象。性幻想只是一种想象。只要我们能把幻想与现实分开，性幻想不会造成任何伤害。

2．性压抑

对异性与性行为的极度渴望，却因为种种原因而不能接近异性或不能发生性行为的一种心理与生理状态，一般会表现为痛苦、焦虑甚至出现躯体症状，如失眠、噩梦、头晕、注意力涣散、胃肠道不适、腹泻等神经功能失调等症状。

3．性自慰

性自慰又称手淫，是一种相当普遍的性行为，可以发生在两性的各个年龄段，处于青春期的青少年出现手淫的频率最高。对于性成熟的男孩、女孩，通过手淫宣泄性欲的行为是很自然的。只要不是习以为常、过度频繁，

[1] 搜狐新闻.http://news.sohu.com/20090731/n265611104.shtml，2009-07-31.

不应被视为病态或淫荡行为，无须自责和内疚。

4．性梦

处于青春期的男孩性梦比较多，梦中的性对象是不确定的，可能是一个素不相识的女孩或曾经见过一面的女孩，也可能是暗恋中的女孩。性梦是一种正常的性生理和性心理行为，起着一种安全阀的作用，以缓和积累起来的性张力。因此，它不是一种邪恶现象，不必过于自责。但也不要过度沉溺于性梦之中。

5．遗精恐惧和初潮焦虑

少男初次遗精和少女月经初潮，都是生理、心理接近或达到成熟的标记，这完全是正常的生理现象。一部分缺乏性卫生知识的青少年，对此却不知所措，感到恐惧和焦虑。正常遗精的精液损失对身体健康并无损害，如不引起心理压力、疲乏无力，一般无需治疗即可自愈。

6．过早性行为和性过错

婚前性关系会妨碍一个人身心的健康成长，造成生理与心理双重性的危机，对人的个性结构、道德素质和价值取向等都有不良影响，并衍生出复杂的个人和社会问题。过早性行为可使青少年产生紧张、忧虑、较大的情绪波动及沉重的精神负担，如犯罪感、负疚感；过早性行为还有感染性传播性疾病及艾滋病的危险；另外，过早性体验也可影响成年配偶的选择，可给婚后的家庭生活带来阴影。对少女来说，过早性行为对她们的身心健康和一生的发展具有更大的危害。

⊙青春期性心理教育

一、青春期及其影响

青少年期一般指十一二岁至十七八岁，相当于中学阶段的中学生。这个阶段正处于青春发育期，所以又称为青春发育期，简称青春期。青春期是人一生中宝贵而又有特色的时期。青少年最突出的表现是朝气蓬勃、风华正茂、富有理想、热情奔放，发挥着聪明才智，身心都在迅速成长。

青春期的生理变化以直接或间接的方式影响着中学生的心理与行为表现，其影响主要表现在对自我形象、情绪和家庭关系的影响。

1．对自我形象的影响

青春期的女孩一般会变得更加关心她们的长相，担心别人对她们的反应，她们经常会担心长得过高或过胖。从青少年早期到晚期，她们对自己的身体形象的评价日渐消极。男孩对自己身体形象的评价比女孩积极，他们更可能欢迎自己体重增加了。研究也发现，经历青春期会导致女青少年自尊的适度降低。

2．对情绪的影响

一般来说，青少年比儿童和成年人更加情绪化、更喜怒无常。这种情绪变化与青春期激素水平变化有直接联系，在青春期早期最为明显，导致男孩攻击性增强，女孩情绪更加压抑。到了青春后期，一旦激素水平达到较高水平的稳定后，激素的消极影响也就变小了。此外，青少年比成年人的情绪更容易变化的原因，可能在于他们更经常地变换活动的内容和背景。

3．对家庭关系的影响

青少年与父母之间的关系发生了变化。当青春期变化达到最高峰时，青少年会变得更加独立，不再像以前那样与父母亲近了，而且经常与父母发生冲突。这在与母亲之间表现得尤为明显。亲子关系的变化主要表现为冲突、抱怨、生气等消极事件增加，同时支持、微笑、笑声等积极行为在一定程度上也有所减少。尽管亲子关系在青春期早期会受到破坏，但一旦青春期过渡结束，到青少年晚期亲子关系一般会重新变得亲密起来。

二、青春期教育的基本原则

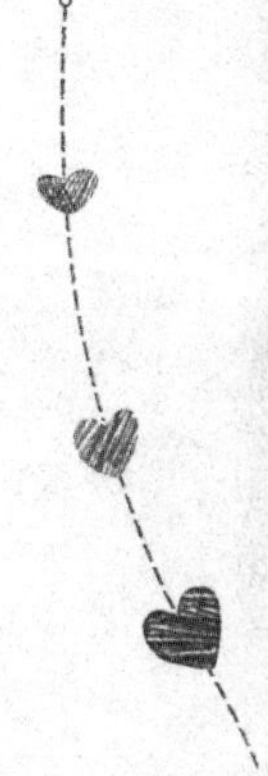

青春期是一个人从天真的儿童蜕变为思想成熟的成年人的转折阶段。青春期身体的急剧变化，特别是性的成熟，对青少年心理过程和个性心理发展的各个方面具有极大的影响，使青少年常常陷入困扰之中，容易进入误区。为了使他们在心理上得到正常发展，安全度过人生的关键时期，有必要根据青少年的心理特征，给予科学的指导。

1．审慎地对待青少年性心理萌动

青少年结交异性朋友，是生理上与心理上的需求，是社会化过程的一个阶段。对此，教育者应冷静科学地了解它、驾驭它。除了需做合情合理的限制外，在具体问题处理上应巧妙进行疏导，淡化他们对性的神秘感，转移他们的注意力，将这种情感引导到发展学生智力和树立良好思想品德行为的轨道上来。

2．要针对每个学生的身心发展特点

以什么深度进行青春期的教育，需要因人而异。这要求教育者对中学生的内心世界、外部环境要了解尽可能深入些，不仅要以物（教材）为教学研究对象，更要以人（学生）为教学研究对象。

3．知识、态度、行为教育的统一

现代社会的性教育不能只是生理知识的传授，还必须通过品德行为的培养来进行，因为性行为总是反映着人的道德行为。性教育必须培养学生具有性的道德约束能力，帮助青少年理解和遵守社会规范。

4．适时、适度、适当[1]

适时是指对学生的性生理、性心理、性道德教育必须抓准时机、及时进行。一般而言，性生理教育知识应早于性生理发育。要及时发现学生中出现的问题，适时地进行教育，不要“马后炮”。

适度是指给学生讲授性知识程度深浅要把握好。教师应考虑学生年龄特征和基础知识水平，确定授课的主题、内容要点和教学方法。要讲究分寸，注重教育艺术，防止过度、过粗。

适当，首先，是指教育观念适当。必须立足国情民情，摸索探讨适合中国国情的性教育。其次，指教学态度和教学方法的恰当、合适。要做到既亲切、又严肃，还要关心、理解、尊重学生，对不同年级、不同年龄、不同性别的学生采取相应适当的教育方法。再次，教师选择要适当。一般要求是要热爱这项教育工作、具有较强的事业心，教师的个性心理品质较健全，最好是中年已婚教师。这样老师可以长者姿态去传授做人的知识，学生会感到老师的阅历广而产生心理效应。

三、青春期教育的内容

1．性生理与保健知识教育

通过青春期性生理教育，使青少年了解他们青春期经历的自身的性生理变化，注意保护健康，养成卫生习惯。具体内容包括：

[1] 孙传贤．关于青春期教育要掌握适时、适度、适当原则的探讨[J]．课程 · 教材 · 教法，1989(10)：39－41．

(1) 个体青春期发育的特点，如身体外形、内脏功能、运动能力等；

(2) 男女生殖器官的构造与功能；

(3) 青春期性的发展，如性发育与性激素的关系、自慰行为、受孕、生育等；

(4) 青春期性的卫生知识和疾病防治，如经期卫生、遗精频繁等；

(5) 青少年身体发育指导，如营养卫生、运动与健康等；

(6) 对性病、艾滋病、性虐待、卖淫的认识与防范措施。

2．性心理知识教育

性心理教育是青春期教育中的重要部分，教育者应向青少年介绍青春期性心理的产生、发展和表现的特点，并帮助他们掌握与异性建立健康良好关系的基本知识和行为方式。具体内容包括：

(1) 青春期心理发展的基本特点；

(2) 青春期性心理的发展与表现；

(3) 如何合理、得体地与异性交往，建立友谊；

(4) 青春期心理保健知识与技巧，如如何培养健康情绪、接纳自己的性身份、锻炼自制力等。

3．性道德教育

性道德教育是青春期教育中最重要也是较艰难的部分，同时又是青少年性心理健康发展的关键。在生活中，应把性置于什么样的位置；两性交往的道德准则；与性行为相联系的社会责任及义务等等。都是性道德教育面临的重大问题。具体内容包括：

(1) 培养良好的性道德认识，如男女平等、尊重女性、自尊自爱等；

(2) 正确对待性活动中的责任，养成良好的性道德行为习惯；

(3) 反对卖淫和色情文化。

四、青春期的异性交往

（一）青少年异性关系的发展与作用

青少年的异性关系具有不同的形式：同伴团体中的异性互动、异性友谊关系、异性爱慕关系。青少年最初的异性交往发生在大范围的群体背景下，在群体内两性的互动促进了男女关系的发展，使异性关系逐渐发展到友伴群

体内部。青少年中期，男女混合的友伴关系群体形成，男女关系逐渐密切，并发展到一对一的朋友，最终出现男女之间的恋慕。

青少年异性关系有以下作用：（1）给青少年以稳定感和归属感；（2）给青少年以健康的娱乐场所；（3）使青少年增加社交活动的经验；（4）使青少年提高宽容和理解的能力；（5）给青少年以学习社交技能的机会；（6）给青少年以培养社会洞察力的机会；（7）发展对集体的忠诚心；（8）使青少年经历对异性的爱慕。

（二）早恋

少男、少女进入青春期后，性意识开始觉醒，异性之间经常接触，很容易产生爱慕和试图相互接近的激情。作为青少年之间普遍存在的一种感情，有其神秘性和自发性，无需理由、不计利害、不顾后果，对人的心灵具有强大的冲击力，尤其是心理不成熟的青少年更容易被朦胧的爱恋冲昏头脑。“早恋”涵盖了可能发生在恋爱双方之间的各种行为，如拥抱、接吻、爱抚、性器官接触甚至性行为。

进入青春期的孩子，一旦有了以下异常信号，家长、教师就应引起警觉，注意妥善处理好，以免早恋贻害孩子。（1）原本活泼好动的孩子，突然变得沉默寡言，心事重重，不愿与父母多说话，对家人的态度变得粗暴起来；（2）情绪起伏大，有时兴奋，有时忧郁，有时烦躁不安，做事没耐性；（3）在家如坐针毡，频繁外出，常找借口往外跑，有时还说谎；（4）在书房或自己的卧室里喜欢把门闩起来“自习”，美其名曰“排除干扰”，实则背着家长进行情书创作，或欣赏对方的标准像，或反复阅读对方来信，时常走神发呆；（5）突然变得格外爱打扮，十分注重修饰；（6）常常收到异性赠送的照片或印有爱情诗句的明信片、书签、贺年卡以及其他礼物；（7）常有异性宾客来访，常有别人打来的电话；（8）原来学习成绩好的孩子，突然学习成绩直线下降，上课注意力难以集中，学习上常出现漫不经心的态度；（9）对描写爱情的文学作品、电影、电视剧等格外感兴趣；（10）喜欢打听男女之间的事，对儿女情长的事尤其感兴趣。

早恋应以预防为主，一方面学校和家庭应当创造条件，组织青少年开展丰富多彩的活动，以使孩子的精力得到发泄；其次，应通过多种形式教育孩子树立正确的恋爱观；第三，应及早开展青春期教育，引导学生进行健康的异性交往；第四，在平时的交往中自然而然地讨论异性交往、恋爱等问题，

引导孩子主动控制自己的情感。

如果孩子早恋已经发生，教育者应头脑冷静，坚决避免粗暴禁止，要耐心细致地做好疏导教育工作，并尽量充实孩子的学习、生活内容，使其注意力转移到学习和各种健康爱好上去。对程度严重者，必要时可考虑搬家或给孩子转学，这样可避免孩子受到外界冷言冷语的刺激。

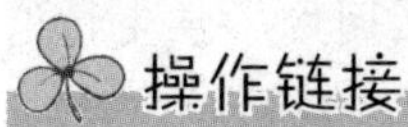

操作链接

青春的尴尬与期待[1]——八年级学生的异性交往心理辅导

【活动目的】（1）认识异性交往是日常生活中不可缺少的重要组成部分；（2）掌握与异性交往的一般原则，提高处理异性交往问题的能力。

【活动方式】角色体验；讨论法。

【活动准备】多媒体课件。

【活动过程】

一、情境导入

播放视频《纠结的约会》。

内容概要：小蓓是班级里的一位文雅漂亮的女生，成绩优秀，气质高雅，很受男生欢迎，往哪儿一站，总会引来一束束欣赏的目光。一次自修课上，她正在做数学作业，一个小纸团落在他的课桌上，打开一看，字条上写着："请放学后到青年公园门口相会。爱你的人。"

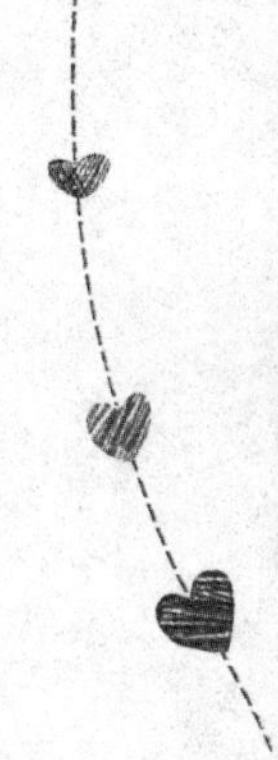

二、现场调查

教师提问：你认为小蓓会接受吗？你认为小蓓为什么会接受？

（设计意图：营造了的积极氛围，学生开始积极关注这个问题，并对异性交往对青少年发展作用及可能带来的不利影响顺势进行点评。）

三、引入正题

投影：你的周围有没有早恋的事例？他们进展得怎么样？有没有什么阻碍？（设计意图：让话题贴近学生的真实生活，引起学生共鸣，希望从身边

[1] 苏治明.中小学教育，2011（12）下.

真人真事中寻找心理矛盾和冲突的事例，据此引导学生了解男女正常交往的礼仪、原则，正确区分正常交往和早恋。）

投影：男女正常交往的礼仪：身体距离、服饰、眼神、握手、耳语距离等。

四、讨论升华

问：1．如果小蓓接受对方的要求的话，以后会遇到什么问题？学生讨论略。

2．小蓓应该怎么处理，这样的处理好不好？学生讨论略。

引出异性相处准则之一：尊重别人的隐私权，不伤害对方的自尊心，并说明理由。

五、角色扮演

教师：刚才也有很多同学认为她会拒绝对方，你认为她会采取什么拒绝方式？哪位同学来表演一下？（学生扮演）

（设计意图：学生体验真实现场，暴露处理问题中的语气、措辞、肢体语言的优点和不足，以便及时引导。）

教师点评后，投影中学生的异性交往原则：（1）不必过分拘谨。（2）保持一定距离（心理方面）。（3）举止落落大方。（4）文雅庄重，自尊自爱，注意着装不能太过暴露。（5）不伤害对方的自尊心。（6）不卖弄自己，令人生厌。（7）不应过分严肃或轻薄。

六、配乐诗朗诵《不，不要说》

不，不要说/让我们依然保持沉默/我多么珍惜/这天真的羞涩/你也应该保持那青春的活力/我们的肩膀/都还稚嫩/扛不起太多的责任/等一等吧/等你的肩膀更厚实些/我也懂得了/什么是成熟的思索

教师总结：（略）

第十四章　中学生社会性的发展与引导策略

案例导入

华华转眼间成长为一名中学生，他的父母发现他似乎逐渐地变成另外一个人。他特别爱打扮，对自己的体重、身高、相貌格外在意；对父母过分关心自己感到反感，嫌父母唠叨，对父母偷看自己的日记尤其感到烦恼，有时候与父母的交流也比以前少了；特别喜欢与同学在一起，连衣服的样式、发型等都要求与同学一样时髦。跟小学时总拿“我们老师怎么说怎么说”不同了，说起学校的事经常批评老师这做得不对那做得不好，父母真担心他哪一天跟老师冲突起来。

中学阶段是个体社会化的关键期，通过社会化，使中学生获得在社会中进行正常活动所必需的品质、价值、观念以及社会所赞许的行为方式。本章主要介绍中学生的社会性交往的发展、道德与亲社会行为发展和中学生态度的学习。

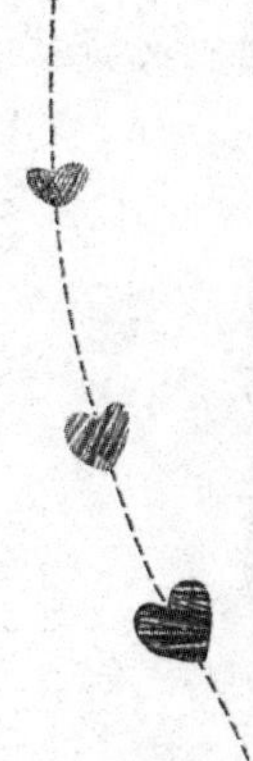

⊙中学生的社会性交往与交往技能发展

一、中学生的亲子关系

（一）中学生亲子关系的变化

随着青春期的到来，中学生与父母的关系发生了微妙的变化，父母的影响也随之发生变化。这反映在以下方面：（1）亲子关系的性质发生了重大变化，突出表现为由童年期以父母为中心的单边主义向平等与民主的双边主义过渡；（2）青少年自主要求增强，对父母的权威的接受性降低，赋予父母权威的合法性下降，反映在观念上，更加自主独立地思考判断，在行动上更加自由自主，父母的榜样作用也在减弱；（3）青少年与父母的情感关系相对于儿童期逐渐变得疏远，对同伴的依恋变得更加强烈；（4）与同龄人的互动增多，与父母的互动相对减少。此外，随着社会的发展，家庭亲子关系也呈现出一些时代的特征：如家庭结构变化，亲子互动不同以往；生活节奏加快，亲子关系淡漠；亲子交往中双向影响日益突出。[1]

（二）中学生亲子关系的总体特征

与儿童期相比较，青少年时期容易产生亲子冲突，有学者称之为“亲子关系危机期”。青少年与父母的亲子冲突被认为青少年亲子关系的主要特征，是青少年期普遍存在的。但有研究发现，亲子冲突确实在青少年中带有普遍性，大部分被试者近半年来与父母发生过冲突，但冲突的次数较少，冲突的强度不是很高。而通过对青少年与父母之间亲和度的统计，表明青少年与父母的亲和度较高。[2]因此，更确切地说，青少年时期是一个亲子关系的转变期，而不是破裂期。

而青少年中也的确存在这样一小部分青少年，他们与父母关系较为紧张，冲突发生较为频繁，冲突强度也很高，而且与父母的亲和度比较低。近几年来，国内有关亲子恶性冲突的事件也时有报道，青少年与父母的关系问题也是一个突出的社会问题。因此这部分青少年应引起教育者与研究者的高度重视。

（三）中学生亲子关系的性别特征

许多研究对男女中学生与父母关系进行了比较分析，结果发现，中学生的亲子关系存在亲代性别差异和子代性别差异，一般而言，女生与父母的冲突多于男生，母亲与中学生的冲突多于父亲，而且在中学期间可能发生不同的转变。

研究发现，随年龄增长，青少年与母亲的冲突逐渐增多，冲突的强度逐渐提高；而青少年与父亲的冲突相对稳定，与父母亲和的发展也较为稳定，母亲与青少年的冲突及亲和均高于父亲；与男青少年相比，女青少年与母亲

[1] 李维维，高狄．青少年亲子关系及其教育的思考[J]．技术与市场，2011(3):142．

[2] 宫秀丽，刘长城，魏晓娟．青少年期亲子关系的基本特征[J]．青年探索，2008(5):44–46．

有着更为亲密与和谐的关系，但与父亲的亲和及与父母冲突的强度无显著性别差异。[1]

（三）中学生亲子关系的年级特征

研究发现，青春期的亲子冲突发展趋势呈倒U形：青春早期亲子冲突开始上升，到青春中期达到最高值，青春晚期开始呈下降趋势。石伟等证实，初中生亲子冲突进入青春期后呈上升趋势，在初三时冲突激烈并达到最高水平。[2]

另外，研究表明，青少年期的亲子亲和与亲子冲突随年级的变化也不相同。冲突频次随年级升高而减少，呈一种下降的趋势，亲子亲和随年级升高而增强，呈一种稳步上升的趋势。该研究还显示冲突频次和冲突强度具有相对独立性。虽然冲突频次随年龄增长而减少，但冲突强度并未受到年龄因素的影响，基本处在一种比较低的水平。[3]

二、同伴关系与友谊

同伴关系主要是指同龄人或心理发展水平相当的个体间在交往过程中建立和发展起来的一种人际关系，是个体同伴经历的重要内容。根据社会复杂性的不同程度，可以将青少年的同伴关系划分出三类不同水平的同伴经历：互动的同伴经历、二元关系的同伴经历、群体的同伴经历。[4]

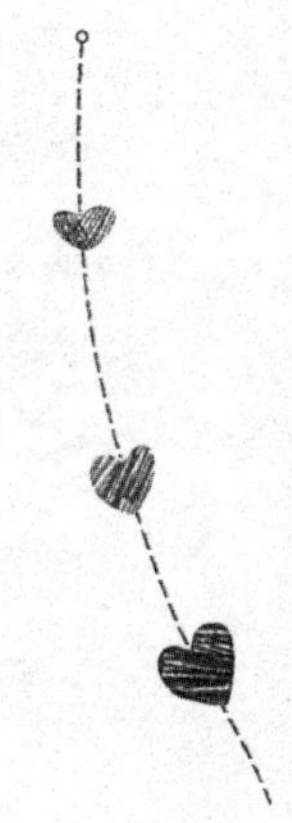

就互动层面而言，相对儿童期，青少年与同伴共度的时间显著增加，彼此的互动更为频繁、复杂、持久。调查表明，在总体上，学生的课余时间、游乐、倾诉和乐趣分享的对象均将同伴放在首要的位置。从年龄特点来看，个体在生活各个领域选择同伴作为交往对象的比例都随年龄增大而呈递增趋势，而对父母、老师的选择则呈递减趋势。此外，儿童期同伴互动中的“性别对立”现象逐渐消失，青少年开始将更多的活动指向异性同伴，异性之间的接触有了显著增加。

[1] 王美萍．父母教养方式、青少年的父母权威观/行为自主期望与亲子关系研究[D]．山东师范大学，2001．

[2] 石伟，张进辅，黄希庭．初中生亲子关系特性的研究[J]．心理与行为研究，2004(1)：10-14．

[3] 宫秀丽，刘长城，魏晓娟．青少年期亲子关系的基本特征[J]．青年探索，2008(5)：44-46．

[4] 张茜．青少年同伴关系的特点与功能分析[J]．当代教育科学，2003(1)：37-39．

有关二元关系水平上的同伴经历，青少年期主要涉及友谊关系。儿童进入青春期后，友谊的内容发生了变化。青少年初期个体对友谊的理解还是比较肤浅的，他们注重表面现象，注重共同的活动而非彼此内心感情和观念的交流。而到了中期，友谊便不再意味着活动的共性，而是强调双方相互影响的感情上的依赖，产生了真正的"互惠"意识——思想、情感甚至是人格上的共享。另外，青少年期的友谊关系不再拘囿于同性之间，异性之间的友好亲密互动构筑了新型友谊关系。但我们需要注意的是，亲密的异性互动可能还涉及到另外一种二元关系——男女恋慕。青少年中后期，少数个体涉入这一类型二元关系，即我们通常所称的"早恋"。

个体在青少年期的交友范围日益扩大，开始归属特定的同伴群体。青少年初期，个体的活动大都围绕单一性别的紧密小群体，日常只是与有限的几个朋友交谈、游戏。随着发展，异性之间开始在相对松散的大群体背景下交往，并使异性关系逐渐发展到小群体内部。这时，小群体的结构发生了彻底的变化，即性别混合。随着发展进一步深入，到青少年期末，男女关系发展到一对一的朋友之间，最终出现男女之间的恋慕。同时，群体这一组织松散、宽泛的团体结构开始瓦解，但小群体内部的联系仍在特定水平维系着，并会一直延续至成人生活中。

三、师生关系

（一）中学生师生关系的结构

中学生师生关系具有四种因素，即冲突性、依恋性、亲密性和回避性。研究表明，中学生师生关系仍然部分保持着与小学生类似的冲突性和亲密性的特点，但随着中学生心理发展水平不断提高和成熟，尤其是自我意识的发展，中学生师生关系表现出回避性和依恋性的特点，这反映出中学生人际交往的独立性和依赖性、自觉性和幼稚性、开放性和闭锁性等两极性特征。

（二）中学生师生关系的类型

中学生的师生关系可分为矛盾冲突型、亲密和谐型、疏远平淡型三种类型。有调查资料表明，亲密和谐型师生关系的学生人数比例仅占34．8%，而矛盾冲突型和疏远平淡型师生关系的学生比例占65．2%。虽然，从心理发展规律来看，中学生师生关系中疏远与冷漠、冲突与对立现象的存在具有一

定的必然性，但处理不当，易影响学生人格与行为的发展，应引起高度的重视。

（三）中学生师生关系具有鲜明的年级发展特点

总体而言，中学生师生关系的发展具有鲜明的年级特点，师生关系呈波浪下降趋势。研究发现，初一师生关系最好，但随着年级的增长，师生关系呈波浪下降发展趋势，初二和高二表现相对最不理想。[1]

整体来看，初二和高二学生的师生关系发展明显不同于其他年级，表现出更冲突、更疏远和更不亲密，高二和初二的矛盾冲突型学生人数明显多于其他年级，而亲密和谐型学生人数明显少于其他各年级。从师生关系类型来看，高二和初二都表现出疏远平淡型人数最多，其次是矛盾冲突型，亲密和谐型最少。可见，这两个年级是中学生师生关系发展的两个特殊阶段。这与中学生思维独立性与批判性发展、自我同一性的矛盾冲突和学习任务较重，师生沟通不够有很大的关系。

四、中学生人际交往能力的引导策略

（一）营造良好的人际关系环境

在学校，学生的人际关系主要是在群体中形成并发展的。班集体良好的人际关系环境是营造良好学生人际关系环境的基础。教师应根据学生的时代共性和个性特征，关心、爱护每一位学生，创造一个平等、和谐的外部环境。

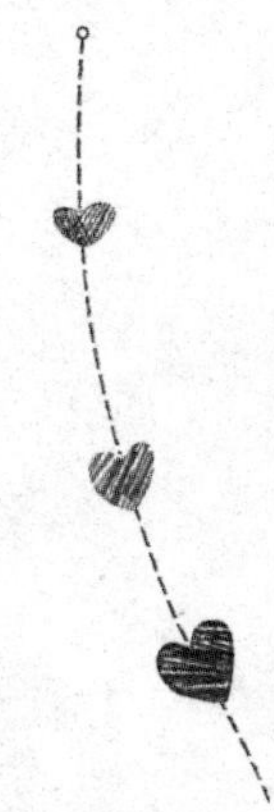

（二）帮助学生建立健康的人际关系

教师要指导学生建立良好的人际关系，学会处理生活中出现的各种人际关系，善待他人，以积极健康的心态学习和生活。具体方法如下：

1．帮助学生认识生活，养成乐观向上的生活态度。社会上的不良观念和行为影响着学生的人生态度和价值标准。教师要引导、教育学生，使他们积极而豁达地处理生活中的麻烦和纠纷，让学生以良好的心态学习、生活，对未来充满信心。

2．减轻学生负担，降低学生的学习焦虑，培养良好的学习动机，提高学

[1] 姚计海，唐丹．中学生师生关系的结构、类型及其发展特点[J]．心理与行为研究，2005(4)：275−280．

习效率，使学生轻松愉快地投入学习生活中。要教育学生善待自己，善待生活，知足常乐。否则必然会导致与周围的一切格格不入，包括与周围的人关系紧张。

3．通过开展班级及校际活动，增强同学间的友谊，让学生在活动中相互了解、相互配合，学会与他人和谐共处，与同学团结友爱。

4．教给学生进行交际的必要技能。如衣着整洁，修饰得体；与人交谈要温文尔雅，礼貌周全；与人交谈时要有一颗与人为善之心，在交谈中要学会倾听别人的心声，要用眼睛注视别人的表情，仔细把握说话人的一切语言和非言语动作；真心关注别人才能得到别人的关注；要用真诚的心关心人，帮助人，这样才能获得真诚的友谊。

5．培养学生良好的个性，教会学生自我调节的办法。良好的个性是良好的人际关系的基础，教师要适时教给学生一些自我调节的方法。比如对脾气暴躁的学生，教师就应教会他“忍一时风平浪静，退一步海阔天空”，让他学会换位思考，正确冷静地处理矛盾。

6．注意行为训练，养成学生良好的行为习惯。中学生的自立性、自制性都还不够成熟，许多人际关系的不谐都与不良的行为习惯有关。因此，对其进行调节时特别要注意行为的训练，助其设计出训练方案，按行为治疗的原则与做法助其一步步达到改正不良行为、养成良好习惯的目的。

7．加强青春期知识教育，妥善处理好男女同学的关系，对于学生已出现的一些男女生交往不正常的情况，教师要着重在怎样正确引导他们，切忌用强硬手段去解决，或将问题扩大化处理。

（三）引导学生学会自我成长

良好的人际关系能够使学生生活更愉快、精神更振奋、身体更健康。但是，要想处理好人际关系，仅凭主观热情是不够的，还要讲求策略和方法：

1．接纳自己。相信自己身上有很多优点，相信自己主动和别人沟通一定会有意想不到的收获；尊重别人，这是与人共处最重要的前提。你喜欢他，你要尊重他；你不喜欢他，也要尊重他；欣赏别人。有的孩子之所以孤独，是因为他们孤芳自赏，认为没有人能成为自己的知己。他们看不到别人的优点，从而陷入到孤独的境地。

2．善于观察。要融入集体中，就应该寻找到大家共同的话题，并积极参与进去，共同讨论。

3．交往适度。社会心理学研究表明，人际交往只有频率适当才会让双方感到最满意。太少显得冷淡，太多，留给对方的空间就会变小，会让人不舒服。

⊙中学生道德发展与亲社会行为的培养策略

一、中学生道德的发展

道德发展是个体社会化的核心内容之一，道德发展与社会性发展是相互促进、相辅相成、互相制约的有机统一体。青少年阶段是社会性发展的关键期，同样也是道德发展的关键期。中学生的伦理道德是一种以自律为形式，以遵守道德准则并运用原则信念来调节行为的品德。

（一）中学生道德发展的特点

进入中学阶段，青少年逐渐形成自己的道德标准，与政治道德感有关的爱国主义情感也发展起来。然而，初中生的道德品质仍然是不稳定，不成熟的。一方面，他们已经形成道德信念、道德理想；另一方面，他们还没有建立深刻的道德认识，其道德意志也很脆弱，因此，青少年常常出现道德观念与道德行为脱节的现象。在道德理想方面，初中生表现出具体性、单纯模仿性和多变性。青少年人总会选择具体的人或形象，如“超人”等作为自己的理想，并模仿他们的表面性质，如行为习惯和言谈举止等。另外，青少年的理想很不稳定，容易发生变化。例如，当他看完奥运会后想当一名运动员，而当他看完演唱比赛后，又想当歌手了。

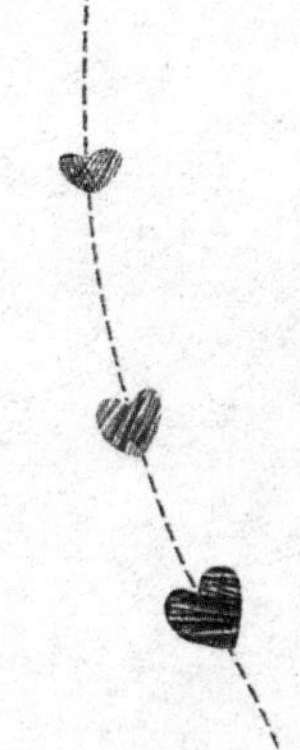

与初中生相比，高中学生品德发展趋于成熟，这主要表现在两个方面：第一，能够较自觉地运用一定的道德观点、原则、信念来调节行为；第二，世界观、价值观、人生观初步形成。

（二）当代中学生道德观念的发展特点

当代青少年道德观念发展状况总体处于积极稳定状态，依然在主流上保持着与传统道德观念和社会主导价值观念的相当程度的一致性，但也表现出新时代的一些新的特点。主要表现为以下几点[1]：

（1）认可道德对个体和社会的积极作用，重视道德的协调功能，但道德

[1] 佘双好．青少年道德观念发展特点及教育策略[J]．当代青年研究，2010(5)：23-29．

观念上存在着明显相对主义倾向；调查的情况看，有20%的青少年在道德观念上具有浓厚的相对主义色彩；（2）对社会道德和自身道德总体评价积极，对丑恶社会现象深恶痛绝，但对自身道德状况评价不高；（3）道德标准依然是评价青少年的主要标准，能力标准得到一定程度重视，对身体健康标准依然忽视；（4）青少年在基础文明素质方面表现出较高的素养观念和行为之间存在着较大距离，特别是对一些需要做出道德牺牲的行为，青少年践行的比例偏低；（5）认同传统观念的现代价值，但对传统道德的核心和实质缺乏系统了解；（6）青少年在网络道德上表现出基本道德底线，但对网络“恶搞”的实质认识不足；（7）在婚恋道德方面，采取更为开放和包容的态度，注重对婚恋道德主体的尊重，但较少考虑婚恋问题的社会影响。

（三）信息时代的道德发展

道德是社会发展的产物，因此，道德的发展必然具有时代特征。互联网的飞速发展把人类带入信息时代，对青少年道德发展产生了重大的影响，使其呈现如下特点[1]：

1．青少年道德主体意识不断的催生与失落。一方面是青少年道德主体意识的增强；另一方面，部分青少年却在这种主体性的解放中迷失了自我。

2．青少年道德价值取向的层次性与多维性更加明显。多元化的道德文化造成他们道德价值取向的层次性与多维性：一方面青少年群体中不同的个体之间存在着不同的道德价值观；另一方面，即使在同一个个体身上，有时也存在着两种或者两种以上的道德价值观。

3．青少年道德心理要素发展的不平衡性凸现。网络时代的交互性使青少年更容易受到各种价值观、不同的道德体系的碰撞、激荡，使其道德认知、道德判断和选择常常处于举棋不定、矛盾的状态中，呈现出明显的不一致性。

4．青少年道德发展呈现前所未有的开放性与非道德化倾向。网络的开放性特征使青少年更容易接受一些新的道德观念；与之对应，道德评价也更具宽容性，甚至出现一些“非道德化”的倾向。可能助长某些道德意识不够健康、道德意志比较薄弱的人的不道德行为。

（四）中学生道德教育的策略

[1] 万美容，陈华．网络时代青少年道德发展的特点[J]．安徽农业大学学报(社会科学版)，2005(3):80-82．

1．加强核心价值观念教育与引导，帮助青少年形成稳定道德观念。从权威主义道德教育模式到道德相对主义再到核心价值观念教育，反映了国内外青少年道德教育模式的总体发展趋势，国内外道德教育模式转变为我们开展青少年道德观念教育引导提供了启示，帮助青少年形成稳定的核心价值观念体系，是多元开放环境下开展青少年道德观念教育引导的基本策略。

2．加强个体道德发展的社会内涵教育，提升青少年社会责任意识。消除青少年道德观念中自然主义和自我中心的有效措施是加强对青少年进行个人与社会关系的教育引导，让青少年了解个人与社会的辩证关系，了解道德的实质与功能，帮助青少年从认知上摆脱由于个人人生成长局限性而形成的自然主义倾向，提升道德社会内涵的认识，增强青少年社会责任感。

3．鼓励青少年参与道德实践活动，促进道德行为的发展。应鼓励青少年积极参与有德行的社会实践活动，如各种社会公益活动，培养青少年对道德的践行能力和水平，促进青少年道德行为发展。

4．加强社会教育，发挥家庭道德教育作用，提升学校道德教育实效性。对青少年道德观念影响最大的是社会因素，社会环境因素对青少年道德观念影响深刻。应统筹学校教育、家庭教育和社会教育对青少年道德观念的影响，为青少年道德观念发展创造良好的发展环境。

二、中学生亲社会行为的发展

亲社会行为指的是人们在社会交往中所表现出来一切符合社会期望并对他人、群体或社会有益的行为，主要包括合作、分享、帮助、谦让等。

（一）中学生亲社会行为发展的特点

亲社会行为的发展趋势是利益取向从自我中心向他人、社会取向发展，社会观念和实际行为逐渐一致，行为动机系统也越来越复杂。随着年龄、经验和知识的增长，初中生的亲社会行为逐渐提高，但到了初三以后，其行为有所下降，可基本趋于稳定。进入高中阶段后学生亲社会行为相对于初三的表现有所下降，但仍然高于初一和初二，尤其在合作、调节和公德三个维度上的行为表现更是如此。研究也表明，青少年的不同的亲社会行为的发展是不均衡的，在青少年群体中，四种亲社会行为表现水平的高低不同，从高到低依次为谦让、助人、分享、合作。[1]

从幼儿到小学中期，儿童的助人行为呈增长趋势并且逐渐达到最高峰，到了青少年早期，则呈下降趋势。紧急情况下的助人行为则在个体身上发生得较晚。合作行为及合作解决问题的策略随年龄不断提高，并且日趋多样、复杂和有效，小学五年级是合作策略发生转折的关键期。但也有研究发现，儿童进入学龄期后，随着交往经验的增多，竞争意识逐渐发展起来，使合作行为随年龄的增长出现了下降趋势，因而学龄期以后的儿童的合作倾向随年龄增长逐渐减弱；但从初二开始一直到高一，青少年的合作倾向又出现了转折。

研究发现，学龄儿童由于自我意识增长的需要，越来越关注教师和他人的评价，其分享行为开始增多，7～10岁儿童中77%愿意与人分享，11～16岁青少年100%愿意和人分享。[2]

在亲社会行为的性别差异方面，总体上看，女生比男生更倾向于从利他的角度评价同伴的亲社会动机，特别是在合作与安慰行为方面差异明显。

（二）中学生亲社会行为的引导策略

1．引导与教育青少年对基本的亲社会观念和准则形成正确的理解，并提高其道德分析判断能力。家长与教师要经常通过言语说服来使青少年理解和接受一定的社会规范，对低年级的青少年可只提供正面证据，而对高年级的学生，可以考虑提供正反两面的论据。在说服教育时，做到以理服人与以情动人。

2．发展移情能力，培养孩子的亲社会情感。发展青少年的移情能力，可从提高其表情识别能力、情境理解能力和情绪追忆能力等方面着手。

3．适当训练，促进青少年的亲社会行为。常用的培养亲社会行为的方法包括：角色扮演法、榜样示范法、归因训练法、行为激励法等，通过这些方法的训练使学生掌握亲社会技能，从而在响应的社会情境中做出亲社会的行为反应。

4．采取措施，矫正青少年的不良行为。不良行为主要是指青少年经常违反道德准则或犯较严重的道德错误。对不同个性特点的学生，矫正的方法应

---

[1] 王丽，王庭照．青少年亲社会行为研究[J]．当代青年研究，2005(11):51–53.

[2] 赵章留，寇彧．儿童四种典型亲社会行为发展的特点[J]．心理发展与教育，2006(1):117–121.

有所不同。或者也可以进行专业的心理和行为矫正。

⊙中学生的态度学习

一、态度形成和改变的过程

（一）什么是态度

态度是习得的、影响个人对特定对象做出行为选择的有组织的内部准备状态或反应的倾向性。由此可见，第一，态度是一种反应的倾向性或反应准备状态，而不是实际反应本身；第二，态度决定了人们的行为选择；第三，态度是经过经验组织或学习而成的，是后天形成的。态度构成成分分为认知成分、情感成分和行为成分。认知成分是指个体对态度对象具有的带有评价意义的观念和信念。在认知基础上，个体产生情绪或情感，形成态度的情感成分，这是态度的核心内容。最后，个体对态度对象表现出行为意图，即形成了态度的行为成分。态度与道德相比，涉及的范围更大，道德的价值内化程度更高。

（二）态度的形成

人的态度不是生来就有的，而是在社会生活中不断形成的。研究者认为，态度的形成过程实质上是个体社会化的过程，主要通过社会学习获得，是个体通过观察和模仿形成的。社会学习理论认为，态度也是个体观察学习获得的。

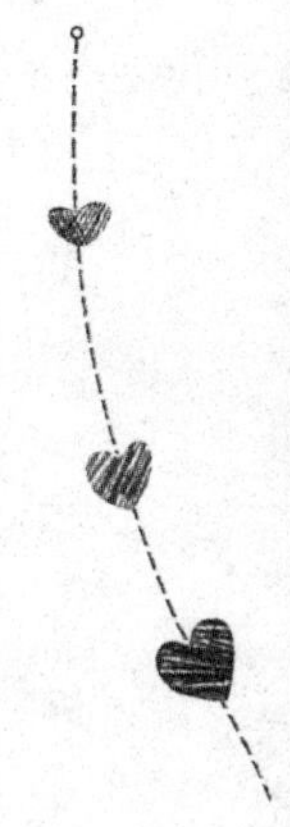

凯尔曼提出了态度形成的三阶段理论，认为态度形成经历了顺从、认同和内化三个阶段。第一，顺从，指人们为了获得物质与精神的报酬或避免惩罚而采取外显行为上与别人一致，这种态度是表面的、外控的，一旦外因消失，它就中止；第二，认同，是由于喜欢某人、某群体或某件事，喜欢和其保持一致或采用与其相同的表现，这种态度带有较多的情绪、情感成分，相对而言，已经比较主动了；第三，内化，是指把情感认同的东西跟自己已有的信念、价值观联系起来，给予理智上的辨认，做出是否判断，这种态度一经产生就比较持久，不易改变。

（三）态度改变的理论

认知平衡理论是心理学家弗里茨·海德于1958年提出的。他认为，人类普遍具有一种平衡、和谐的需要。一旦人在认识上有了不平衡与不和谐，就会在心理上产生紧张和焦虑，从而促使他们的认识结构向平衡和谐的方向转化。他提出了著名的“P-O-X”模型，P是认知主体，O是作为认知对象的另一个人，X则是与P和O有某种关系的某种情境、事件、观念或第三个人。P、O、X这三者具有情感或态度上的某种联系，态度可以有肯定和否定之分，肯定为正向，否定为负向。当三者之间的关系最终结果为正时，平衡状态得以保持，当三者之间关系最终结果为负，则为不平衡状态，需要做出改变，要么改变主体的态度，要么劝说别人改变他的态度。

认知失调理论是由利昂·费斯廷格提出的阐释人的态度变化过程的社会心理学理论。费斯廷格认为，认知失调是态度发生变化的先决条件。人类具有一种“一致性需要”维持自己的观点或信念的一致，以保持心理平衡。费斯廷格提出，每一认知结构都是由许多认知元素构成的，这些认知因素之间存在三种情况：协调（吸烟有害健康——我不吸烟）；不相干（吸烟有害健康——我喜欢音乐）；不协调（吸烟有害健康——我吸烟）。如果个体的观点或信念出现不一致或不协调时，即出现认知失调时，就力求通过改变自己的观念或信念，获得一致与协调，以达到新的平衡。具体途径有三：（1）改变行为，使主体对行为的认知符合态度的认知，比如戒烟；（2）改变态度，使主体的态度符合其行为，比如“吸烟能使人保持清醒”；（3）引进新的认知元素，比如“吸烟有害健康，但也有吸烟而长寿者，我就属于这种人”。

二、态度形成和改变的条件

态度的形成和改变的条件包括外部条件和内部条件。外部条件是指青少年自身以外的一切条件，包括强化和榜样人物的选择等；内部条件是指青少年自身的各种因素，包括对态度对象的认知程度、认知失调以及个体自身的心向等。

（一）外部条件

态度形成和改变离不开强化因素。家庭、学校、社会和同伴团体对于个体态度的形成和改变都有重要影响。它们对个体合乎要求的行为给予奖励，对于不良行为给予惩罚或忽视（负强化），从而导致个体态度的形成和改变。除了外部强化外，还有替代强化，替代强化主要是以榜样的行为来影响个体态度的

形成和改变。促使个体向榜样学习，大体需要按下列顺序进行：首先，建立榜样人物的感染力和可信性，使青少年了解榜样人物，相信榜样人物；其次，刺激青少年回忆态度的对象以及适当态度出现的情境；再次，榜样人物示范或显示合乎需要的个人行为；最后，显示或介绍榜样人物受到强化后的结果。

（二）内部条件

青少年自身的一些因素对他们态度的形成和改变也有影响。首先，对态度对象的认识，即必须具有态度将要指向的事物、事件或人的观念；其次，认知失调，认知失调是态度发生改变的先决条件，当个体的观念出现不协调时，青少年就会改变自己的观念，达到新的平衡。最后，个体要有形成或改变态度的心向。影响个体态度学习心向的条件包括：形成或改变态度是否影响各方面的适应，态度学习获得的强化与不学习受到的惩罚或损失的严重性之间的比较等。

此外，青少年受教育程度、道德认知发展水平和智力等都会对其态度形成和改变产生影响。如智力高的人易于接受新信息，可主动改变自己的态度，改变后稳定性较大；智力低的人态度改变是被动的，易于被说服，易于接受团体的压力。

操作链接

中学生移情能力的团体辅导

【活动主题】移情能力训练之“你我牵手共成长”。

【活动目的】通过本次辅导，使中学生可以减少侵犯行为，增加亲社会行为，从而达到自我良好成长的过程。

【活动过程】

一、情绪追忆，认识侵犯

成员围着桌子成一圈坐，首先主持人介绍侵犯的定义，在主持人的指引下，要求大家轮流举一个发生自己身上或者身边的侵犯或者被侵犯的实例，并简单讲述自己的感受。最后主持人收集典型事例（从成员事例中挑选或者其他途径收集）并对此进行点评，并领导大家发表评论，评论是非对错。

目的：这个游戏的特点是集众思想，同学们生活习惯和脾气秉性都不同，很多人都经历过侵犯他人或者被他人侵犯，因此大家共享侵犯实例，对他们对侵犯的认识都会产生重要的影响。再加上主持人的适当引导，会进一步让成员投入角色，更深层次认识到侵犯的危害和初步了解侵犯的解决方法。

二、角色扮演，情感换位

主讲人将成员分成2组，再分成5个人（或者机动互串表演）一组，进行情景模拟的表演。

活动流程：

1. 主持人介绍表演成员和故事背景。

背景：昨天下午，高一年级男生A在洗澡时打水和高二学生B发生冲突，今天B与其同学C、到A宿舍找到A，欲打击报复。就在双方开始大打出手的时候，A的宿友D、E用和平的方式——讲道理，分析事情发生的前后以及侵犯之后的后果，帮助他们解决了他们之间侵犯。

2. A、C和B相遇，用他们自己的想法表演，相互谩骂攻击，逐步升级以致开始出现相互推搡，最后A生竟摔了一跤。最后三人准备打架。D、E在一旁观看。

3. 等侵犯出现，D、E上前解围，通过帮助他们分析事情的前后以及侵犯后的后果，使双方停止侵犯，最后说服双方道歉言和。

4. 动脑讨论：表演结束后给大家五分钟时间讨论，之后请各组成员重温情境的感觉，自己当事人是怎么思考的？又会如何解决？

三、结语

我们生活中经常出现侵犯和被侵犯的事情，当侵犯发生，要是我们能身临对方所处的情境，在那时充当对方的角色，真实体验对方在当时情境下的内心状态，我们就会了解对方观点和情感的意识，并在以后的现实生活中考虑别人的利益和对别人心理上的影响。

四、布置家庭作业：准备下次课的辩论赛

辩论赛，正方：人若犯我，我必犯人　反方：人若犯我，我不犯人

将成员分为正反方，由双方协商产生辩手和智囊团，由主持人主持，在主持人的指引下，要求双方围绕辩题展开辩论。

目的：通过这种游戏方式，让大家更主动积极投入到团体互动中，通过举例辩证、博古通今，用事例和道理解释侵犯的定义，阐述正确解决侵犯的方式，逐步引入亲社会行为，让成员认识到亲社会行为与侵犯行为的矛盾所在，使成员趋向亲社会行为。

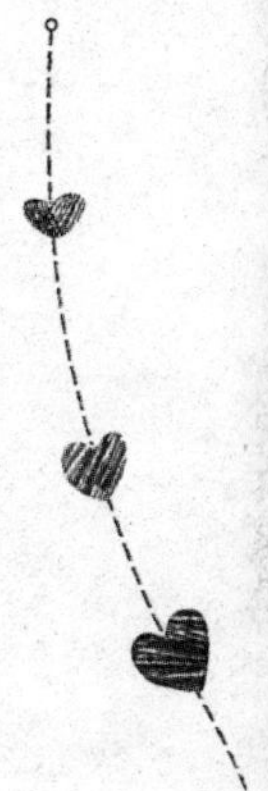

第十五章　中学生的心理健康

案例导入

2007年1月6日，根据一个涉及全国13个省约15万名学生的调查，北京大学儿童青少年卫生研究所公布了《中学生自杀现象调查分析报告》，结果显示：中学生5个人中就有一个人曾经考虑过自杀，占样本总数的20.4%（男生为17.0%、女生为23.7%），而为自杀做过计划的占6.5%（男生5.7%、女生7.4%）。和2002年所做的另外一项调查结果相比，中学生的自杀意念、自杀计划、自杀未遂等情况都比原来的结果增长了几个百分点。另外，北京市中学生自杀相关行为报告显示：初二、初三年级的女生有过自杀想法的占22.9%，明显高于其他年级。[1]

在一系列令人震惊的极端事件冲击下，中学生的心理健康问题成为全社会关注的焦点。中学生处于成长发育飞速发展期，各种心理矛盾错综复杂，迫切需要教育指导。本章主要介绍了中学生常见的心理社会问题、心理健康与学习的关系和我国中学生心理健康教育实施的相关问题，旨在为教育者提供理论上的依据和方法上的指导，做好中学生的心理健康教育。

⊙中学生常见的心理社会问题

一、物质滥用及成因

（一）什么是物质滥用

所谓物质滥用（substance　abuse），是指一种对物质使用的不良适应方

[1]　东方今报，2007-01-06.

式，它会导致明显的临床上的损害或痛苦，并在长时间内持续或间断复发。滥用的物质一般都是精神活性物质，或者叫“成瘾物质”。按作用机制的不同，精神活性物质可以分为如下7 类，即：（1）中枢神经系统抑制剂，如巴比妥类、苯二氮类、酒精等；（2）中枢神经系统兴奋剂，如咖啡因、苯丙胺、可卡因等；（3）大麻；（4）致幻剂，如LSD、仙人掌毒素等；（5）阿片类，如海洛因、吗啡、阿片、美沙酮等；（6）挥发性溶剂，如丙酮、苯环己哌啶（ PCP）等；（7）尼古丁（烟草）。在我国，青少年容易滥用的精神活性物质主要包括香烟、酒精、咳嗽水、阿片类物质和摇头丸等兴奋剂。

（二）中学生物质滥用的情况

根据一项统计报告，在中学生中有37.03%的学生尝试过吸烟，14.37%的学生初次吸烟年龄13岁，9.79%的学生近1个月内每天吸烟1支以上。54.03%的学生尝试过饮酒，2.45%的学生近1年内因喝酒而受伤。0.98%的学生近1年内服用过违禁药品。57.99%的学生在没有医嘱的情况下使用抗生素。高中学生多项物质成瘾行为的发生率显著高于初中生，男生发生率显著高于女生。[1]另有调查表明，24.0%的调查对象尝试过吸烟，68.9%尝试过饮酒，1.4%使用过镇静催眠药，0.9%使用过苯丙胺类中枢兴奋剂或挥发性溶剂或毒品。[2]可见，青少年的物质滥用问题，在现今的社会中，并不少见。

青少年使用物质的顺序，可大致分为四个阶段：（1）试验性使用物质；（2）规则性使用物质，刻意寻求高潮，逐渐形成耐受性；（3）每天使用，沉浸于高潮之中；（4）发展成依赖性。

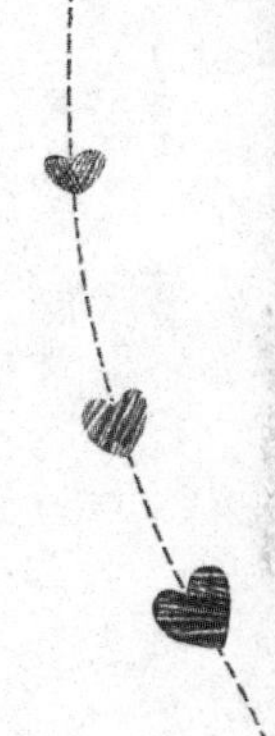

（三）中学生物质滥用的原因分析

物质滥用的原因，主要包括个人因素与环境因素两个方面：

1．个人方面

（1）生物学因素：包括基因、边缘系统的奖赏系统的影响。

（2）心理因素：某些人格特质与药物滥用有关，如：自尊的程度、控制情况、忧郁的感觉等。国内研究则发现好奇心为首要的吸毒动机，其次是追求刺激、缓解压力。

---

[1] 钟海波，陈泽华，沈铿．汕头市中学生物质成瘾行为状况及干预对策[J]．中国校医，2008(03)：253-255．

[2] 赵婷婷，徐翔，楼洪刚．浙江省高中学生精神活性物质使用情况调查[J]．中国药物依赖性杂志，2011(06)：455-459．

(3) 行为因素：药物滥用者通常不满意他的生活，无法承受紧张或压力，以通过成瘾物质来逃避现实。

(4) 人口因素：物质滥用或依赖的高危险人群包含有行为问题、有情绪困扰、低自尊和低自信、挫折忍受力较低、意志力不坚定、支持系统较差、家族成员中有物质滥用或依赖、周遭经常接触的朋友、同事、同学有物质依赖或滥用、人格障碍症的人和精神疾病的患者。

2. 环境方面

(1) 家庭因素：双亲有药物滥用之行为、双亲之教育程度在中学以下、家庭结构及亲子关系互动不良，其子女较可能有药物滥用的情形。

(2) 学校因素：在学校表现较差、不喜欢上学、不获得老师赞赏、接触不良友伴等会有较高的比例药物滥用。

(四) 青少年物质滥用的预防

控制和解决物质滥用及其危害的努力包括5个层面：(1) 在法律层面规范合法精神活性物质的使用，严格控制和管理处方药物、严格禁止非法精神活性物质（毒品）的种植、生产、贸易和使用；(2) 通过大众传播媒介，广泛宣传使用精神活性物质的危害；(3) 针对青少年和高危人群，采取有针对性的预防措施；(4) 积极采取各种方法，治疗精神活性物质依赖，促进精神活性物质依赖者治疗后的康复；(5) 针对精神活性物质依赖者采取措施，预防严重躯体、心理和社会后果的产生。

另外，学术界提出了许多预防青少年物质滥用的有效方法，认知方法、情感教育、社会影响方法和心理技能训练。[1]

二、反社会行为及成因

(一) 青少年反社会行为的表现

反社会行为是与亲社会行为相对的一种攻击他人或社会的行为，对社会有消极作用。例如，暴力行为、侵犯或攻击行为、伤害他人和破坏社会秩序等。

数据显示，美国青少年犯罪率常年保持在5%上下，英国约3%～4%，而中国的青少年犯罪率却在18%以上。近年，我国青少年反社会行为也呈现出一些

[1] 肖水源．青少年物质滥用的预防[J]．中国学校卫生，2005(8):666-669．

新的特点，如女性青少年反社会性行为的增加、反社会行为的团伙化倾向、滥用毒品现象严重和网络反社会行为的增加。

中学生的反社会行为一般表现为：

1．有经常违反规章制度、说谎、人身攻击、不尊重他人及其他人的财物、偷盗和破坏财物，导致同有关的人员经常性冲突的记录。

2．总是将发生在自己身上的不良事情的责任归咎于别人。

3．拒绝遵守寝室、学校和其他公共场所的规章制度，并认为这些制度是为别人而不是为他所制定的。

4．经常有粗鲁行为的记载，反映出对自己或他人的安全缺乏意识，表现出对超越正常娱乐的追求刺激的需要。

5．围绕自己的需要总是不断地说谎、隐瞒违法违纪，回避他的行为产生的后果。

6．在一对一的性伴侣关系上从来没有超过一年的时间，利用性的吸引力占别人的便宜或操纵别人。

7．与室友、同班同学、教职工、父母、学校行政人员或其他人交往时，表现出暴躁易怒、好斗和好争论的行为模式。

8．对伤害别人的行为几乎或完全没有悔意，也可能希望以虚伪的道歉冲淡负面的后果。

9．经常同室友、同班同学、教职工、或他人发生殴打。

10．反复出现反社会的行为，这些行为可能但不一定导致被逮捕或被学校开除。

11．表现为冲动性行为，诸如经常改换寝室或室友；经常流动；无目的的旅游；或事先未思考就换专业、班级或学校。

12．经常性的不上课或在规定的时间内没有通过学科的要求。

（二）青少年反社会行为的原因

混乱的家庭是一种危险因素。研究表明，家庭因素是导致长期参与越轨活动潜在原因（通过遗传因素、环境因素，或者这两者的共同作用）。

学校教育的失误是导致青少年反社会行为的重要原因。在校学生在缺乏严格教育和人文关怀的环境中学习，很容易放纵自己，沾染社会不良习气，极易被坏人所利用，走上邪路。

社会的不良影响。一是人、财、物的大量流动造成大范围的社会供求失衡。二是社会文化的物化和媒介的误导造成青少年道德滑坡。三是社会控制体系的薄弱加快社会环境的恶化。

青少年自身的心理特点和个性特征。青少年正处于生理和心理发育成长阶段，辨别是非、区分良莠和抵御外界影响的能力还比较差，自控力弱，行为不稳，模仿力强，好冲动，易被诱惑，易受同伴群体压力而导致越轨行为。个别青少年的不良个性也使其更容易出现反社会行为，如自小即表现出攻击他人行为、自控力差，智商较低、好斗等等。

（三）青少年反社会行为的预防

对于长期参与反社会活动的犯罪分子，主要的措施有：预防早期出现的同家人间的矛盾，家人的支持和学前教育结合起来，防止早期的学业问题；社会采取干预措施预防家庭问题、个人心理疗法、群体疗法等；改变对攻击行为的作用的看法，传授适宜行为；以家庭为载体的干预措施（比如对父母的培训，家庭疗法，或者治疗性看护）可能会取得更大功效。

对于偶尔出现反社会行为的青少年，可以采取以下干预策略：第一，在个体水平上帮助他们，传授给他们抵御同龄人压力的技巧，以及不诉诸武力就化解矛盾的方法。第二，通过对父母的培训，使他们能更为有效地对孩子进行监督，以此来尽可能地减少青少年跟同龄人参加违法犯罪活动的可能性。第三，通过对课堂、学校和社区进行干预，尽可能改变更大范围内的青少年的生活氛围，从而营造一种鼓励亲社会行为的环境。第四，通过对违法行为进行严厉的制裁，从而让青少年清楚地认识到，不轨行为所必然导致的后果，以此来防止青少年日后再做出同样的事来。

三、常见的情绪障碍

（一）抑郁症

抑郁是指对日常生活和学习中的某些情景或事件的消极反应，是一种非特定时期的悲伤、不快乐或苦闷的情绪状态。很多人在其一生中都会经历不同程度的抑郁，青春期由于其生理上的显著变化，以及环境中的压力事件，使青少年成为抑郁的易感人群。

抑郁情绪在青少年中具有普遍性。有调查表明，中学生抑郁症状的发生率为42.3%，其中轻度为14.6%，中度为15.3%，重度为12.4%，且不

同年龄、年级中学生的轻、中、重抑郁症状存在差异；重点中学抑郁症状学生占40.4%，普通中学抑郁症状学生占44.8%，普通中学的抑郁症状学生显著多于重点中学的学生；中学抑郁症状男生占39.5%，中学抑郁症状女生占45.1%，抑郁症状的女生显著多于男生。[1]

和其他问题一样，中学生抑郁症的形成也受到生物、心理和社会环境方面的影响，最突出的方面表现在，父母的压力（尤其是婚姻破裂）以及经济压力，使青少年不断目睹施虐与受虐、指责与惩罚，这些都会造成青少年不良压力，再加上他们自己的失败（如学业失败）、不愉快的经历或丧失同伴关系，这一切会明显地给中学生带来消极的认知、抑郁的情绪。研究表明，学习成绩、中等强度活动频次、睡眠时间、与家人朋友相处、与同学相处、经常去网吧与抑郁症有关联。[2]

（二）焦虑症与恐怖症

焦虑是以显著的负性情绪、紧张的身体症状以及对未来的担忧为特点的情绪状态。如果焦虑的进一步发展，有可能发展成为焦虑症。焦虑症以焦虑情绪为主，并伴有明显的植物神经功能紊乱和运动性不安，有急性焦虑发作（又称为惊恐发作）和慢性焦虑症之分。急性焦虑发作时，在正常的日常生活环境中，并没有恐惧性情境时，患者会突然出现极端恐惧的紧张心理，伴有濒死感或失控感，同时有明显的植物神经系统症状，如胸闷、心慌、呼吸困难、出汗、全身发抖等，一般持续几分钟到数小时。发作突然开始，迅速达到高峰，发作时意识清楚。慢性焦虑症又称为广泛性焦虑或浮游性焦虑，是焦虑症最为常见的形式。在没有明显诱因的情况下，患者经常出现过分担心、紧张害怕，但紧张害怕常常没有明确的对象和内容。此外，患者还常伴有头晕、胸闷、心慌、呼吸急促、口干、尿频、尿急、出汗、震颤等躯体方面的症状，这种焦虑一般会持续数月。

恐怖症是以特定事物、特殊环境或人际交往时发生强烈恐惧或紧张的内心体验为特征的心理障碍。患者明知不对，但无法解释，无法摆脱。恐怖症的症状很多，如高楼恐怖、动物恐怖、社交恐怖、幽闭恐怖等。

---

[1] 冯正直，张大均．中学生抑郁症状的流行病学特征研究[J]．中国行为医学科学，2005(02):103-105．

[2] 洪忻，李解权，梁亚琼等．南京市中学生抑郁症现况调查[J]．现代预防医学，2011(05):903-906．

考试焦虑是中学生中比较常见的消极情绪体验，源于他们过分担心考试成绩并渴望获得更好分数而产生的一种紧张的心理状态。考试焦虑一般在考试前数天就会表现出来，随着考试日期临近越发紧张。初三、高三阶段学业压力最大，因此，往往有更多、更严重的焦虑情绪产生。一般而言，学生的考试焦虑多来源于学生害怕达不到教师、家长过高的期望，因此，有必要帮助学生正确应对学习和考试压力，达到积极的学习效果。

到了青春期，随着与同伴的交往机会大大增加，人际焦虑和社交恐怖的现象越来越普遍。人际焦虑的中学生在众人面前感到不安，表现出退缩、提心吊胆、拘谨老实、不敢讲话等特点。人际焦虑多是经验不足造成的，如从小家长娇惯，总是一个人在家里玩，缺乏游戏伙伴，不知如何与他人相处；或者是曾在人际交往中受到过伤害所致，如受到过其他孩子的欺负导致害怕跟其他人交往。此外，家长过于严厉的管教也是学生怕人的原因。可以看出，不良的家庭管教方式，以及缺乏相应的社交技能是青少年社交焦虑的主要原因。

四、中学生自杀及成因

近几十年来，世界各国青少年的自杀率都普遍上升。目前，我国已成为世界上自杀率高发国家，每年约25万死于自杀，200万自杀未遂，自杀者中15～24岁的青少年占50～70%。尤其令人震惊的是，近年来青少年自杀比率呈现不断上升趋势，且严重低龄化，有些甚至不满10岁。

（一）中学生自杀的特点

1．模仿性。中学生具有很强模仿能力，研究发现，中学生自杀意向、自杀方式上带有很浓厚的模仿痕迹。榜样的感染力足以引起自杀。

2．仿自杀。即自杀者的目的不是真正为了自杀，而是一种与他人沟通的方式，自杀者希望借此获得父母或老师的关注、同情、爱护等。一般来说，仿自杀者在被救之后情绪恢复得很快，而且庆幸自己被救。但一旦仿自杀行为得不到及时地发现与干预，最终会导致自杀死亡的严重后果。

3．性别差异。中学生自杀计划的实施存在一定的性别差异，女生不但自杀意念报告率较男生高，她们自杀行为的检出率也与男生存在显著差异。

（二）中学生自杀的征兆

研究表明，2/3以上的自杀者会用一种或多种方式表示自杀的征兆。如果

能够及时发现这些信号并进行紧急干预，是可以挽救自杀者的生命的。

1．留心生活状态。如以前有过自杀未遂；近期心理需求遇到挫折、情感上感到绝望无助；遭遇不能忍受的精神创伤或损失；学习成绩突然显著恶化或好转，慢性逃避或拖拖拉拉，或者出走；对自身产生矛盾的态度等等都是产生自杀的近期诱因。

2．留心语言。如把自己想死的念头向周围的人诉说，或是在日记中、绘画中表现出来；收集与自杀方式有关的资料并与人探讨；经常说“活着真没意思”、“干脆死了算了”、没来由地说“再见”等；或者突然说“我很快就要得到解脱了”、“所有的问题都可以解决了”、“你们就快要没有烦恼了”等；或突然沉默，或说话常常词不达意等等。

3．留心行为的变化。如抓伤或划伤身体，或者其他自伤行为；逃学旷课；突然不回家，或不与人往来；过分注意别人是否关注自己；情绪、性格明显反常，无故哭泣，攻击性或新近从事高危险性活动；或逐一还书、还钱，突然间花钱很大方，把自己心爱的东西送人，向所有人道歉；使用或增量使用成瘾物质等反常行为。

4．留心身体和情绪征兆。躯体症状，如进食障碍，失眠或睡眠过多、慢性头痛或胃痛、月经不规律、体重明显下降等；情绪方面表现如躁动不安、情绪低落、长期情绪低落突然变得异常兴奋等。

（三）中学生自杀的原因

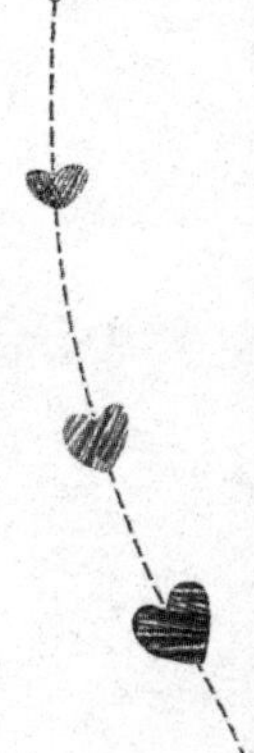

中学生自杀的原因，既包含了学生的个人因素，还包括了其社会现实环境（学校生活、学业压力、社会经济文化背景、道德标准、价值观念以及家庭生活、家长教育方式等）。

个人因素方面，中学生时期本身是最易出现心理冲突和心理问题的“危机期”；自杀者心理健康状况和人格特征（如内向、好强固执、忧虑抑郁、烦恼自忧、易于激动和焦虑；神经类型为弱型或强而不平衡型或过敏体质者）；甚至个别直接源自神经或精神方面的疾患。

外界因素方面，主要包括学校和家庭。现行教育存在的种种弊端使其感到情绪焦虑、紧张恐惧、身心疲惫；家长的教育态度、教育方法失当，家庭环境较复杂，亲子关系不良，或亲人的突然死亡都会使学生感到家庭的巨大压力而处于紧张、焦虑、不安之中。

（四）中学生自杀的预防策略[1]

预防自杀是学校、家长、心理卫生工作者、专业危机干预机构和政府共同参与的一项系统工程，需要多方面的通力配合。当前，学者提出，中学生自杀预防应采取三级预防的策略。

一级预防，主要针对普通人群。在青少年中普及和实施生命教育；着重培养学生的耐挫力和情绪调节能力，掌握面对挫折的恰当应对方式、问题解决策略和认知调节技术。

二级预防，主要针对高危人群。通过各种量表和途径识别高危人群；对高危人群要特别监护；联合社区及相关社会组织进行危机干预；通过社团活动建立良好的社会支持系统；可招募同龄人对高危人群开展结对帮助。

三级预防，主要针对自杀未遂者。要及时对自杀未遂的当事人开展危机干预与治疗，并坚持长期追踪随访，提供专业的咨询与治疗。目前使用较为广泛的三种治疗方法是：个体治疗、团体治疗和家庭治疗。

⊙中学生的心理健康与学习的关系

一、心理健康的标准与评价

（一）心理健康的一般标准和评价

世界卫生组织的定义：健康不仅仅是没有身体的残疾或虚弱，而是指生理、心理和社会适应的良好状态。《简明不列颠百科全书》中的定义是：心理健康是指个体心理在本身及环境条件许可范围内所能达到的最佳功能状态，不是指绝对的十全十美的状态。第三届国际心理卫生大会（1946年）曾为心理健康下过一个定义："所谓心理健康是指在身体、智能以及情感上，在与他人的心理健康不相矛盾的范围内，将个人心境发展成最佳的状态。"

国内研究者对心理健康进行了概括与归纳，认为心理健康应包括以下内容：智力正常；有安全感；情绪稳定，心情愉快；意志健全；对自己有充分了解，并做出恰当的评价；适应能力强；能面对现实、正视现实，乐于学习、工作、社交；人际关系和谐；人格完整和谐；睡眠正常；生活习惯良

[1] 高丽，崔轶，严进．中学生自杀相关因素及预防策略分析[J]．中国健康心理学，2010(2):238-240．

好；心理和行为与年龄相符合。目前很多学者多以统计常模、社会准则、生活适应、主观感受等为依据来建立心理健康的标准。

（二）中学生心理健康的标准与评价

1．认知能力发育正常，智力水平在正常值以上，能客观反映外界事物，正确地进行判断和推理，能顺利完成学习任务。

2．情绪稳定乐观，学习态度端正，有正常的好奇心和求知欲，有饱满的学习热情，有积极的生活态度，富于进取精神。

3．行为反应与环境相协调，与刺激强度相适应，做事有明确的目的性，有一定的自制力，有克服困难的勇气和毅力，有耐受挫折的能力。

4．有正常的人际交往能力，能与周围的人友好相处，与师长、同学保持良好、和谐的人际关系。

5．能与集体、社会保持协调一致，能自觉遵从集体规范，形成符合社会规范的各种角色的意识与行为。

6．能形成正确的自我观念，能做出实事求是的自我评价，既要保持适当的自尊心与自信心，又要敢于剖析自己，使自己得以不断完善。

7．心理成熟水平与生理年龄相符合，与心理发展的一般规律相一致。

8．个性全面发展、均衡，具有自我统一的人格特征。

要注意的是，心理健康是相对的，是一种在较长时间内持续的状态，而且它也是一个连续体，从健康到不健康，不正常、变态、心理疾病，既有量的差异，又有质的区别，如果中学生在多个方面都存在严重的问题，那么才可能是心理变态。另外，从不健康到健康是可以相互转化的，因此，在实践中还要用发展的眼光来看待中学生的心理健康问题。

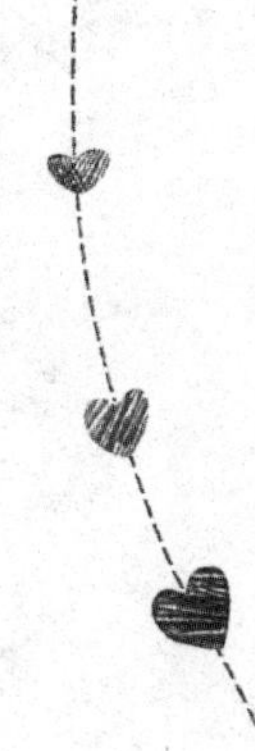

二、中学生心理健康与学习的关系

学生的心理健康状态与学习成绩呈正相关，良好的心理健康状态有助于智力和学习潜能的发挥。[1]影响学习成绩的主要心理健康因素有学生的自我意识状态、个性特征、人际关系和行为问题。

有研究使用卡特尔16种人格特质问卷（16PF）、Rutter儿童行为问卷

[1] 王芳芳，刘德华，崔明．初中优、差生的心理健康状况与学习成绩的关系[J]．中国学校卫生，1992(3):129-133．

探讨人格因素、行为因素与学习成绩的关系，发现：合群性（A）、聪慧性（B）、独立性（Q2）与学习成绩呈正相关；兴奋性（F）、世故性（N）与学习成绩呈负相关。揭示适应性强、易与人相处、思考敏捷、独立、不随众附和的人格因素有利于搞好学习；兴奋性过高，甚至易冲动，或处世过于老练、冷静的人格因素不利于搞好学业。儿童行为问题总分与学习成绩呈负相关，其原因可能为有行为问题的儿童逃学、多动、睡眠障碍影响了课堂效果或因说谎、打架、偷盗，经常受到父母或周围人的批评和指责，产生了自暴自弃的心理，包括对学习不重视，造成学习成绩欠佳。[1]

还有研究发现，学习成绩较差的学生具有发生心理卫生问题的高危险性，其次是学习成绩优秀的学生，学习成绩良好和中等的学生相对来说危险性较低。[2]一般来说，学习成绩较差的学生行为问题的发生率较高，如冲动倾向、恐怖倾向。学习成绩较好的学生易发生情绪问题，考试失败、竞争的压力，心理承受能力较差，使这类学生容易出现对人焦虑、学习焦虑等倾向。

⊙中学生心理健康教育的实施

一、中学生心理健康教育的基本原则

1．面向全体学生的原则

中学生心理健康教育，必须面向全体中学生，以全体中学生为服务对象，增进中学生心理健康的整体水平。

2．预防和发展性的原则

学校心理健康教育的根本目的在于面向全体学生，预防心理疾病，增进心理健康，促进心理发展，全面提高心理素质，因而必须坚持预防和发展性的原则。

3．学生主体性原则

一方面，一切教育的内容和形式都是根据学生不同年龄阶段设计、组织和安排的；另一方面，学校心理健康教育需发挥学生的主动性，才能形成其

[1] 叶明志，张晋碚，王玲等．影响中学生学习成绩的相关因素探讨[J]．中华行为医学科学，1997(4)：269－271．

[2] 吴春梅，余加席．中学生心理健康与学习成绩关系探讨[J]．中国初级卫生保健，2004(10)：69－70．

健康的心理。

4．差异性原则

差异性原则，也叫个性化原则。即确定心理健康教育内容和教育方式方法时应满足不同年级、不同特点学生的心理需要，这是保证学校获得心理健康教育效果的前提。

5．活动性原则

心理健康教育课程本质上是活动课程，因此，应突出以活动为主的特点，创造性地设计各种丰富多彩的活动，如角色扮演、绘画、游戏、表演等，让学生在活动中、在体验中获得成长与发展。

6．整体性原则

整体性原则是指在心理健康教育过程中，教育者要运用系统论的观点指导教育工作，注意学生活动的有机联系和整体性，对学生的心理问题作全面考察和系统分析，防止和克服教育工作中的片面性。

二、中学生心理健康教育的基本内容

（一）学生心理健康维护

这是面向全体学生，提高学生基本素质的教育内容。具体包括：

（1）智能训练，即帮助学生对智力的本质建立科学认识，并针对智力的不同成分，如注意力、观察力、记忆力等而设计的不同训练活动等；

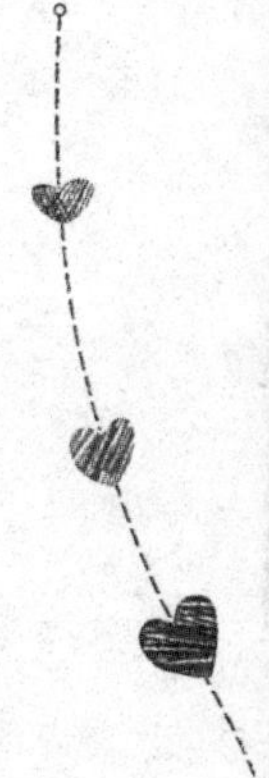

（2）学习心理指导，即帮助学生对学习活动的本质建立科学认识，培养学生形成健康积极的学习态度、学习动机，训练学生养成良好的学习习惯，掌握科学的学习方法等；

（3）情感教育，即教会学生把握和表达自己的情绪情感，学会有效控制、调节和合理宣泄自己的消极情感，体察与理解别人的情绪情感，并进行相关技巧的训练，如敏感性训练、自我表达训练、放松训练等；

（4）人际关系指导，即围绕亲子、师生、同伴三大人际关系，指导学生正确认识各类关系的本质，并学会处理人际互动中各种问题的技巧与原则，包括冲突解决、合作与竞争、学会拒绝，以及尊重、支持等交往原则；

（5）健全人格的培养，即关于个体面对社会生存压力应具备的健康人格品质，如独立性、进取心、耐挫能力等；

(6) 自我心理修养指导，即通过训练和教导帮助学生科学地认识自己，并在自身的发展变化中，始终做到能较好地悦纳自己，如悦纳自己的优势和不足，培养自信、建立良好的自我形象等；

(7) 性心理教育，即关于性生理和性心理知识的传授与分析，帮助学生建立正确的性别观念和性别认同，指导学生认识和掌握与异性交往的知识及技巧，如异性同学交往指导、早恋心理调适等。

（二）学生心理行为问题矫正

这是面向少数具有心理、行为问题的学生而开展的心理咨询、行为矫正训练的教育内容，多属矫治范畴。具体包括：

(1) 学习适应问题，主要指围绕学习活动而产生的心理行为问题，如考试焦虑、学习困难、注意力不集中、学校恐怖症、厌学等；

(2) 情绪问题，主要指影响学生正常生活、学习与健康成长的负面情绪问题，如抑郁、恐惧、焦虑、紧张、忧虑等；

(3) 常见行为问题，主要指在学生生活、学习中表现出来的不良行为特征，如多动、说谎、打架、胆怯等；

(4) 身心疾患，主要指因心理困扰而形成的躯体症状与反应，如神经衰弱、失眠、疑心症、神经性强迫症、癔病等；

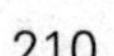

(5) 性行为问题，主要指由于性心理障碍而产生的各种性变态行为，这一问题在中小学生中出现的比例较少。

（三）学生心理潜能和创造力开发

心理学研究表明，中小学时期是心理潜能开发的最佳期。因此，心理潜能的开发与创造力的培养也是学校心理健康教育的重要内容。它主要包括对学生进行判断、推理、逻辑思维、直觉思维、发散思维及创造思维等各种能力的训练和培养。同时，还包括对学生进行自我激励能力的训练等，以提高学生的自主意识与能动性。

此外，还应注意根据学生年龄的不同特点和发展需要，在小学、初中、高中3个不同阶段中侧重选择不同的内容开展学校心理健康教育。

三、中学生心理健康教育的现状和问题

（一）中学生心理健康教育的现状

1．国家从政策上体现了对中小学心理健康教育的重视

中央和相关部委多次发文强调要加强中小学生心理健康教育，培养学生

的良好的心理品质。特别是，教育部2002年发布的《全国中小学心理健康指导纲要》，成为指导、规划中小学心理健康教育工作的重要文件。

2．各级教育行政部门加强了对中小学心理健康教育的领导

大部分省、市都成立了由教育行政领导组成的中小学心理健康教育领导小组，同时还成立了由大学、教科研心理专家组成的专家指导小组，制定了本地区中小学心理健康教育的规划。

3．学校、教师认识到了中小学心理健康教育的重要性

学校开展了各种形式的心理健康教育，如开设心理健康活动课、举办专题讲座、建立心理咨询室、开通心理热线、设立心理信箱。一些学校还为心理健康教育配备了专兼职教师，鼓励教师接受培训，积极掌握心理健康知识和理论。

4．师资培训工作受到重视

许多省、市、地区非常重视师资培训，如举办心理健康教育培训班，组织专家编撰教师培训用书，参加有关高校举办的心理健康专业研究生课程班，制定中小学专兼职教师资格认定办法等。

5．中小学心理健康教育发展的不平衡性

中小学心理健康教育在不同地区之间发展很不平衡。一般来说，大中城市、沿海地区心理健康教育发展速度较快，水平较高，而一些经济相对不发达地区心理健康教育发展则比较落后。

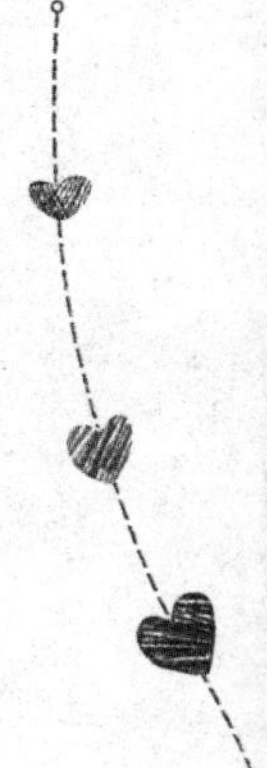

（二）中学生心理健康教育存在的问题

1．对心理健康教育的内涵和内容认识的片面性

现实中，存在对心理健康教育内容的认识的片面性，如将德育和心理健康教育混为一谈；心理健康教育医学化、治疗化倾向；只关注学生的生活心理教育，而忽视学习心理教育和职业心理教育等。

2．心理健康教育实施的单一化、刻板化

心理健康教育的途径和方法应该是多样化的，但有些学校缺乏心理健康教育学科化，认为心理健康教育只是少数任课教师的事。讲课加考试，就认为是心理健康教育的全部形式了。其实，开展心理健康教育应灵活多样，不拘一格。

3．心理健康教育队伍参差不齐

目前，从事心理健康教育的人员经过专业训练的比例偏少，解决问题能

力不强，教育成效不明显。此外，在当前竞争压力加大情况下，教师本身很容易产生不同程度的、不同种类的心理问题，从而影响学校心理健康教育的开展。

4．心理健康教育的孤立化倾向

中学生心理健康教育是一个系统工程，需要通盘考虑和安排，统一协调管理。教务、思想政治教育、德育工作等方面都需要与之协调，才能保证学生的心理健康发展。在教育教学实践中，各方面力量协同一致、通力配合，同时密切与家庭、社会的联系，共同努力，才能做好中学生心理健康教育工作。

四、中学生心理健康教育的途径和方法

1．开展心理健康教育的途径和方法可以多种多样，不同学校应根据自身的实际情况灵活选择、使用，注意发挥各种方式和途径的综合作用，增强心理健康教育的效果。心理健康教育的形式在小学可以以游戏和活动为主，营造乐学、合群的良好氛围；初中以活动和体验为主，在做好心理品质教育的同时，突出品格修养的教育；高中以体验和调适为主，并提倡课内与课外、教育与指导、咨询与服务的紧密配合。

2．开设心理健康选修课、活动课或专题讲座。旨在普及心理健康科学常识，帮助学生掌握一般的心理保障知识，培养良好的心理素质。要注意防止心理健康教育学科化的倾向。

3．个别咨询与辅导。即通过心理咨询或辅导对学生在学习和生活中出现的心理行为问题给予直接的指导、诊断、矫治。对于极个别有严重心理疾病的学生，能够及时识别并转介到医学心理诊治部门。

4．要把心理健康教育贯穿在学校教育教学活动之中。要创设符合心理健康教育所要求的物质环境、人际环境、心理环境。班级、团队活动和班主任工作要渗透心理健康教育。

5．积极开通学校与家庭同步实施心理健康教育的渠道。学校要指导家长转变教子观念，了解和掌握心理健康教育的方法，注重自身良好心理素质的养成，营造家庭心理健康教育的环境，以家长的理想、追求、品格和行为影响孩子。

中学生心理健康辅导的程序及操作方法

为使中学生心理健康辅导达到预期的目的，收到理想的效果，必须科学地设计辅导程序，对辅导题目、主题分析、目的要求、课前准备、操作过程，及总结和建议等各个环节进行科学、合理、有序的安排。

1. 辅导题目

题目是主题的标志，它蕴含着一堂辅导课、一次主题班会或一项课外活动的中心、主旨及基本内容。新鲜有趣、富有吸引力的辅导题目或活动题目也有助于激发学生积极参与的热情，增强辅导活动的导向性和实效性。

2. 主题分析

主题即辅导活动的中心，亦即活动内容的核心。主题分析要解决的主要问题是：(1) 揭示辅导活动的中心、主旨，明确重点、难点或疑点；(2) 阐明辅导活动的原因及相关的理论依据；(3) 明确辅导活动的目的和意义。

3. 目的要求

目的要求是指活动过程所要达到的目标和结果，确定辅导活动的目的要求要注意以下几点：(1) 要明确辅导活动的结果使学生内在心理状态所发生的变化；(2) 明确活动过程对学生的智能结构和人格结构的影响；(3) 目的要明确、具体，便于操作和检查。

4. 课前准备

准备的过程也是思考的过程、设计的过程，要根据辅导活动的目的和内容，做好辅导的心理准备和物质准备。其中有些准备工作可要求学生自己做。

5. 操作过程

操作过程是指对辅导活动中的方法、步骤做出具体的安排和认真执行的过程，包括导入课题、活动与训练、活动方法，如讲授法、讨论法、角色扮演法、渗透法和课外指导法等。

6. 总结和建议

总结是指教师对辅导活动中同学发言、集体讨论的意见及活动的结果进行分析评价，同时，针对存在的问题和以后的思想行为提出相应的希望和建议，以调整心态和指导行动。

参考文献

[1]吴庆麟．教育心理学——献给教师的书[M]．上海：华东师范大学出版社，2003．

[2]叶浩生．心理学通史[M]．北京：北京师范大学出版社，2006．

[3]谢培松，秦平．学生心理辅导[M]．北京：人民教育出版社，2007．

[4]冯忠良，伍新春．教育心理学（第二版）[M]．北京：人民教育出版社，2010．

[5]王波．问题解决能力培训游戏经典[M]．北京：人民邮电出版社，2009．

[6]李士，甘华鸣．创新能力训练和测验[M]．合肥：中国科学技术大学出版社，2008．

[7]范安平，彭春妹．教育应用心理学[M]．武汉：武汉大学出版社，2003．

[8]陈安福．中学心理学[M]．北京：高等教育出版社，1993．

[9]林崇德．发展心理学（第二版）[M]．北京：人民教育出版社，2008．

[10]陈旭．中学心理素质教育[M]．重庆：西南师范大学出版社，2004．

[11]周宗奎．青少年心理发展与学习[M]．北京：高等教育出版社，2007．

[12]章志光．学生品德形成新探[M]．北京：北京师范大学出版社，1993．

[13]戴维·迈尔斯．社会心理学[M]．北京：人民邮电大学出版社，2006．

[14]章志光．心理学（第三版）[M]．北京：人民教育出版社，2002．

[15]刘金花．儿童发展心理学[M]．上海：华东师范大学出版社，2006．

[16]林崇德，王耘，叶忠根．小学生心理学[M]．杭州：浙江教育出版

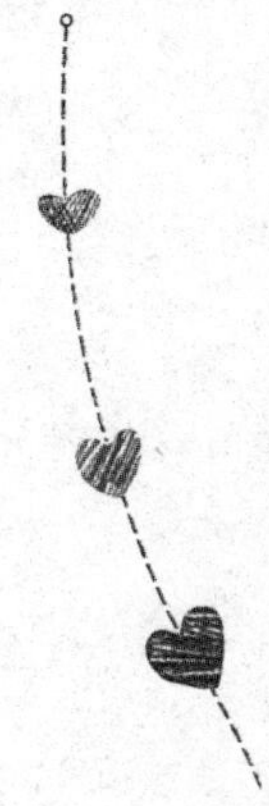

社，2007.

[17]彭聃龄．普通心理学（修订版）[M]．北京：北京师范大学出版社，2004.

[18]陈琦，刘儒德．当代教育心理学[M]．北京：北京师范大学出版社，2007.

[19]刘万伦，田学红．发展与教育心理学[M]．北京：高等教育出版社，2011.

[20]陈安福．中学生心理学[M]．北京：高等教育出版社，2003.

[21]吴增强，蒋薇美．心理健康教育课程设计[M]．北京：中国轻工业出版社，2007.

[22]钟志农．心理辅导活动课操作实务[M]．宁波：宁波出版社，2007.

[23]樊富珉．团体咨询的理论与实践[M]．北京：清华大学出版社，1996.

[24]殷炳江．小学生心理健康教育[M]．北京：人民教育出版社，2008.

[25]刘电芝．儿童发展与教育心理学[M]．北京：人民教育出版社，2006.

[26]林崇德，张春兴．发展心理学[M]．杭州：浙江教育出版社，2005.

[27]沈德立．小学儿童发展与教育心理学[M]．上海：华东师范大学出版社，2003.

[28]方富熹，方格，彭聃龄．儿童发展心理学[M]．北京：人民教育出版社，2005.

[29]李权超，谢玉茹．使用团体心理游戏与心理辅导[M]．北京：军事医学科学出版社，2010.

[30]伍新春．中学生心理辅导[M]．北京：高等教育出版社，2010.

[31]沈贵鹏．心理教育活动论[M]．广州：中山大学出版社，2005.

[32]蒯超英，林崇德．学习策略[M]．武汉：湖北教育出版社，2011.